跨越时空的教学
Teaching Across Time and Space

——与信息技术深度融合的大学教学模式改革研究与实践

王瑶琪　孙国辉　李桂君　聂建峰　编

中国财经出版传媒集团

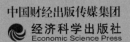

经济科学出版社
Economic Science Press

图书在版编目（CIP）数据

跨越时空的教学：与信息技术深度融合的大学教学
模式改革研究与实践/王瑶琪等编．—北京：经济科学
出版社，2021．9
ISBN 978 - 7 - 5218 - 2937 - 2

Ⅰ.①跨…　Ⅱ.①王…　Ⅲ.①高等学校 - 教学模式 -
研究　Ⅳ.①G642.0

中国版本图书馆 CIP 数据核字（2021）第 199309 号

责任编辑：王　娟　徐汇宽
责任校对：李　建
责任印制：范　艳

跨越时空的教学

——与信息技术深度融合的大学教学模式改革研究与实践

王瑶琪　孙国辉　李桂君　聂建峰　编

经济科学出版社出版、发行　新华书店经销

社址：北京市海淀区阜成路甲 28 号　邮编：100142

总编部电话：010 - 88191217　发行部电话：010 - 88191522

网址：www. esp. com. cn

电子邮箱：esp@ esp. com. cn

天猫网店：经济科学出版社旗舰店

网址：http://jjkxcbs. tmall. com

北京季蜂印刷有限公司印装

710 × 1000　16 开　20 印张　360000 字

2021 年 11 月第 1 版　2021 年 11 月第 1 次印刷

ISBN 978 - 7 - 5218 - 2937 - 2　定价：88.00 元

（图书出现印装问题，本社负责调换。电话：010 - 88191510）

（版权所有　侵权必究　打击盗版　举报热线：010 - 88191661

QQ：2242791300　营销中心电话：010 - 88191537

电子邮箱：dbts@ esp. com. cn）

跨越时空的教学

编委会

主编：

王瑶琪　孙国辉　李桂君　聂建峰

编委会成员：

周湘林　白云真　王修晓　魏海涛　蔡佳林　汪佳玥　刘红瑞

王　辉　黄　可

总　序

一

　　科技进步深刻影响教育发展。理论界一般认为，人类社会的教育革命划分为四个阶段，第一次教育革命是以在家庭、团体和部落中向他人学习为特征的有组织学习和必要的教育；第二次教育革命是以制度化教育为特征的学校和大学的到来；第三次教育革命是以印刷与世俗化为主要内容的大众化教育；第四次教育革命是以人工智能、增强现实和虚拟现实等为主要内容的个性化教育。确实，新一轮科技产业革命的来临，在对现代大学发展带来冲击的同时，也为教育变革带来新理念、新机遇、新动力和新手段。在这样的时代背景下，大规模在线开放课程和在线学习在全世界范围迅速兴起并得到普遍关注，"互联网＋教育"成为新一轮教育改革的重要方向。如何热情拥抱信息技术"红利"，促进信息技术与教育教学深度融合，深化教育教学改革，服务学生个性化成长成才，提高人才培养质量，成为了新时期高校教学改革研究与实践的重要问题。

　　长期以来，"教室"一直是大学教学的主阵地。近年来，在国家政策引领、高校自觉行动和外部社会推动三种力量的交互影响下，我国高校在线教育蓬勃快速发展，成效显著，在全球范围内形成重要影响。从发展历程角度来讲，我国早期的在线教育主要是为了服务成人教育和继续教育。进入新世纪，特别是中国"慕课元年"以来，在线教育在促进优质教育资源共享和实现教育公平中发挥了重要作用。时至今日，在线教育进一步触及大学内部，聚焦至信息技术与教育教学及管理的融合创新和变革，从深层次影响教学范式和学习范式。一个新的教育教学变革时代快速来临!

二

中央财经大学历来重视通过信息化建设促进教育教学改革，切实提高高等教育质量，打造一流专业，建设一流学科，培养一流人才。早在 20 世纪末就集中资源逐步开展校园信息化建设，并在本世纪初着手探索依托网络教学的辅修双学位培养模式改革。随着 2012 年世界"慕课元年"和 2013 年中国"慕课元年"的到来，学校更加敏锐地意识到，现代信息技术发展孕育着教育变革新机遇。基于准确预测和科学研判，学校全面开展智慧校园建设和教学信息化改革，先后建成了包括国家精品资源共享课程、国家精品视频公开课程和国家"五类金课"等在内的 100 余门高质量线上课程，建成了一批符合教学信息化改革的智慧教室，一大批教师和学生自主采用线上线下混合的方式开展教学和学习，形成了良好的改革氛围和基础环境。

2020 年，突如其来的新冠肺炎疫情，打断了正常的教学秩序，给各级各类学校教育教学带来了全所未有的挑战。在党中央和国务院的统一指挥下，按照教育部"停课不停学"的总体部署和要求，全国高校拉开了大规模线上教学的序幕。依托前期教学信息化建设和改革的良好基础，中央财经大学在学校党委的正确领导、全体师生的共同努力和通力配合下，及时响应上级部门号召，多措并举全力备战线上教学，齐心协力共克时艰。经过扎实系统的探索和实践，圆满保证了疫情期间教学活动的正常开展。

在抗击新冠肺炎疫情期间，通过与相关网络教学企业平台合作，中央财经大学教学管理部门精心组织，广大师生主动探索、全力支持，线上教学平稳有序开展。教师们根据课程性质、教学内容、质量要求等，运用包括超星学习通、腾讯会议、钉钉、Zoom、QQ、EV、TV 等信息化教学平台和工具，自主选择线上直播、SPOC、慕课、速课、录课等模式开展教学活动。学校制定完善的线上教学质量保障和监测监控机制，保证教学质量。正是在这一时期，信息技术与教育教学深度融合得到进一步促进与大规模实践，取得了可喜的经验与成绩。

三

经科学调查和研究，疫情期间中央财经大学线上教学体现出一定的优势，如在学生的参与感、积极性、思维方式、思考能力等方面都体现出积极作用。但相对于课堂面授而言，线上教学在师生、生生的及时互动，设备、条件、环境，氛围、交往方式等方面也存在不足和挑战。经过一年多的线上教学实践，中央财经大学师生对线上教学工作的总体情况持积极肯定的态度，广大师生已经基本适应了线上教学的环境和形式。但如何将线上和线下双轨教学有机融合，探索高校教育教学的新前景，是每一位教育工作者都必须思考的紧迫问题，也是下一阶段学校教学管理和教学改革的重点方向。综合来看，宜在以下几个方面加强、突破。

一是优化政校、产教、校际等多层面合作发展模式。政府部门应充分发挥在推进课程共享中的国家治理体制优势，积极引导企业参与，发挥企业社会责任，构建由政府主导、高校参与、企业协同的线上线下教育协调发展模式。二是构建开放统一的认证体系。在政府部门的指导下，建立权威的在线开放课程公共认证体系或机构，将认证对象指向在线开放课程平台机构及其课程资源，多维度对课程内容进行评估并给出认证结果。三是创新高校教学管理与服务运行机制。积极探讨新型的教育管理方法，主动依托大数据技术变革管理方式，利用学习分析和数据挖掘的技术优势，构建科学的评价方式和运行机制。四是探索信息技术应用于教育教学的具体方式。大力加强关于在线开放课程建设与应用的指导与培训，特别是课程设计与教学方法方面的专题培训，保证线上线下有机融合、协调互补，提升课程在教学中的适用性。五是积极构建新型师生关系。教师应从主导者转变为教学学术研究者、学生学习指导者与服务者，而学生则在教学活动中更加具有主动性，彰显个性化，真正实现"以学生为中心"。

在抗击新冠肺炎疫情期间，中央财经大学认真组织大规模线上教学活动，并组建专门研究团队针对线上教学开展调查、分析、研究；同时，专门组织广大师生就信息技术与教育教学深度融合的教学改革开展研究与实践。本书即是广大师生改革实践与调查研究的优秀成果结晶。希冀本书能为高校管理者、广大教师和学生、高等教育研究者、政府教育管理部门、相关教育企业等在推进线上教学改革，促进信息技术与教育教学深度融合方面提供有益经验与借鉴。

2021 年 9 月

目　录

学　生　篇

信息技术与教育教学深度融合的中央财经 大学改革实践（2020年）

中央财经大学线上教学研究团队[*]

内容摘要：2020 年初，突如其来的新冠肺炎疫情打断了正常的教学秩序。按照教育部"停课不停学"总体部署和要求，全国高校拉开了大规模线上教学的序幕。在学校党委的正确领导和全体师生的共同努力和通力合作下，中央财经大学在第一时间及时响应上级部门号召，多措并举全力备战线上教学，齐心协力共克时艰。经过扎实系统的探索和实践，圆满保证了疫情期间教学活动的正常开展。本文基于中央财经大学线上教学研究课题组针对教师和学生的两套调查数据，全面分析和总结学校线上教学改革工作的效果、成绩、问题、不足和未来努力方向。随着疫情渐趋稳定、教学秩序回归正常，如何有机整合线上线下两种教学模式，是下一阶段教学管理和教学改革的重点方向。

关键词：新冠肺炎疫情　线上教学　理念转换　双轨结合

一、引言

在 2019 年即将成为过去，2020 新年就要来临之际，新冠肺炎病毒突然扑向武汉，并在极短的时间内迅速传遍了中国和世界。据 UNESCO（联合国教科文组织）统计，截至 2020 年 4 月 17 日，新冠肺炎疫情已经导致全球 191 个国家的15.8 亿名学生停课，占全部在校学生的 91.3%。为积极应对疫情对正常教学秩序的影响，按照教育部"停课不停学"总体部署和要求，自 2020 年 2 月 17 日起，全国高校拉开了大规模线上教学的序幕。面对超 3000 万大学生的大规模用户群体，以及网络终端、网络平台、直播技术设备以及教学方式变化等一系列严

---

* 团队负责人：聂建峰，团队成员：蔡佳林、周湘林、王修晓、魏海涛、白云真、刘红瑞、汪佳玥。

峻挑战，各高校积极响应教育部的政策号召，克服了种种困难，力保 2020 年春季学期线上教学的正常开展。

在学校党委和行政的正确领导和全体师生的通力合作下，中央财经大学一如既往地在第一时间及时响应上级部门的指示和号召，多措并举全力备战线上教学，齐心协力共克时艰。学校党委和行政，尤其是教务处和其他教学相关部门，在疫情来势汹汹，前方充满高度不确定甚至危险的情况下，果断做出科学决策和全面部署，克服一个又一个前所未见的困难，为一线教师和学生首次大规模线上教学和学习，提供了坚强的组织领导和稳固的后勤保障。

经过一个学期的尝试和探索，学校第一次大规模线上教学工作取得了圆满的成功，疫情期间的教学秩序得到了有效的保证。为了全面评估这次线上教学工作的效果、问题和不足，为疫情防控常态化及未来还有可能出现的其他突发状况做好准备，中央财经大学线上教学研究课题组，依托学校教务处及其他相关职能部门，于 2020 年 4 月底对学校线上教学工作的开展情况做了系统的调研，本文基于对师生两套调查数据的初步分析，尝试呈现和概括学校线上教学工作的开展情况。

与传统线下课堂教学相比，线上教学的质量和效果能否得到有效的保障，是主管部门、教师、学生和社会各界都极为关注的问题。课题组分析发现，总体上，线上教学的效果值得充分肯定，在经过最开始一段时间的适应和调整后，老师和学生都开始逐渐适应线上教学的方式、节奏和特点。与此同时，也需要认识到，教育和教学是一项极为复杂的活动，尽管有很多优势和长处，但线上教学也不可避免地存在很多问题和不足，在短时间依然无法替代传统课堂教学。如何将现代网络技术和线上教学更有效地融入常规教学过程，不只是一个需要长期探索的过程，也需要更长时间的追踪研究作为辅助参考。

二、中央财经大学线上教学基本概况

（一）调查过程

在线上教学工作开展大约一个月以后，中央财经大学教务处就成立了线上教学研究课题组，着手开展线上教学调查研究与评估分析。课题组经过头脑风暴、文献回顾、专家咨询和小组研讨，充分论证和几经修改后，分别针对教师和学生设计了两套问卷。

调查采用网络问卷的方式，通过相关单位发放给一线教师。学生问卷主要是借助辅导员和班主任来发放。最终，我们获得 427 位教师和 3706 位学生的积极配合，总计获得 4133 份问卷。经问卷质量核查和数据清理发现，本次调查数据质量较高，问卷填答完成度较好。

（二）样本结构

1. 教师问卷。

样本总量的 427 份，其中男教师占 47%，女教师 53%，年龄分布方面，35 岁以下的教师占 18%，35～50 岁的占 58%，50 岁以上的为 24%。职称比例，教授 27%，副教授 44%，讲师 27%，其他 2%。此外，将近 3/4 的教师从来没有尝试过线上教学。具体情况见图 1。

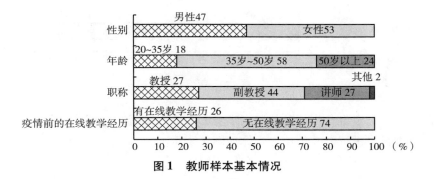

图 1　教师样本基本情况

学院和专业分布方面，如图 2 所示，问卷基本涵盖了学校各个主要教学单位，且所占比例也与学校各个学院教师数量的分布基本相符。

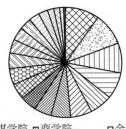

□外国语学院　　□文化与传媒学院　□商学院　　□金融学院　　□社会与心理学院
□保险学院　　　□政府管理学院　　□财政税务学院　⊠会计学院　　□体育经济与管理学院
□统计与数学学院　□中经管　　　　□经济学院　　□国际经济与贸易学院　□中金发
□马克思主义学院　□法学院　　　　□信息学院　　□中公财　　　　□管理科学与工程学院
■其他

图 2　教师所在二级单位分布情况

2. 学生问卷。

学生样本总量的 3706 份，性别比例上女生为主，占了 2/3，男生为 32%。年级分布方面，大一新生占 40%，大二占 31%，大三占 26%，大四占 3%。与教师相比，学生的在线学习经验明显更为丰富，36% 的学生自疫情前每周都会参与线上学习，每个月至少一次的也有 22%，每学期的则为 27%。详见图 3。

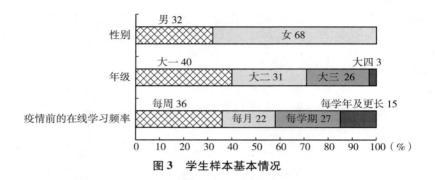

图 3　学生样本基本情况

此外，课题组也分析了参与调查学生的专业分布情况，部分专业已按照教育部专业分类目录进行合并处理。具体如图 4 所示。

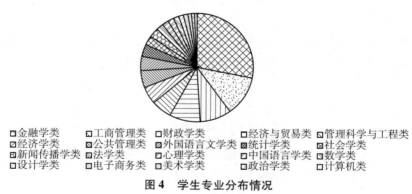

▢金融学类	▢工商管理类	▢财政学类	▢经济与贸易类	▨管理科学与工程类
▨经济学类	▨公共管理类	▢外国语言文学类	▨统计学类	▨社会学类
▨新闻传播学类	▨法学类	▢心理学类	▢中国语言文学类	▢数学类
▢设计学类	▢电子商务类	▢美术学类	▢政治学类	▢计算机类

图 4　学生专业分布情况

总体来说，学校教师和学生对线上教学的体验较为积极。93% 的教师对线上教学表示整体满意，学生的整体满意度也在 80%。这说明，学校线上教学工作安排总体上是有效且成功的。学校党委、行政和教辅部门在后台付出了大量时间和精力，一线教师也克服了种种困难，加上学生的积极配合和理解，齐心协力劲往一处使，才换来这样的成绩。如图 5、图 6 所示。

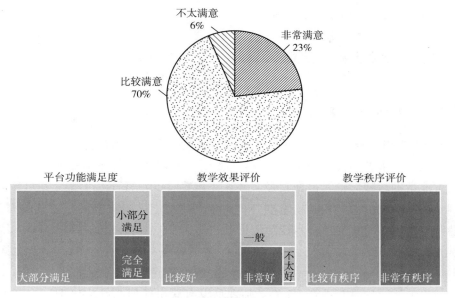

图 5　教师线上教学满意度

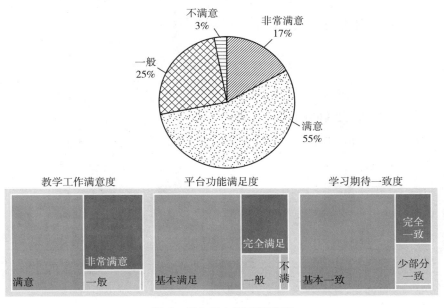

图 6　学生线上学习满意度

下文，课题组具体呈现教师和学生在线上教学和学习过程的体验和感受，以便查漏补缺，总结经验、寻找差距。

三、教师线上教学反馈

（一）多措并举保教学

对于学校的大多数教师来说，线上教学都是一个全新的陌生事物。很多教师在接到关于线上教学的通知时，都或多或少地出现各种焦虑和不安情绪。为了尽最大可能帮助教师们化解这种紧张，教务处和其他相关部门积极组织了大量培训课程，在开学之前做好相关技术准备，充分利用线上平台自身的技术支持资源，因地制宜开发编写更加适合本校师生特点的培训、使用手册和答疑汇编。在线上教学开始前后，学校教师积极参加线上教学的各种指导或培训，相关情况详见表1。

如表1所示，只有不到5%的老师表示没有获得任何指导或培训，完全靠自学来摸索线上教学的各项技术和方法。其他指导或培训的参与情况，线上平台在线培训视频的参与率最高，达到71.43%，学习线上平台使用手册的超过2/3，还有45.9%的老师咨询过线上平台的在线客服答疑。

表1 教师参加线上教学指导或培训情况

选项	小计（人次）	比例（%）
接受过线上平台所组织的在线培训或观看过培训视频	305	71.43
学习过线上平台提供的使用手册等	287	67.21
接受过线上平台客服的在线答疑	196	45.9
参加过学校（含学院）组织的线上培训	250	58.55
学习过学校编写的使用手册与答疑汇编等	243	56.91
接受过学校（含学院）的在线答疑	222	51.99
参加过同事间的互助答疑辅导	260	60.89
没有获得任何指导或培训，完全自学	21	4.92
本题有效填写人次	427	

值得注意的是，对于学校各级部门组织和编写的各类培训和资料，老师们的参与程度也比较高。线上平台的培训服务面向的是全国范围，对学校具体情况可能照顾不到。为此，学校教务处及其他相关部门组织人力做了大量工作，针对本校师生的特点，专门编写了相应的使用手册和答疑汇编，同时组织了多场线上培训，并组织学院层面开展相关的培训和答疑。特别需要说明的是，按照学校的要求，每个学院配备了至少两位服务线上教学技术的年轻教师作为主力，及时解答全体教师的各种问题。学校各级部门提供的这些服务和后勤支持，教师们都积极参与，给线上教学秩序的正常开展，提供了强有力的保证。

此外，在全校的共同努力下，对于学校及学院针对线上教学所做的各种安排和要求，一线教师都能够做到及时了解、充分消化、积极响应。其中表示完全了解的有 41.45%，比较了解的有 55.04%，两者相加占到了 96.49%。这说明，学校相关部门和各个学院在疫情期间所做的各项工作安排，无论是上传下达，还是信息流通，都做到了应知尽知。

学生方面，对于学校和学院线上教学的工作安排和要求，表示非常了解的占 22.96%，基本了解的也有 69.73%，仅有 1.05% 表示不了解。

（二）齐心协力克时艰

有了学校党委和行政的正确领导、相关教学部门的有效部署和各个学院的积极配合作为基础，一线教师也纷纷响应，走出原来的舒适区，齐心协力克服重重困难，全力确保线上教学的顺利开展。在疫情之前，部分教师对线上教学持观望或者怀疑态度，表示非常支持线上教学的仅有 19.2%，比较支持的 39.48%，有 30.68% 选择无所谓，比较反对的 9.13%，非常反对的也有 1.41%。但在汹涌的疫情面前，传统课堂教学成为奢望，每个人都必须对自己的工作、生活和学习做出必要的调整。

教学是老师的天职，为此，学校教师积极调整自己，全身心投入到线上教学的准备工作中去。其中，有超过 1/3（36.7%）的教师专门添置或购买了相关硬件设备，购买软件的也有 35.6%。此外，他们积极参加学校各级部门、线上平台组织的各种培训和指导，并通过与同事之间的相互交流解决各种技术问题。

在线上教学平台和工具的选择上，大部分教师都尝试或使用超过三种以上的渠道。经过不断摸索和试错，目前主要使用的是超星、微信和 QQ。如表 2 所示。

表2   教师线上平台与工具使用情况

选项	小计（人次）	比例（%）
超星"一平三端"线上教学平台（含 PC 端和学习通）	380	88.99
钉钉	14	3.28
腾讯会议	117	27.4
腾讯课堂	25	5.85
雨课堂	6	1.41
哔哩哔哩	12	2.81
Zoom	8	1.87
微信或 QQ	301	70.49
其他（请填写）	45	10.54
本题有效填写人次	427	

　　其中，超星＋微信或 QQ 的组合，是老师们选择最多的一种线上教学方式。其中超星主要作为教学视频、教学资料、签到、小测验、考试等教学活动的平台，微信或 QQ 用来发布课程通知、课间实时答疑等。直播课则主要是通过腾讯会议来进行。

　　在硬件设备使用情况方面，学校教师超过一半（56%）的比例选择电脑，综合使用多种工具的也有 37%，剩下的则为手机（5%）和平板电脑（2%）。如图7 所示。

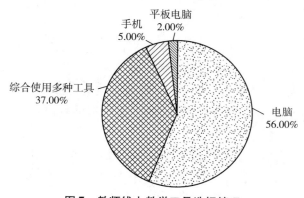

图 7　教师线上教学工具选择情况

在线上教学资源的使用和准备情况方面，绝大部分（78.92%）教师选择自己录制课程视频或速课，使用课件或讲义的达到了 82.2%，还有将近一半（49.65%）教师选择电子教材，1/3 左右（34.66%）的教师借助慕课中已有的教学资源。在教学方式选择上，录屏播放和组织学生自学提前上传的课程资料是两种最主要的手段，分别占到 60.89% 和 61.59%。其他的还有组织学生学习慕课（32.79%）、录音播放（19.91%）、视频直播（20.37%）以及语音直播（29.51%）。如表 3 和表 4 所示。

表 3　　　　　　　　　　教师线上资源使用情况

选项	小计（人次）	比例（%）
慕课	148	34.66
自己录制的课程视频或速课	337	78.92
电子教材	212	49.65
课件或讲义	351	82.2
其他资源	106	24.82
本题有效填写人次	427	

表 4　　　　　　　　　　教师线上教学方式选择情况

选项	小计（人次）	比例（%）
组织学生学习慕课	140	32.79
录屏播放	260	60.89
录音播放	85	19.91
视频直播	87	20.37
语音直播	126	29.51
上传文档类课程资源，组织学生自学	263	61.59
其他	64	14.99
本题有效填写人次	427	

为了有效掌握学生的学习情况，教师们各显神通，用尽可能多的办法来激励和吸引学生参与课堂教学，包括但不限于线上答疑、随堂测验、布置课后作业、课下与学生交流等，如表 5 所示。

表5　　　　　　　　　　　师生交流方式及交流频率　　　　　　　　单位：%

题目＼选项	每节课进行	每单元进行	每周进行	没有进行
线上答疑或发起线上讨论	63.47	13.82	20.61	2.11
随堂提问或测验	44.03	23.42	14.99	17.56
布置作业	37.7	28.34	26.93	7.03
课下与学生进行交流	56.21	11.48	29.51	2.81

　　与之前线下授课相比，18.97%的教师认为学生的参与度比线下课程高，差不多的占48.95%，略微低于线下课程的为24.12%，大幅度下降只有7.96%。

（三）线上线下促反思

　　课题组的调查还询问了线上和线下教学的优劣势。对于线上教学的主要优势，93.68%的教师表示不受地域和地理位置的限制是最大的好处。这可能主要是因为平时线下上课，从住处到学校的往返通勤消耗了教师太多的时间和精力。此外，回答可以自由安排时间的教师占了将近2/3（63.23%），68.62%的教师认为好处是在线资源可以反复使用。这是从教师角度看到的线上教学三大优势。如图8所示。

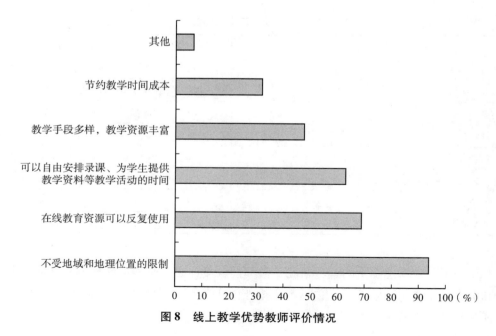

图8　线上教学优势教师评价情况

教师所填写的线上教学的其他优势有：（1）可以回溯分析教学效果，评估依据更易量化；（2）学生参与度高，更敢于表达自己的想法，师生互动增加；（3）能给学生更多的自修时间，提高学习主动性；（4）师生教学过程中压力都较小等。

对于线上教学的不足和反思，对学生学习情况把握不准（74.47%）、无法与学生面对面交流（77.52%）以及受网络环境和教学平台的制约太多（64.64%）是最主要的三个问题。如表6所示。

表6　　　　　　　　　　　　　线上教学劣势教师评价情况

选项	小计（人次）	比例（%）
对学生学习情况把握不准	318	74.47
受网络环境和教学平台的制约	276	64.64
花费精力太大	223	52.22
无法与学生面对面交流，效果不好	331	77.52
无法有效监控教学质量	221	51.76
其他（请注明）	29	6.79
本题有效填写人次	427	

除表6所显示的内容外，教师所填写的线上教学的其他劣势有：（1）部分课程的视频资料难以获取；（2）部分课程需要板书进行推导演算，线上难以进行；（3）课堂内外的界限不明确，交流氛围差，互动不足；（4）对教学设备和录制环境要求较高，有时难以达到；（5）过于消耗视力等个人健康，等等。

（四）勠力同心创佳绩

在校院两级部门以及全体一线教师的共同努力下，学校线上教学秩序得到了全面保证，教学效果也取得了优异的成绩。当被问及"目前为止，您的线上教学秩序如何"时，绝大多数教师回答非常有秩序（44.86%）和比较有秩序（54.57%）。与此同时，绝大多数教师对自己线上教学过程中的表现持肯定态度，表示非常满意的有23.19%，比较满意的占70.49%。

综合教与学两个方面，12.88%的教师认为线上教学效果非常好，认为比较好的占58.78%，一般的有24.36%，不太好的占3.51%。故总体来看，学校教师对线上教学的效果持比较积极的肯定态度。

四、学生线上学习反馈

（一）线上学习满意度

总体来看，学生对线上学习基本持肯定态度，总体满意度为80%。分年级来看，在参与本次调查的3706名学生中，大一、大二、大三、大四年级学生人数分别为1503人、1135人、965人、103人。单从对线上教学的满意度这一点来看，大四年级学生对线上教学的整体满意度更高。如图9所示。

由于不同年级的教学安排有所差异，疫情期间，各年级学生所需学习的课程数目不同。大四年级作为毕业年级，本学期主要进行毕业论文写作答辩、毕业实习等内容，大多数学院和专业给大四安排的课程都比较少。因此，大四学生的线上学习负担较轻，无论从学习任务量还是学习心态来说均优于低年级学生，这可能是造成大四年级学生对线上教学满意度较高的主要原因。相比之下，大二同学的整体满意度相对较低，这可能也是因为学习任务相对较重，导致对线上教学产生审美疲劳等。

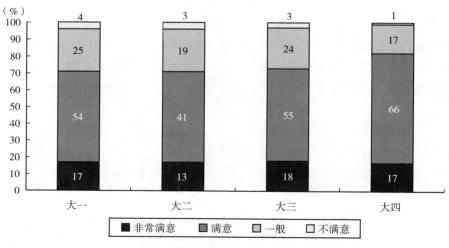

图9　学生线上学习满意度情况

此外，学生对线上教学过程中老师教学工作的满意度评价非常高，非常满意的占到了 1/3 以上（35.67%），满意的有超过一半（54.59%），两者相加高达 90.26%，不满意的仅占 0.46%。

（二）线上学习的主要阻碍

超过 2/3 的学生综合使用了多种工具来进行线上学习，其次是电脑（21.5%）和手机（9.6%）。相比之下，学生对硬件设备的使用情况，比教师用得更为丰富和多元。如图 10 所示。

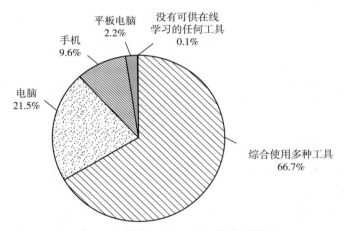

图 10　学生线上学习硬件工具使用情况

但是，对于学生而言，如何克服各种环境干扰，能够较为专注地在家上网课，是一个比较大的挑战。调查显示，"家里环境干扰，不适合学习"是阻碍学生进行线上教学的主要原因；"难以跟踪学生的课程掌握情况"是阻碍教师进行线上教学的主要原因。

在参与本次调查的 3706 名学生中，约有 53% 的学生认为，家里环境会对自己进行线上学习形成干扰，认为自律能力较差的学生约占 50%，认为线上学习缺乏同学间交流互助的学生约占 48%，这三个原因构成学生参与线上学习的主要阻碍。如图 11 所示。

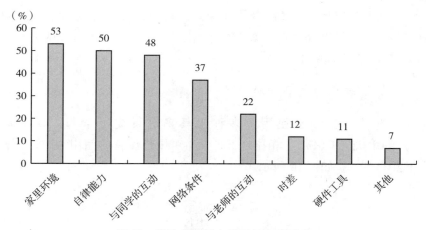

图 11　学生参与线上学习的干扰因素

可见，与传统线下课堂教学相比，线上学习对学生造成的困难和挑战更为严重。学习还是需要一个相对封闭且独立的空间。这也是大学必须是一个与世相对隔绝的"象牙塔"，而不是"小社会"的原因之一。

作为对比，在参与本次调查的 427 名学教师中，约有 63% 的人认为难以跟踪学生对课程的掌握情况是开展线上教学的主要挑战，认为线上教学资源（视频、讲义、教案等）的准备对自己构成阻碍的教师约占 55%，认为平台不稳定性等使用问题阻碍线上教学的教师占 48%，这三个原因构成教师开展线上教学的主要挑战。如图 12 所示。

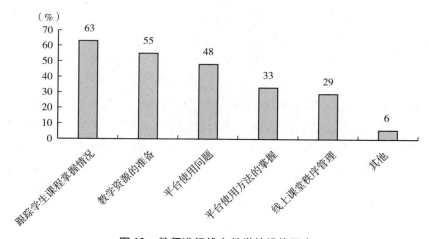

图 12　教师进行线上教学的挑战因素

（三）线上学习的激励和考核

在考察线上教学过程管理与质量监控的激励政策中，任务点完成情况计入成绩被学生认为是最有效的激励方式。在学校开展线上教学的过程中，基于教学平台的局限等考虑，主要采用五种方式对学生参与教学过程进行管理监控，分别为：（1）考勤计入成绩；（2）任务点完成情况计入成绩；（3）课上回答问题，参与度计入成绩；（4）参与讨论区答疑分享计入成绩等。

其中，任务点完成情况计入成绩、考勤计入成绩是学生认为最有效的激励方式。与此同时，也有部分同学对这两种计分方式提出质疑，认为线上签到的考勤方式存在较大漏洞，导致逃课行为的成本比现场教学低，任务点完成的方式增加了学生的课程负担，且受平台不稳定性等问题影响较大。如图 13 所示。

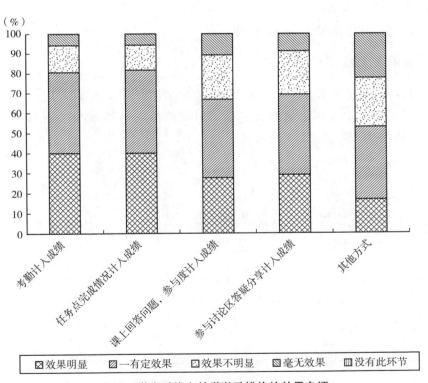

图 13　学生对线上教学激励措施的效果自评

（四）线上学习与师生交流

在转向线上教学的过程中，教师和学生都对线上教学的课堂互动存在较多的疑虑。但调查数据显示，相较于传统线下课程教学，线上教学的师生互动情况超出预期。30.17%的学生表示总是有机会和老师交流互动，经常有机会的占到了47.54%。对于教师答疑指导的及时性和有效程度，47.82%的学生表示老师能够非常及时地提供反馈，比较及时的占46.47%，只有5.21%和0.40%的学生回答教师的反馈比较少或者根本没有。是故，线上教学的学习成效与学生对自己的期待，也保持了较高的一致性。14%的学生表示完全一致，将近3/4（72.72%）表示基本一致。

与此同时，线上学习对学生课后学习任务量的要求相对更高，有60.36%的同学表示线上教学期间的课后任务更大，回答两者差不多的占28.79%。这导致有15.7%的学生表示自己跟不上线上教学进度。虽然这个比例并不是很大，但也需要引起相关课程任课老师的重视和注意。

（五）线上线下的比较

比较线上和线下学习，学生认为时间安排更加自由（75.34%）、更好掌握了新的学习工具（62.57%）和增加了学习时间的投入（35.86%）是线上学习的三个最主要的优势。如图14所示。

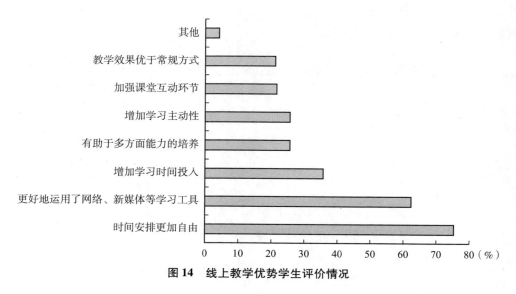

图14　线上教学优势学生评价情况

　　学生认为线上教学的其他优势还有：（1）可反复回看视频，方便记笔记、跟上课堂节奏、进行查漏补缺；（2）节省了上课途中的时间消耗，且不用担心占座等问题；（3）回答问题更加积极大胆等。

　　对于线上教学的缺点，学生的想法更加多元一些，被提及较多的包括：与老师同学（面对面的）交流互动减少（52.51%）；学习效果不如线下（45.33%）；缺少有效监督（44.25%）；作业量大、课堂报告没法开展（42.85%）；无法进行有效的课堂讨论（41.26%）；学习积极性和主动性降低（35.7%），等等。如图 15 所示。

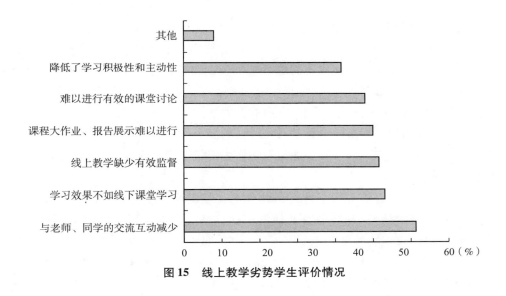

图 15　线上教学劣势学生评价情况

　　学生所填写的线上教学的其他优劣势有：（1）无效任务量过多，任务量加大，课程压力增加；（2）受网络及教学平台等客观条件限制较大；（3）缺乏竞争，家庭学习氛围不足；（4）教学平台混杂使用，增加学习困难；（5）消耗视力等个人健康。

　　由此可见，时间、地点等客观条件限制较少、增加学生回答问题及参与讨论的信心是教师和学生普遍认同的线上教学优势。同时，教师及学生均认为线上教学中的师生互动较少，且由于平台设置等问题，导致教学准备及课下学习的任务量都有所增加，长期面对荧幕也会导致视力等健康水平下降等问题和不足。

五、线上和线下教学的未来

随着疫情防控走向常态化，在目前学校预见的未来三五年里，疫情反复的可能性还无法完全排除。在这种情况下，必须做好两手准备，确保整个教学工作随时能够切换到线上教学。经过一年多的线上教学实践，广大师生已经基本适应了线上教学的环境和形式。但如何把线上和线下双轨教学有机结合，探索传统教学的创新前景，是每一位教育工作者都必须思考的紧迫问题。

对于线上教学和传统线下课堂教学两者之间的关系，仅有3.04%的教师认为前者优于且可以完全取代后者，认为前者可以在一定程度和功能上取代后者的占30.44%。大部分（61.83%）教师指出，线上教学不能取代课堂教学，但可以作为补充辅助，认为完全不能取代的也有4.68%。此外，有近半数的教师认为线上线下教学中学生的参与度没有明显变化，仅有20%左右的教师认为线上教学中学生的参与度高于线下教学，70%左右的教师认为线下教学方式的效果更好。可见，多数教师尽管对本次线上教学具有较高的满意度，但对于未来持续使用线上教学方式的积极性并不高，线下课堂教学作为传统教学方式在教师心中仍保持着基础性地位。

在此背景下，以传统线下课堂教学作为主要舞台，辅之以线上教学的新手段、新技术和新平台，开展混合式教学模式，就成为一个更具现实可能性的选项。对此，31.62%的教师表示非常支持，52.46%的教师表示比较支持，仅有14.29%和1.64%的教师表示不太支持或者非常不支持。如果开展混合式教学改革，78.22%的教师愿意在有经费和政策的支持下积极尝试，愿意无条件投入和尝试的也占了13.35%。

综上所述，在新冠肺炎疫情防控的艰难时刻，在学校党委和行政班子的正确领导和全体师生的通力配合下，学校在第一时间响应上级部门号召，多措并举全力备战线上教学，齐心协力共克时艰。经过一个学期的尝试和探索，圆满保证了疫情期间教学活动的正常开展。分析学校线上教学研究课题组针对教师和学生的两套调查数据发现，尽管存在这样或那样的问题和不足，我校师生对线上教学工作的总体情况持积极肯定的态度。随着疫情渐趋稳定、教学秩序回归正常，如何有机整合线上线下两种教学模式，是下一阶段教学管理和教学改革的重点方向。

教　师　篇

《财政学》线上"同伴互学"：理念、做法与启示

姜爱华　刘红瑞*

内容摘要： 本文基于 2020 年抗击新冠肺炎疫情大背景，以线上《财政学》教学为例，探讨了线上"同伴互学"教学环节的设计理念、授课过程和主要做法以及教学反思。本文认为"同伴互学"是实现专业教学与课程思政同向同行的重要途径，是调动学生专业兴趣与激发创新能力的重要载体，有助于实现深层教学目标和多重学习效果的叠加，同时需要教师付出更多"台前幕后"的努力。

关键词： 线上教学　同伴互学　课程思政

一、引言

2020 年初，一场席卷全国的新型冠状病毒肺炎给我国人民群众的生命健康和经济社会的发展带来巨大的困难和挑战。我校积极响应国家抗疫号召，应急调整教学工作安排，迅速将课堂教学改为线上教学模式。"云课堂"的全面开启，确保了课堂教学的正常进行，确保了学生培养方案的按期落实，确保了学校的教学工作顺利推进。作为专业教师，当时的我们也被紧急"推"到线上教学的前沿，从零开始，克服种种困难，学会了 EV 录屏，掌握了线上教学操作系统，并同步组建班级微信群随时进行讨论。但在正式开课前，还是有些担心：对着电脑录课教师能像以往一样充满激情吗？互联网那端的学生会认真看录播课吗？用于讨论的微信群"鸦雀无声"怎么办？……带着这些问题，我们在部分教学环节中引入"同伴互学"模式，植入"同学讲""同学听""同学评""同学辩"，在讲完财政学基本理论后，亲自"导演"了一次《疫情中的财政学》线上"同伴互

---

* 作者简介：姜爱华：中央财经大学财政税务学院，教授，博士生导师。
刘红瑞：中央财经大学助理研究员。

学"讨论课。实践证明，"同伴互学"既丰富了线上教学形式，极大地调动了学生的积极性和创造性，又贯彻了以学生为中心的理念，最大化地发挥了朋辈教育在专业教学中的作用，促进了学生对社会大课堂和专业小课堂的深度思考，推进了课程思政与专业教育同向同行。同学们也非常喜欢这样的教学环节，课程后期又安排了两次，在教师发出微信通知后，同学们秒回报名，没有报上名的同学遗憾地表示"手慢无"，教师隔着屏幕都能感受到同学们参与"同伴互学"讨论的热情。

二、"同伴互学"教学设计理念

我们认为，财政学"同伴互学"环节，要从主题选取、教学策略和学习模式等多维视角最大化发挥"同伴互学"在课程思政和专业认知上的作用，育人与育才有机结合，引导同学关注社会民生、热爱专业知识、增强思辨能力，引领同学做有使命、有责任、有担当的财政人。

（一）主题选取体现专业小课堂与时代大课堂相结合，通过"专业＋思政"拓展教学厚度

财政学类专业课堂天然具有课程思政优势。财政学类专业课，具有经济、政治、文化等多学科属性，教学内容与国家的制度、政策等紧密相连，教师在教学中很自然地与学生分享政治认同、国家意识、文化自信还有人格养成等思政内容。同时，疫情防控的"现场"，本身就是一堂鲜活的爱党和爱国教育实践课。疫情发生后，党和国家始终把人民的利益放在首位，确保任何患者不因费用问题影响就医，并尽可能地积极援助其他国家，助推构建人类命运共同体。因此，此次同伴互学选择的主题为"疫情中的财政学"，将专业理论课与时代大课堂衔接在一起，精准推动专业课程思政学习，拓展教学厚度。

（二）教学策略体现"学为中心"与"问题导向"相结合，通过"引导＋回应"拓展教学深度

同伴互学是以学生为中心的教学，以学生自主学习为主，通过学生与学生之间的讨论、学生与教师之间的对话，促进学生领悟、探索出相对于他们自身而言的新知识。从教师和学生的角色定位上看，教师是协导员，通过构建"思考的课堂"，在学生已有显性知识的基础上，引导学生通过质疑和考量获得新知识；采

用"同伴互学"的教学策略，注重教师与学生之间的"引导—回应"、学生与学生之间的"合作—互学"的关系。学生的主体性体现为在学生已有经验或体验的基础上进行教学设计，结合实时的学生关注，联系实际，有的放矢，引导学生通过深层次"互学互促"，逐步建构系统的学科思维。

从授课重点上看，相比于传统的"满堂灌"单向知识传递模式，在课前培育学生有一定的自主学习能力并具备相关课堂学识，上课时以问题作为教与学的逻辑起点，教师通过层层递进的苏格拉底式"提问"，促进学生讨论与思考，引导学生学会运用学科知识解决现实问题。学生学习的不是结论，而是在层层剖析的过程中，锻炼更多维度、更多元化、更深层次的批判性思维与创新精神以及分析解决问题的能力。

（三）学习模式体现发散性思维与收敛性思维相结合，通过"存异+求同"扩展思考广度

"同伴互学"主要依靠"学生间的互动与对话"。在教师的引导下，同伴学习在课堂中为学生创造大量的互动机会，鼓励学生间的提问与思考，类似于头脑风暴的形式让学生间互相看到对方的思想闪光点，拓展发散思维和视野，进而提升自己的思考水平，通过思辨，求同存异，促进更深层次的学习。同时，学生在学习体验中通过学习者、组织者、评价者、引导者四重角色转化，拓展思考广度，培育学生成为具有卓越领导力与团队合作精神的综合型人才。

三、"同伴互学"《疫情中的财政学》授课过程和主要做法

（一）制作文案

讲完财政学基本理论之后，本次"同伴互学"环节安排在第四次课，在第三次课结束之时，教师针对第四节课安排拟订了一份文案，文案体现了财政专业小课堂与抗疫社会大课堂的结合，对于唤起同学们的财政学学习兴趣，体会财政学中的家国情怀，主动参与这一课堂环节起到了铺垫。文案部分内容如下：

"2020年初，一场突如其来的新型冠状病毒肺炎袭击我国，甚至已经影响了整个人类。截至3月4日，全国确诊病例80422例，死亡病例2984例，74个海外国家和地区也不同程度遭遇疫情袭击。

疫情发生以来，我国启动公共卫生事件一级响应，宣布武汉封城，火速建立雷神山、火神山医院，政府及时公布疫情信息，延迟学校开学，保障人民生活必

需品供应……一方有难、八方支援，感人的故事每时每刻都在发生。但与此同时，天价口罩，假口罩，网络谣言等现象也时有上演。

作为一个有使命、有责任、有担当的财政人，我们也应该从专业的角度来透视疫情。请结合第二章所学内容，围绕下面的六个讨论题，任选一个角度、一个侧面、一件事来分析你从疫情中看到、体会了怎样的财政逻辑？"①

通过让学生自荐和随机挑选方式②，选择了六位同学在课后分别就疫情中可能出现的"市场失灵现象及财政应对措施"录制 5～10 分钟视频，这六个视频涉及了前期讲授的市场失灵理论，分别为"疫情是否反映出我国公共物品缺失现象？缺什么公共物品？该怎么提供？""疫情是否反映出外部效应现象？是什么样的外部效应？政府采取了哪些措施？""疫情是否反映出信息不充分和不对称现象？采取了哪些措施？是否可以改进？""疫情是否反映出自然垄断现象？在哪些领域？政府采取了哪些措施？这些措施是否有效？""疫情是否反映出分配不公现象？你认为可以采取什么措施应对这种现象？""疫情是否会带来经济波动？可以采取怎样的措施来缓解波动？"，六位同学各选一个主题进行视频录制。

（二）课前准备

为更好地帮助同学们理论联系实际，也为后面的讨论奠定更加坚实的基础。授课教师课前录制 10 分钟视频——"市场失灵——政府干预——财政职能内在联系"，帮助学生回顾财政学基本理论，体会理论之间的内在逻辑。上课前一天，六位同学将录好的视频发给教师，由教师统一将视频传到学校超星学习平台中的本次课程内容，并发布课程详细节点安排通知，让同学们提前了解课程进度。

同时，教师先行观看每一位同学的视频，发现其中的闪光点，找到其中的不足以及可能出现的讨论热点，提前做好笔记，以便能够对整个"同伴互学"过程进行把握。

（三）组织互评互学

全体同学观看教师录制的视频，系统回顾财政基本理论。随后逐一观看学生视频，学生进行点评、讨论甚至辩论。

---

① 资料来源：国家卫生健康委员会官方网站，http：//www.nhc.gov.cn/xcs/yqtb/list_gzbd.shtml。
② 由于此次为第一次"同伴互学"线上讨论课，同学们带有一定的试探性，有 3 位同学主动报名，另外 3 位同学，老师下课前发了一个小红包，抢的最快的三位同学被选中。但后面的两期，同学们争抢报名。

每观看完一个同学的视频，教师并不直接指出该同学的观点到底存在什么问题，而是让同学们先讨论，有问题先由录制视频的同学给出解答，偶尔有"冷场"情况，间或随机点名其他同学点评，也有利于教师督促所有同学实质性参与课堂。如果同学们讨论"走偏"，教师则慢慢引导同学们发现问题。比如，其中一个同学录制了"公共物品缺失"的视频，视频中谈到，"疫情发生后，口罩是公共物品，发生了短缺"，马上有同学质疑"口罩是公共物品吗？显然不符合公共物品的非竞争性和非排他性原则啊"，紧接着就出现了激烈的辩论。此时教师慢慢引导同学们自己发现问题，"如果口罩不是公共物品，疫情中的公共物品到底是什么"？再比如，录制"自然垄断"视频的同学提及，"疫情中口罩大涨价，口罩行业存在自然垄断"，但有同学就质疑，"市场价格由供需决定，口罩供给少，需求大，自然就涨价"，教师则帮忙引导大家回到正题，思考"什么是垄断，什么是自然垄断"。

"同学讲""同学听""同学评""同学辩"，加上教师的及时引导，针对"疫情中的公共物品到底是什么""口罩是不是公共物品""药店卖高价口罩是不是垄断""最美逆行者是否应该给予收入补偿"等既现实又有趣的问题，同学们进行了热烈的讨论，无论是录制视频的同学，还是"围观"视频的同学，对知识点的认识更加清晰，对市场失灵现象以及财政职能的理解更加深刻。通过"同伴学习"，让同学们自己进行思维碰撞、自己发现问题、自己解决问题。

（四）教师总结

教师总结主要分两部分：单个视频总结和课堂大总结。前者是针对每一个视频，在同学们讨论后进行总结，主要点评大家争论的焦点，后者则是教师结合课程前的"预习"以及课程进行中记录的要点进行课堂大总结。分别从视频录制内容、课堂讨论发言等方面进行点评，一方面，要善于发现可以录制视频同学以及点评同学的思想精髓，对他们进行鼓励；另一方面，也要提出一些值得同学们深入思考的问题，比如"市场失灵需要政府干预，政府干预理论上有没有可能出现失灵，此次疫情中有没有出现政府失灵的情况"。需要注意的是，教师总结并不是简单地对同学们的对错进行评论，而是要注意给出开放性的答案，引发学生发散性思考。

一节课下来，激烈的思维碰撞、热烈而有趣的讨论，形成了一万七千字的讨论记录，同学们的收获满满。同学们普遍反映，通过这样的课程既加深了对财政学理论的认识，又加深了对财政现象的理解，还锻炼了自己的思辨能力和口头表达能力，更体会到身为"财政人"所肩负的使命与责任。

四、线上"同伴互学"的几点启示

此次试水线上"同伴互学"教学环节，无论从教师体验还是从学生反馈看，效果还是非常不错的，于是在后期的教学中，在"财政支出"和"财政收入"板块学习结束后，又进行了两次"同伴互学"，并做了一些改进，比如，为了给更多同学展现的机会，后期要求每位同学都对自己感兴趣的话题写一份时评，教师在总结阶段对所有同学的时评进行回应，增加学生的参与感。总体而言，通过线上"同伴互学"，有以下几点启示。

（一）"同伴互学"是实现专业教学与课程思政同向同行的重要途径

"同伴互学"主题的选取，要注重学科专业性与社会实践紧密结合的领域，学生一方面能够通过社会实践透视财政学背后的理论逻辑，另一方面能够通过财政理论解释现实问题，做到学以致用。作为象牙塔里的学子，大学生所学的理论知识必须与社会实践相结合才具有生命力，而社会实践知识的获得单靠教师讲不如学生自己获取来得深刻，但自己获取知识有的时候容易产生理解偏差。"同伴互学"过程进行中，同学们能够明辨是非，辩出同龄人的共识，教师也能够了解"学生所想"，通过课堂总结引导学生全面、客观、理性认识财政现象，托物言志，启发学生自觉认同，实现潜移默化的效果，实现课程思政与专业教学相伴相生、同向同行。比如，后面的"同伴互学"两期主题分别为"疫情防控、财政支出和大国担当""财政收入、减税降费和经济复苏"，从题目设计上就能体会出"财政是国家治理的基础和重要支柱"，能感受到满满的正能量，更能增强学生的专业归属感。

（二）"同伴互学"是调动学生专业兴趣与激发创新能力的重要载体

从同学们讨论区留言看，同学们对"同伴互学"这一环节是非常期待的，甚至到最后一次"同伴互学"环节结束后，有同学还因为没有抢到报名机会表示很遗憾，可以说，学生的专业兴趣被极大地调动起来了。究其原因，学生从这一教学环节获得了很好的体验感和获得感。从视觉效果上看，与单纯盯着教师的录屏相比，在不同同学、不同视频风格、不同观点之间切换更能调动学生的注意力和兴趣点。更重要的是，通过学生之间的思辨，加上教师的引导，学生自己找到了破解问题的答案，这更有获得感。同时，教师也感受到了"同伴互学"中创新能力的迸发。学生的潜能是无限的，需要教师提供更多的机会展示，比如有的同学通过录制视频发现了自己有录制视频的潜能，录制的"经济波动与财政应对"视频分享到哔哩哔哩（bilibili）网站，收获了大批点赞；有的同学在与同学的辩论中，对其中的知识点感兴趣，开始深入研究、形成了学术论文并发表。可见，教师创新教育方法，调整教学策略、融入研学价值，通过"专业讲解＋学生观看视频＋学生录制视频＋同伴互学＋深度研学"相结合的方式，可以形成有利于创新人才成长的育人环境。

（三）"同伴互学"有助于实现深层教学目标和多重学习效果的叠加

"同伴互学"中，学生们用自己理解后的语言解说给其他同学，学生通过生生之间、师生之间提问、回答、讨论逐步达到互相解惑深入学习的目的，同伴评价、自我评价培养了学生审辨、创造性、沟通、建设性反馈等能力，达到认知、技能两个领域深层教学目标。教师以学生的观点引领课程，运用批判性问题发展师生、生生之间高质量互动，当学生间的互动被激活并发挥作用，学生的学习不仅来自教师的指导，而且来自其他同学的评价和建议，其效果远远超越教师一人的力量，成了学习效果升华的重要途径。

（四）"同伴互学"中教师作为称职的协导员需付出更多"台前幕后"努力

"同伴互学"主要以学生为中心，但教师并不能只做"甩手掌柜"。在这一教学环节开始前、过程中以及结束后，均需要教师发挥关键作用。在准备阶段，教师要对整个教学环节进行策划，包括写一份能够吸引学生兴趣的文案，对板块内容进行整体回顾，对教学进度进行合理规划，对学生录好的视频和提交的时评进行归纳总结和整体点评等。这需要花费很多精力，比如后期的"财政支出"同伴互学环节，教师在课前花费一整天的时间对43位同学所提交的视频或时评进行逐一观看、阅读和点评，并梳理出大家关注的主题，再单独录制一个总结性的视频。事实证明，教师的努力没有白费，到"财政收入"同伴互学环节，同学们所写时评的学术规范性更好了，思考更深入了。在实施阶段，教师要做好协导员。由于同学们刚接触财政学,对基础理论理解不深,对财政现象理解不透,因此,"同学讲"的内容并不一定是正确的,这为"同学听"后的"同学评"和"同学辩"提供了前提,在同学评论和辩论过程中,教师要能够及时引导纠偏,将学生讨论拉回"正轨",并自行找到答案,这种教师引导下的"自动纠偏",使学生对知识点的理解更加深刻,思辨形成共识,学习效果更佳。在结束阶段,教师要对整个教学环节做好总结,不吝啬鼓励的话语,不掩盖存在的不足,并指出后期可以改进的方向以及可以进一步深思考的话题。

参考文献:

[1] 中华人民共和国教育部. 教育部关于印发《高等学校课程思政建设指导纲要》的通知 [EB/OL]. (2020 - 05 - 28). http://www.moe.gov.cn/srcsite/A08/s7056/202006/t20200603_462437.html.

[2] 习近平在全国高校思想政治工作会议上的讲话 [N]. 人民日报, 2016 - 12 - 09.

基于文本挖掘的《互联网金融概论》课程讨论的教学测评

方　意　　陈经华*

内容摘要： 为打赢新冠肺炎疫情防控阻击战，2020 年春季学期学校开展"停课不停学"网上授课，经过一个学期的网络教研，我们发现线上教学有很多优点，避免了疫情传播，提高了授课效率，便于网上优质教学资源分享。然而，网络教学也给我们带来一些困扰，比如与学生交流受限，不能很好地进行分层教学。《互联网金融概论》课堂讨论是学生主动参与课堂互动的重要方式，也是教师了解学生学习状况的重要手段。本文以文本挖掘的视角，通过 TF－IDF 算法和关键词词云，总结出学生讨论热点。通过词向量和余弦相似度，评价学生讨论内容与范文集的相似度。综合其他指标，如重复度、讨论字数、提交时间等，通过逻辑回归，生成学生讨论成绩。经检验，测评成绩与班级特征、上学期成绩基本吻合，验证了评价方法的有效性。

关键词： 线上教学　文本挖掘　讨论热点　教学评测

一、引言

2020 年新春来临之际，一场新冠肺炎疫情突然暴发。随着疫情形势日趋紧张，为防控疫情扩散，2020 年春季学期的教学工作转为线上进行。看着许多的医生、战士奔赴抗疫一线，作为一名大学教师，也想结合自身职业，为抗疫做出自己的贡献。线上教学是教学的新方式，面对这个挑战，我想尽力做到最好，避免因疫情导致教学质量下降，影响学生的学习质量。

经过一个学期的《互联网金融概论》线上教学，我发现线上授课有以下优势

---

* 作者简介：方意：中央财经大学金融学院，教授，博士生副导师。

陈经华：中央财经大学金融学院，金融科技专业，硕士研究生。

和不足。网络课堂便于整合网上的优质资源。比如我向学生推荐了 B 站 P2P 发展背景介绍，通过学生们的讨论，我发现这段视频吸引了他们的注意力，能够增强学生对 P2P 模式的理解。

当然了，每件事都有利有弊，网络课堂也有不好的地方。网络课堂教师不能与学生面对面交流，不能了解学生的学习状态，我与许多教师都有这种感受。具体而言，经常开麦交流时冷场，使得我们不能了解学生学习的兴趣点。师生之间和生生之间的互动和交流比较有限，让我难以把握学生的听课状态来调整授课步调。而且，网络课堂对学生自主学习能力要求很高，有些学生可能早上上课还躺在床上，影响教学质量。最后，参与我教授的《互联网金融概论》课程的有 6 个班级，不同班级学生水平相差较大。平时上课我会有针对性地调整授课内容，但网络授课不能很好地针对不同层次班级进行分层教学。

在《互联网金融概论》的线上课程上，学生积极讨论专题问题，提出了不少自己的见解。我认为分析学生的讨论作业，是了解学生兴趣点、评价学习积极性和分层教学的重要方式。通过分析讨论内容，可以发现每个学生、每个班级的关注热点，调整教学重点。作业质量和回答先后，反映了学生的学习态度和积极性。不同班级的讨论质量也反映了班级对教学内容的接受程度，便于后续分层教学。不过，教师评阅学生讨论存在诸多难点。首先，参与课程的同学多达 200 余人，7 次作业共形成 77 万余中文字符，增加了人工审核的难度，大量重复性劳动消耗了批阅教师很多的工作时间。与此同时，作为一门实践性课程，开放性讨论十分重要。人工批阅的结果往往受批阅教师主观因素的影响，降低了主观题作业批阅的公平与公正。

尽管超星系统有基本的统计功能，如访问量、任务完成度、活动参与度等常见线上教学测评手段。不过，传统的方法只能对学生参与情况进行简略统计，难以测度回答质量、相关程度、回答时间、重复度。鉴于此，我们采用文本挖掘方法，快速、客观地挖掘主观题作业的关键要点，便于教师动态地调整教学内容并开展不同班级的差异化教学，同时实现主观题作业的自动测评，具有人工不可比拟的效率与精度。

二、主观题作业测评过程——以《互联网金融概论》翻转课为例

利用文本挖掘法来分析学生作业可以分解如下四步，即：数据下载及处理、作业热词提取、因子数值计算以及测评有效性检验。具体的流程框架如图 1 所示。

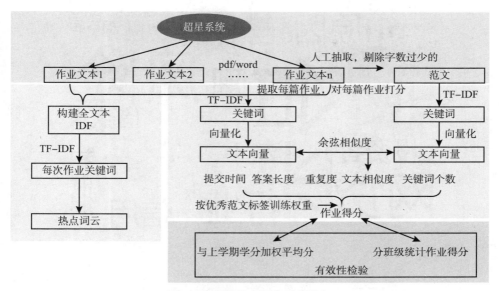

图1　主观题作业测度过程框架

（一）数据下载及处理

从教学平台下载回帖内容粘贴到 word 中，用 Python docx 包中 Document 模块解析 word 文档。对于以附件形式提交 word、PDF 版本的作业内容，利用 Python pdfminer 包中 pdfparser 模块以及 docx 包提取内容。

（二）作业热点词提取

热词是能够代表学生讨论主题的词语，通常在学生作业中出现频率较高，而且代表学生讨论的主题，表现为在其他文本中难以出现。为此，本文引入 TF－IDF 算法提取文本关键词，以讨论 4 为例来说明分析热词提取结果，如图 2 所示。讨论 4 的主题为"请阐述一下中国 P2P 市场需要转型的深层次原因以及未来需要转型的方向？"，学生更多地关注 P2P 的法律、规范性、信用、流动性问题，对未来转型更多地提到透明化、规范化。

本文还提取了出现频次较高的语段，便于理解各关键词之间的联系。图 3 是讨论 4 的重点语段词云，展现了更多的细节信息。比如，在 P2P 深层次原因上，更多地提到"法律风险""流动性风险""操作风险""信用中介""信息中介"等，未来发展方向上提到"实现第三方存管"。

图 2　讨论 4 的词云

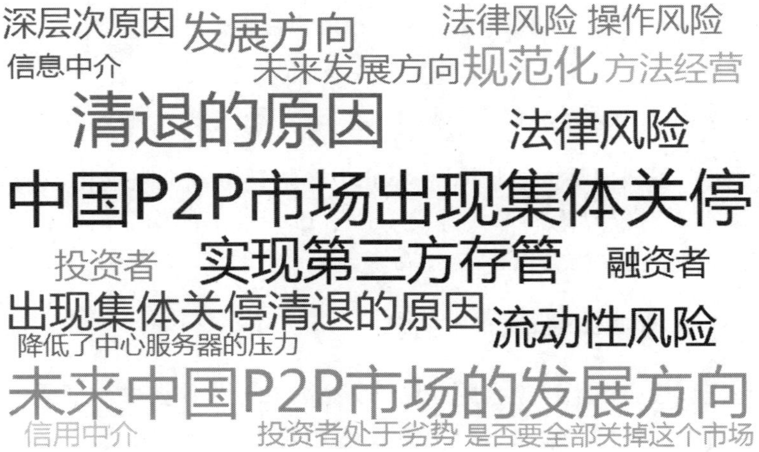

图 3　讨论 4 的重点语段

（三）作业成绩评定

本文认为，主观题作业评价需要从以下 5 个维度进行指标选取：（1）文本相似度（sim）。文本相似度反映的是学生的作业答案与作业范文之间的相似性。本文通过关键词进行向量化（也即做成词向量）和余弦相似度评价学生讨论文本（向量）与优秀范文（向量）之间的（余弦）相似度。（2）答案长度（words），答案长度不仅能够体现答案本身的质量，也能反映学生答题的态度。（3）答案重复度（duplicate），该因子被设定为一个虚拟变量。如果某学生作业答案的所有关键词，与前面某位学生完全重复，判定该同学有抄袭嫌疑，则设定该因子取值为1。（4）作业提交时间（time），作业提交时间越早，说明学生参与课堂的积极性越高，得分也应越高。（5）关键词个数（key_words），关键词指的是作业答案中涉及有实质含义的"知识点""踩分点"，如"网贷""风险""转型"等关键词。

在此基础上，选取是否为优秀范文作为被解释变量，将上述5个因子作为解释变量，通过Logsitic回归模型拟合评价分数。结果如表1所示，所有解释变量的回归结果均显著，作业与优秀范文之间的相似度越高，作业长度越长、关键词个数越多，作业得分会越高，作业出现重复（抄袭）、作业提交时间越长，作业得分会越低，与教学经验完全一致。

表1 Logistic 回归结果

	good
Similarity	1.52 ***
words	0.26 ***
duplicate	− 0.24 ***
time	− 0.093 *
key_words	0.23 **
观测数	2082
Pseudo R^2	0.117

注：* $p<0.1$，** $p<0.05$，*** $p<0.01$，下同。

基于此，本文进一步得到作业的最终成绩。考虑到 Logistic 回归模型的被解释变量——优秀范文概率分布特征与正态分布相差甚远，本文将概率生成服从均值90分，标准差为5分的正态分布序列作为学生讨论成绩。

三、测评方法有效性评估

（一）基于上一学年（2019年）综合成绩的统计特征进行评估

教师发现学生成绩具有显著的连续性和持续性，学生上一学年（2019年）的综合成绩应该与本学期的作业成绩呈正相关关系。上一学年（2019年）的学生成成绩见图4，结合成绩均值和方差，图中 A、B、C、D 四个班级平均成绩较高，除 A 实验班成绩偏差较小外，其他三个普通班学生水平差别较大。图4中 E、F 两个班级平均水平较低，但差别较小。这一成绩与班级学生构成特征完全相符。

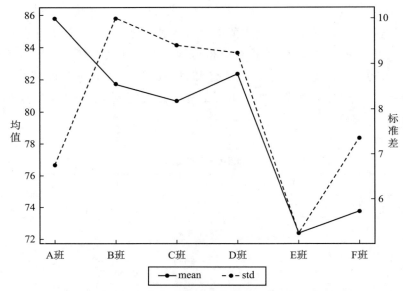

图4　上一学年（2019 年）不同班级综合成绩的均值标准差

注：mean 表示均值，std 表示标准差。

　　与此对比，图5 展示了本文利用文本挖掘法估计的本学期作业成绩。图中 A、B、C、D 四个班级成绩依然较高，右侧 E、F 两个班级平均成绩较低。从成绩方差来看，成绩较好的四个班级方差较大，这一测评成绩与上一学年（2019年）各班的综合成绩基本一致，一定程度上验证了本文主观题作业成绩测评方法的合理性。但 C、D 普通班成绩下滑较大，两班学生文本相似度较低，D 班学生讨论提到的关键词较少，是导致 C、D 班成绩偏低的主要原因。教师可引导两班级学生，关注题目提问要点，按提问点答题。

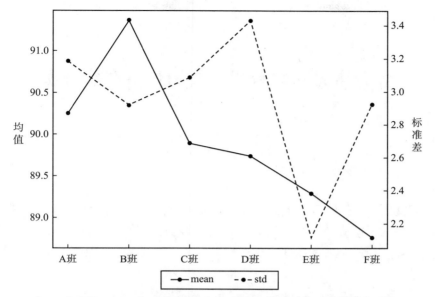

图5 本学期（2020年春季学期）不同班级作业成绩的分均值与标准差

注：mean 表示均值，std 表示标准差。

（二）基于上一学年（2019年）综合成绩的回归结果进行评估

进一步的，本文在上一学年（2019年）成绩和本学期（2020年春季学期）成绩之间建立线性回归模型，结果显示上一学年（2019年）成绩具有较强的解释能力，二者呈显著正相关关系。由此可知，本文基于5因子指标得到的作业答案得分评价体系具有高度的有效性。

五、结论

本文以《互联网金融概论》课程学生主观题作业讨论为研究对象，首先采用热词提取和词云方法，提取学生讨论热点，让教师直观了解学生兴趣点和知识掌握情况，方便引导教学工作。构建了相似性、作业字数、作业重复度、作业提交时间和作业关键词个数五因子指标，通过逻辑回归评价作业成绩。模型全面地衡量了学生参与课堂讨论的积极性和作业完成质量，清晰展现了各班学习掌握情况，方便有针对性的分班教学。通过将测评成绩与班级特征、上一学年（2019年）成绩对比，测评结果显示学生作业成绩与上一学年（2019年）综合成绩基本吻合，验证模型指标的有效性。

将心注入网络教学，努力打造在线金课

陈运森*

内容摘要： 特殊时期下的网络教学，如何从保证教学顺利进行到把课上好，对教师也是一项挑战。通过总结教学经验，我凝练归纳了"知识传授、科研引导、实践拓展"三位一体的迭代创新教学理念，并从课前、课上和课后三个维度对传统教学内容、方法与模式进行调整，在教学过程中实现"知识传授""实践拓展"和"科研引导"的有机统一，同时在课堂中纳入思政元素，实现思政教学与专业知识的嵌入融合，进而打造新文科领域的金课。本文是在以往教学经验的基础上结合线上教育实践对网络教学理念和方法的凝练，以期为全国高校线上教学实践提供启示。

关键词： 网络教学　三位一体　迭代创新　思政教学

一、引言

对于教师和学生而言，线下的教与学是一个极其稳定的舒适区。但在特殊时期，这种舒适被打破，网络在线教学成为现在的主流方式。无论对教师还是学生，都在不断地调整、适应和接受。我一直秉持的教学理念是：教学方法千千万，用心第一条。所以无论是网络在线教学还是传统线下授课，只要教师将心注入，都能成为干货满满的金课。总结网络教学以及以往的教学经验，我将在线金课的打造精炼出基本的教学理念，以此为基础指导教学实践，针对课程教学进行细致调整，下面将分别进行介绍。

---

* 作者简介：陈运森：中央财经大学会计学院，教授，研究生院副院长，博士生导师。

二、凝练教学新理念，课程教学"活"起来

疫情时期的在线教学，面临的重要困境就是"教什么"和"怎么教"，尤其是结合智能时代来临的大背景。我将知识分为"知识的吸收、知识的解读与运用、知识的创造"三部分，知识的单纯吸收很容易被替代，知识的创造属于学者的任务，而对知识的解读与运用则是我们目前教学的重要突破口（如图 1 所示）。在教学中如何重视对知识的解读与运用呢？其关键就是研究性的教与学，对于教学内容和知识点要以研究的心态来接受，教师也应该像做学术研究一样投入和琢磨教学（如图 2 所示）。

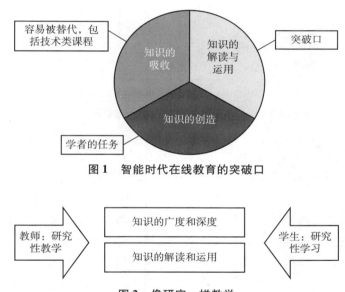

图 1　智能时代在线教育的突破口

图 2　像研究一样教学

教学视为教育的有效手段之一，基于泰勒课程教学基本原理，有效教学可能需要回答"教学应力求达到何种教育目标？为学生提供怎样的教育经验？如何有效形成这些教育经验？如何才能确定这些教学目标真正得以实现？"这四个基本问题。以高级财务管理课程为例，课程按照"理论前沿、框架思维、资本市场实践"的结构，基于"确定教学目标、选择学习经验、组织学习经验，评价教学效果"的教学迭代过程，形成"知识传授、科研引导、实践拓展"三位一体的迭

代创新教学理念。具体的，通过"知识传授"保证学生在掌握基本知识框架，通过"实践拓展"将所学延伸至实践环节，通过"科研引导"追踪科研前沿以提高教学的新颖性和前瞻性，在教学过程中实现"知识传授""实践拓展"和"科研引导"的有机统一，有利于协长补短，解决传统教学模式的难题。如图3所示。

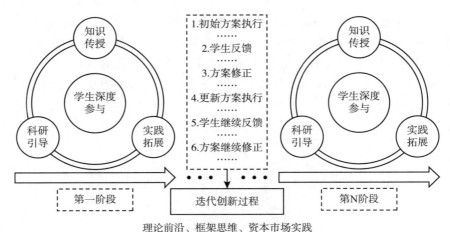

图3 "三位一体"迭代创新教学理念

首先，从时间点的横向角度来看，迭代创新的思想能对"三位一体"的"知识传授""实践拓展"和"科研引导"三方面进行不同方式的强化。迭代创新的思想要求教师与学生进行类似合作开发的教学模式，每一迭代教学周期都对目标进行持续性的问题挖掘与改进。通过学生主动分享知识需求，能使学生的需求多样性得到更多的满足，提升师生间的反馈效率。同时通过在每个迭代小周期对学生知识框架盲点的不断发掘，使学生的学习呈现系统性和框架性，避免在一段长时间的学习之后出现基础知识遗忘的情况。在"实践拓展"和"科研引导"方面，如何保证这两方面对学生有吸引力，进而保证参与度是核心问题。通过小周期的快速迭代，融入迭代创新思想的"实践拓展"和"科研引导"可以确保其实践与科研是最新关注热点的引申，保证教学内容的新颖性从而增加学生学习的主动性与积极性。

其次，从时间线的纵向角度来看，融入迭代创新的思想使得"三位一体"教学法对学生变化的需求达到一种动态满足的状态，这不仅仅是对过往课程的盲点识别，通过短周期的迭代还能快速挖掘学生动态的关注点变化，持续识别学生的动态需求，达到教学内容与学生需求不断匹配的动态稳定状态，从而提高学生的学习参与热情。

在迭代创新下的"三位一体"教学理念基础上，根据线上教学的特点和需求，激发学生学习兴趣和提高解决问题能力，同时采用网络与多媒体相结合的教学手段，探索式、启发式的课堂讲授、互动式行动学习和案例讨论相结合的沉浸式教学方法，从课前、课上和课后三个维度对传统教学内容、方法与模式进行调整。

三、课前：基于学习背景，创设问题情境

教学情境中，学生不仅仅是被动的"消费者"，教师在选择和组织学习经验时，很重要的前提是基于学生已有知识进行选择，同时注重对当下经济变革的吸收，将资本市场实践前沿和最新实践性理论突破，融入教学框架，形成最"鲜活"的与教学内容相匹配的教学资源。由于网络教学对学生的学习背景及学习诉求并不容易直接获取，可以利用网络问卷对基本情况进行一个先行摸底调查，通过问卷调查及时掌握了解学生们已有的基础以及对教学的建议，并在后续的教学过程中及时调整教学节奏、方式和重点，改善学生学习体验。

在课堂理论与实践导入时增加"代入感"，课堂案例引入由虚拟描述变成事实引入，建立话题关联，建立新旧知识间的联系。尤其是对于与此次疫情相关的背景，尽可能在讲授中进行突出，以便学生在听课时更容易建立关联，进行专业理解。比如对于"财务指标分析"中对短期偿债能力的讲授，可以用疫情冲击下正在发生的现实案例进行分析；在"财务管理环境"中，引导同学们开展启发性思考："在宏观冲击事件下，不同行业背景的企业面临的其实是不同的'危'和'机'"。

四、课上：特色教学框架，激发学生主动性

网络教学不是把现场授课的内容完全搬到网上，过去的一些知识点讲授的方式可能更适合线下的面对面沟通，而且一些案例可能需要做很长时间的"铺垫"，这是网络授课所不允许的，所以此次教学过程中，我将原来准备的教学材料重新进行了更新，教学内容和重点也进行了重新设计。

（一）注重框架性知识讲授，形成"教师自身特色"的教法

在教学内容和重点上，更加注重框架性知识讲解，分享专家级别、学术层面

知识，让学生感受教师的"专业"；更加匹配学生兴趣、偏好，注重教学留白，指导拓展阅读，满足学生多层次需求。在学习过程中，教师自身特色的教法，让学生享受"独一份"的故事和思考，获得实实在在的"教学"感。

（二）注重多种教学工具的整合，集中学生注意力

网络教学时，学生的精力往往不够集中，教师与学生的沟通可能会使教学效果不尽如人意。在线教学等于"看完视频就了事"？如何让学生切身感受到"在线教学"？网络教学有一定的优势，很重要的一点就是教师可以随时进行电脑录课，随时切换具体的辅助资料进行讲解。当 PPT 讲到一些教学知识点时，可以随时调用提前在电脑里打开的一些文件资料、数据库软件或者视频资源，实时进行分析，比现场教学方便很多。这种方法的调换也可以让学生注意力集中，同时对他们理论与实务知识的掌握也有帮助。

（三）添加探索性的学习任务，引导学生主动参与互动讨论

提升教学针对性开展深度教学尤为重要，让学生思想动起来作为基准点，进行教与学对话，引发学生反思和认知冲突，促进学生探索新知，并发展专业思维，进一步开展深度教学。我的小尝试就是：对应每个教学任务点，在每一个教学视频后都设置相应讨论题，通过讨论主题的提出建立对话语境。同学们看完视频后做讨论题，进行阐释、比较、探究。必要时教师为学生提供思维支架，示范如何在讨论中做出贡献。在讨论过程中，关注学生的学习建构，引导讨论方向和热度，确认学生的理解程度，最后进行综合点评并总结讨论。

（四）思政元素与专业知识的有机融合

我们倡导"三 D 一中心"的思政驱动型教学，坚持让同学们对思政性内容先讨论（Discussion）、然后主动去发现（Discovery），最后进行升华（Development），最终达到"思政内容入脑入心"的目的。做一个简单的教学实例，在通过分析某医药公司案例来讲解综合财务分析的内容时，首先让学生以"站在财务看世界"的视角来讨论，引导学生关注该医药公司之所以能够有超高的股东获利能力，原因在于公司自身的销售净利率很高；然后引导学生结合财务去发现真实的世界，从而找到该医药公司高销售净利率的关键：掌握了医药产品的定价权，通过自主创新形成了很深的"护城河"；最后就是让学生进一步去主动提升，发现自主创新是才高质量发展的微观基础，这就是案例的思政知识点：让学生主动

感受到财务分析的目的就是"业财融合"，找到中国经济高质量发展的微观驱动因素。

五、课后：作业及时反馈，巩固学习实效

课后学习不仅可以巩固学习效果，还可以提高学生的自主学习能力，促进更深层次的思考，布置作业是"课后教学"行之有效的方式之一。作业话题的精心选取尽量符合"95 后""00 后"所能直接感知的内容；线上作业的反馈比线下授课的反馈时间短，并进行及时的视频讲解；互动采取多种方式，通过讨论区、留言板、课程群、微信群等形式延伸互动，学生"压力"较小，更有意愿表达真实想法，参与互动也更"全员"；教师将课堂讨论话题形成研究分析报告，进一步延展深度学习，提升学习实效，巩固教学成效。

总结对于教学实践的调整，可以主要归纳为四点：首先，突出教学特点，注重对学生知识体系和逻辑思维的培养，使学生能够掌握"宏观视野—微观视角"的系统性框架性知识；其次，凝练教学内容，以精心准备的素材进行启发式和互动式教学，结合教师自己的科研成果及国内外最新学术期刊的成果，贯彻"科研驱动型教学"，将科研引入教学，有意识地带领学生进入科研前沿；再其次，改革教学方法，构建和夯实"三位一体的迭代创新教学模式"，把"理论前沿、框架思维、资本市场实践"同时融入教学，注重学生反馈和体验，能做到持续性掌握并满足学生需求，提高学生参与度，增加学生的学习热情；最后，变革教学模式，充分利用在线教学的优势，用网络与多媒体相结合的教学手段，探索式、启发式的课堂讲授，互动式行动学习相结合的沉浸式教学方法，引导学生关注实践，培养、促进和提高学生的参与意识，实现教学模式从"要我学"到"我要学"的转变。

六、后记

教学，不是把水灌满，而是将火点燃。在教学中，对于每一个相关政策，一定给学生列举出所有政策历史和规律；对于每一个相关数据，一定更新到上课时间为止；对于每一个案例，最好亲力亲为调查或深入研究；对于每一个知识点，首先要保证理论和实践的结合。让学生感受到教师的用心，让学生感知到教师对其学习的指导和关注，积极构建良好的教学体验，促进有效教学。只要用心，将心注入，在线教学课程依然能打造成金课！

以"慕课"为主的线上教学遇见
"课程思政"的"云端"教学相长

李林玥*

内容摘要：本文以疫情期间"延期开学不停学"作为研究背景，提出了一个重要而又引人深思的问题：怎样运用线上教学平台将学生们带入"云端"知识殿堂并融入"课程思政"的元素，促进教学相长？首先，很有必要将线上教学模式与传统的线下教学模式进行全面系统的对比分析。为了尽量克服线上教学的困难，本文建议将慕课教学视频导入线上教学，并结合中英文双语教学的具体实践及国内外前沿的教学模式，有助于拓展"教"与"学"的边界。在此基础上，本文提出将立德树人的"课程思政"元素潜移默化地融入在线教学之中，进一步提升"教"与"学"的效果，促进"云端"教学相长。

关键词："课程思政" 线上教学 "教"与"学" 慕课（MOOC）

一、引言

2020 年注定是极其不平凡的一年，突如其来的新冠肺炎疫情席卷全球，危及世界经济与全球治理，对各行各业的发展都造成了深远的影响，教育行业自然也面临着巨大的挑战并迎来了强力改革的契机。在此背景下，"一带一路"倡议提出的"人类命运共同体"理念得到了更深刻的理解与诠释。每时每刻每分每秒，新冠肺炎疫情的实时更新数据都牵动着每一颗心，潜移默化地触发人们的反思，或许这场疫情给人们提供了最珍贵的"课程思政"素材。

作为一名高校教师，我能够强烈地感受到一种"临危受命"的责任感和使命感。为积极响应国家和学校在疫情期间"延期开学不停学"的工作精神，2019 ~

---

* 作者简介：李林玥：中央财经大学国际经济与贸易学院，副教授，硕士生导师。

2020 学年春季学期我有三门中英文双语课程需要采用网络教学的模式开展教学工作。这三门课程包括一门研究生课程《国际金融学（Ⅰ）》和两门本科生课程：《国际经济合作》与《中国对外贸易概论》。怎样通过灵活运用线上教学平台和资源，营造大学校园般的教学心境，将学生们带入"云端"知识殿堂的同时融入"课程思政"的元素，从而促进教学相长？这的确是一个值得深思的问题。简言之，怎样通过线上教学模式将传统面授课的内容精髓原汁原味地传递给学生，并让"课程思政"元素如盐溶于水，成为"教"与"学"不断探索的新目标。于是，此情此景此时此刻，一个由教师、学生以及线上教学平台三方组建的互动反馈机制构成的多维教学模式应运而生，在充分激发学生们学习兴趣的同时，巧妙地融入"课程思政"的元素，通过线上教学引导线下自学，从而全方位地提升"教"与"学"的能力。

二、线上教学与线下教学的比较分析

首先，为了更好地适应从传统的面授课教学模式向线上网络教学模式的平稳过渡与灵活转换，很有必要在进行课程教学方案设计及调整之前，将线上教学模式与传统的线下教学模式进行一个较全面系统的对比分析，分别从教师和学生的视角，充分了解线上教学与线下教学的优劣，有利于在具体的教学实践中，扬长避短，因势利导。毕竟，教师的"教"与学生的"学"是一个双向反馈不断磨合的过程。教师自己感觉讲清楚了，可并不等于学生听懂了，而课堂互动可以成为一个较好的解决方案。通过课堂互动可以实现教师"教"与学生"学"的同频共振。

线上教学多采用直播、"速课"以及同步课堂的模式授课，教师既可以选择打开摄像头出镜的方式进行网上直播授课，也可以选择不出镜而以 PPT + 语音的形式取而代之，这种"只闻其声不见其人"的上课方式能够从很大程度上节省打开视频消耗的流量，有效避免网络卡顿给教学效果带来的负面影响。其中，"速课"与同步课堂均采用 PPT + 语音的形式进行保存，不同之处在于"速课"可以提前录制好讲课的内容并选择在约定的上课时间内进行回放，而同步课堂则需要在约定的上课时间以 PPT + 语音的形式进行直播，并且最终也会以"速课"的形式保存下来。而传统的线下面授课程则很少有意识地进行录音保存，无法像线上课程这样随时随地回看授课内容。

"速课"与同步课堂最大的优势在于可回放、声音清晰，并且不会受到座位前后及教室环境的影响。"速课"与同步课堂的劣势在于数学推导等动态板书的展示过程没有面授课的教学效果好，可能出现声音与 PPT 对不上的情形，学生可能因为跟不上教师的每一步推导节奏而"迷失自我"。而直播的优势在于能够较好地实现在约定的上课时间内完成教学内容的讲授，并通过弹幕、随堂测验、投票、问卷等方式实现师生间的实时教学互动。直播的劣势在于对网速、服务器容量以及直播环境的要求较高，可能受到不确定因素的打扰。而传统面授课最大的优势在于师生之间能面对面进行交流，进行更及时的沟通，眼神的交换，心灵的对话，使得核心内容的板书及数学公式的推导过程等复杂的知识点一目了然。但是，学生们的听课质量却常常受到教室内座位周边的环境以及座位与讲台间距离远近的影响。相关的研究数据表明，通常情况下，坐在教室第一排的学生，考试成绩排名靠前的概率要大于经常坐在靠后区域听课的学生。这是因为，坐在教室第一排听课的学生和坐在教室靠后区域的学生，在听课的注意力方面差距会越拉越大。从心理学的角度来讲，长期坐在第一排听课的学生容易获得"示范效应"的鼓励，从而不断强化好的学习习惯，使得注意力集中程度较高，对学习的自信心也将保持在较高的水平之上。然而，线上教学却能够彻底打破传统面授课由于座位位置的空间距离差异给学生造成的注意力及学习自信心方面的影响，进一步影响"教"与"学"的效果，为深度学习和"课程思政"设计提供良好的资源和氛围。

表 1 展现了参与线上教学的师生真实的感受，以线上教学的所见、所闻、所感、所思、所悟、所行为基础，分别从教师视角和学生视角，全面地比较研究了线上教学与线下教学的优劣，希望对下一阶段学校开展线上教学改革以及线上教学管理具有一定的参考价值。

表 1　　　　　　　　　　线上教学与线下教学的比较研究

方式	教师视角		学生视角	
	优势	劣势	优势	劣势
速课（PPT＋语音）	可回放，教师可以将制作好的相关知识点授课视频放在网上，减少反复讲解的工作量	容易受到网速及教学平台的影响，数学推导等板书的展示很费劲，并且无法实时反馈与互动	可回放，学生感觉像在听一对一的私教课，清楚，不受时空限制	受到网速及教学平台的影响，可能跟不上每一步数学公式的推导节奏而"迷失自我"

方式	教师视角		学生视角	
	优势	劣势	优势	劣势
同步课堂（PPT＋语音＋上课时间）	可回放，教师可以将制作好的相关知识点授课视频放在网上，减少反复讲解的工作量，实现实时互动	容易受到网速及教学平台的影响，数学推导等板书的展示很费劲	可回放，学生感觉像在听一对一的私教课，清楚，不受时空限制，并能实现实时互动	受到网速及教学平台的影响，可能跟不上每一步数学公式的推导节奏而"迷失自我"
直播（超星、腾讯会议等等）	教学仪式感，抓住学生的注意力，能实现实时教学过程和师生互动	受环境条件的限制及不确定因素打扰的风险	感受课堂教学的仪式感，在一定程度上保持注意力，及时参加实时互动	受环境条件的限制，可能被教师发现没有按时在线完成相关任务
传统面授课	教学仪式感，营造较好的课堂教学氛围，促进团队合作，面对面的交流可以使数学推导过程一目了然	教学效果容易受到学生的座位位置到讲台的距离以及周围环境的影响	感受课堂教学的仪式感，比较容易跟上教师推导公式等复杂的内容和知识点	听课质量容易受到座位位置到讲台的距离以及周围环境的影响，学生之间能够相互评价

资料来源：作者总结。

综上可见，线上教学与传统线下教学相比，各有优劣，相互之间不可能完全替代。并且从学生们的反馈情况来看，传统的线下教学所带来的听课体验是线上教学永远都无可比拟的，因为人与人之间的见面交流互动，团队合作，以及由此营造的学习氛围很难通过电脑屏幕进行传递。

在线上教学的初期，师生们都有一种对网络教学模式的新鲜感以及莫名的紧张感，之后逐步适应线上教学模式，渐渐进入平稳的过渡期，然而，随后疲劳感来袭，教师和学生都很难保持期初的热情坚持学习。因此，线上教学的后期发展需要发挥教师与学生的主观能动性和自律性。与此同时，不仅学生反映线上教学的学习任务量比线下教学任务量增大了不少，教师也感到教学工作量突增，因为需要重新规划教学内容，安排任务点，将之前的面授课程系统地修改为线上教学课程模式。

线上教学由于可以通过系统自动统计时长及频率等量化指标，对学生的学习过程进行监测与追踪，课程考核及评估方式也趋于多元化。其中，平时成绩可以通过对网络教学的各项活动比如签到、讨论、观看视频、随堂测验、平时作业、投票等活动进行评分并赋予权重计算得到，充分体现了线上教学的点滴过程。因而，相比于传统的线下面授课教学模式，将线上教学的平时成绩占比适当增大更能客观再现学生平时的学习态度及学习情况。

三、慕课助力拓展"教"与"学"

对于上一部分提到线上教学的劣势，如何尽量克服线上教学的困难，将数学推导及图形的动态演变过程通过网络教学更好地传递给学生？我的解决方案有三种：第一种是将数学推导过程及图形演变的动态过程制作成动画、GIF 动态图放在 PPT 里面进行演示（如图 1 所示的四幅小图，是将《国际金融学》中的 IS－LM 图形的动态变化过程进行分解）。第二种是通过运用 iPad 或其他品牌的电子手写板功能将板书同步到 PPT 演示讲义或 Word 等其他格式的共享屏幕之上，从而让学生感觉像是在教室里跟着教师的板书一起记笔记；第三种方案是寻找相关的慕课（MOOC）视频，从而将核心的知识点教给学生。

固定汇率制下的财政扩张政策
假设资本不完全自由流动，并且资本流动程度较高

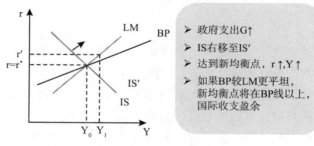

➤ 政府支出G↑
➤ IS右移至IS′
➤ 达到新均衡点，r↑,Y↑
➤ 如果BP较LM更平坦，新均衡点将在BP线以上，国际收支盈余

固定汇率制下的财政扩张政策
假设资本不完全自由流动，并且资本流动程度较低

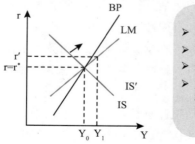

➤ 政府支出G↑
➤ IS右移至IS′
➤ 达到新均衡点，r↑,Y↑
➤ 如果BP较LM更陡峭，新均衡点将在BP线以下，国际收支赤字

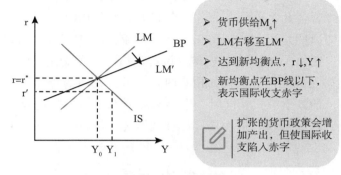

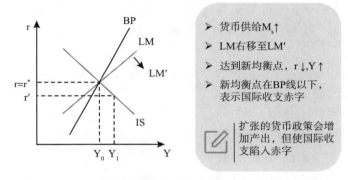

图1 IS－LM 模型运行机制动态变化过程分解

图片来源：对外经贸大学的《国际金融实务》课件。

慕课（MOOC）是 Massive Open Online Courses 的英文缩写，翻译成中文是大规模在线公开课，即大型开放式网络课程。从国内外研究现状来看，慕课（MOOC）是由美国哈佛大学和麻省理工学院成立的 edX（优秀平台三巨头之一）所提供的免费网络开放课程。随后，美国的一些著名大学也纷纷建立起了类似的网络学习平台，为网络学习者们提供了各式各样丰富的免费课程，使得网络学习者在家完成系统化学习成为可能。清华大学于 2013 年 5 月正式宣布加盟 edX，从此成为 edX 的首批亚洲高校成员之一。上海交通大学、复旦大学在同年 7 月与慕课（MOOC）平台 Coursera 进行签约。2015 年 3 月，南京大学也有四门课程首次登录国际网络学习平台 Coursera，从此成为中国的第四所加入国际"慕课"（MOOC）平台的大学。

与传统的教学模式相比较，慕课（MOOC）有哪些优势呢？首先，慕课（MOOC）是大型开放式网络课程，不受时空的限制，学习者在家通过互联网就可以学习国内外著名大学开设的课程。适合做慕课（MOOC）的课程必须具有以下几个特点：知识量大并且知识面广，同时对于能力的要求层次可以在讲解的过程中进行切分。比如，《国际经济合作》课程的内容涵盖面比较广，包含了国际贸易、国际金融及国际商务谈判的核心内容，具有较强的跨学科性，适合采用慕课（MOOC）的教学模式，同时，中英文双语教学能为师生双方共同提供一个开放的社会与教育环境，进而更好地展现国际经济学这门课程的国际性。其次，通过中英文双语教学，结合慕课（MOOC）教学平台，能够将国外原版的经典教材与国内优秀的中文教材有机融合在一起，融会贯通，从而运用国内外优秀的教学模式，传输一种新的教育理念和教学方法。值得注意的是，慕课（MOOC）教学平台上的教学平台包含了许多"一流课程"以及"金课"，而"一流课程"与"金课"能够体现"课程思政"的高阶性、创新性以及挑战度这两性一度。

下面，我们就侧重谈谈慕课教学视频的导入如何有助于拓展"教"与"学"的边界及思维空间。

在进行线上教学的第一堂课上，作者先向学生们提出了三个问题供大家讨论。第一个问题是"各位同学在选修这门课程之前，学过哪些相关的课程？"第二个问题是"当谈到这门课程的时候，大家的脑海里会浮现哪些概念？"第三个问题是"大家期待从这门课程里学到哪些自己比较感兴趣的内容？"这三个问题看似简单，对于课程内容安排及优化却具有非常重要的意义，并能充分调动学生们的参与热情和积极性。在讨论区和群聊里，我看到同学们都非常踊跃地进行回答，借此机会发表自己的见解和看法，师生互动的气氛也比面授课上的互动效果要好。这凸显了线上教学的优势。因为不用见面，借助线上教学的网络平台，很多平时不善于言表、性格比较内向的学生也表现得非常积极，甚至比平时善于表达的学生还更胜一筹，在网络的世界里，尽情表达自己的想法。这三个问题的答案成为我有针对性地对教学内容进行重新调整的关键。比如，对于第三个问题的回答，统计词云结果显示同学们对经典案例的分析十分感兴趣，希望通过案例进行深度学习，而不是仅仅停留在书本上的理论知识（如图 2 所示）。

图2 学生答案的词云统计图（图悦——在线词频分析工具）

国内的慕课（MOOC）教学平台，比如，中国MOOC大学、学堂在线、智慧树等等，就拥有比较丰富的线上教学视频和经典案例可供选择，教师在完成书本教学内容的同时通过教学视频的分享可以拓展书本内容。一方面，慕课（MOOC）教学视频可以帮助学生查缺补漏，进一步完善知识体系，同时增加对经典案例的学习；另一方面，教师也可以观摩借鉴其他教师上课的教学方案，取长补短。这个教学相长，相互促进的过程对于师生来说都是人生中难得的一场修炼，也是进行立德树人"课程思政"的基础。

那么，怎样将"课程思政"元素巧妙地融入慕课（MOOC）教学之中呢？首先，我们需要明确"课程思政"建设的目标要求。依据"教育部等八部门关于加强构建高校思想政治工作体系的意见"，从学科教学体系以及评估督导体系的角度来看，各大高校需要充分发挥科研育人的功能，从而全面地推进所有学科相应的"课程思政"建设，构建集监督、教育、惩治于一体的学术诚信体系。与此同时，各大高校还需要构建科学的测评体系，推动将高校党建与思想政治工作相结合的"双一流"建设成效评估体系、学科专业质量评价框架、人才项目评审系统以及教学科研成果评比量化标准的重要指标。在具体实践的过程中，各大高校不仅需要积极推动教学科研工作往实里走，并且更要往深里走，通过构建高校思想政治工作体系，更好地发挥其引导作用，从而让思想政治工作与整个教育事业的发展相互融合在一起，全面提升教书育人与教学相长的成效。[①]

---

① 李赛强. 青年教师"云品味"思政之"盐"如何融入课程之"餐"［EB/OL］.（2020 - 07 - 10）. http：//cfd. cufe. edu. cn/info/1045/1274. htm.

首先，各大高校全面推进"课程思政"的建设是落实立德树人根本任务的战略举措，必须将知识传授、价值塑造以及能力培养这个三方面相互融为一体，要寓价值观引导于知识传授以及能力培养之中，言传身教更好地帮助学生塑造正确的世界观、人生观以及价值观。其次，"课程思政"建设是全面提高人才培养质量的重要任务。为解决好专业教育与思想政治教育"两张皮"的问题，高校需要不断完善"课程思政"的日常工作体系、教学体系以及内容体系这三大体系，紧紧围绕国家和区域发展的需求，结合学校发展定位以及人才培养的目标，构建全面覆盖、类型丰富、层次递进、相互支撑的课程思政体系，深度发掘各类课程与教学方式中所蕴含的思想政治教育资源。对于专业教育的课程而言，教师需要根据不同学科专业的特色以及优势，深入研究不同专业的育人目标。在此基础上，教师们可以深度挖掘和提炼专业知识体系中所蕴含的思想价值以及精神内涵，科学合理地拓展专业课程的教学广度、教学深度以及教学温度，从课程所涉及的专业、行业、国家、文化、历史等多重角度增加课程的知识性以及人文性，从而有效地提升"课程思政"在教学过程中所发挥的引领性、开放性以及时代性。慕课（MOOC）教学视频的导入恰恰能够在广度和深度上为传统的面授课教学提供强大的支撑，从而将"课程思政"元素巧妙地融入其中。对于经济管理类的专业课程，要在课程教学中坚持以马克思主义为指导，结合中国特色的社会主义价值观，加快构建具有中国特色社会主义核心价值观的哲学社会科学学科体系、学术体系以及话语体系。通过慕课（MOOC）教学视频的展示有助于帮助学生了解专业知识、行业领域的国家战略、法律法规以及相关的政策，从而有助于引导学生们深入社会实践、关注现实问题，培育学生们养成经世济民、诚信服务、德法兼修的职业素养，这是慕课（MOOC）教学结合专业特点有效推进"课程思政"建设的要点。

四、将立德树人潜移默化地融入在线教学中

结合上一部分关于慕课（MOOC）教学结合专业特色有效地推进"课程思政"建设的关键要点，我们可以进一步总结出"课程思政"的重要意义。第一，"课程思政"的首要任务是要解决思想政治教育与专业教育"两张皮"的问题。第二，"课程思政"是为了解决"工具性""单向度"的人才培养质量问题。第三，"课程思政"是为了将教师朴素的育人观念提升到一定高度，从而解决课程育人规范性的问题。第四，"课程思政"结合专业教育，有利于改革灌输方式为

参与、体验和实践模式，创新评价方式，从而解决"育人成效"的问题。第五，"课程思政"的重要意义在于解决教育为谁培养人的问题。简言之，"课程思政"的意义在于以下三点：第一点是立德树人，第二点是价值的塑造、知识的传授以及能力的培养这三方面的统一从而形成三位一体，第三点是为国家长治久安、为民族复兴培养接班人。[①]

具体而言，怎样将立德树人的"课程思政"元素巧妙而合理地融入线上教学之中呢？正如习近平总书记所说"好的思想政治工作应该像盐"，"以学生发展为中心"的课程"思政教学"设计将价值塑造、知识传授和能力培养三位一体结合起来能够实现事半功倍的效果。[②]

《中共中央国务院关于全面深化新时代教师队伍建设改革的意见》于2018年1月20日颁布，其中明确提出了关于师德修养与"课程思政"的相关内容："把社会主义核心价值观贯穿教书育人全过程，突出全员全方位全过程的师德养成，推动教师成为先进思想文化的传播者、党执政的坚定支持者、学生健康成长的指导者。"由此可见，"经师易得，人师难求。"这句话揭示了"课程思政"的真谛。作为教师，我们在教学过程中无法回避价值观的传授以及社会目标与社会动机。同时，学生们的学习态度以及价值观决定了他们学习的内容和学习方式。

"课程思政"教学设计的原则在于，教师需要检验所教授课程是否实现"课程思政"的目标。我们可以从三个方面进行对照反思：第一，教师所教授的课程是否与学习目标相契合。第二，教师所讲授的课程内容是否与反馈评估的结果一致。第三，课程内容是否与教学活动联系紧密。于是，"课程思政"教学设计推动形成了一个"教"与"学"一致性逆向的设计过程。在既定的学习目标下，教师会思考："我想让学生们学什么？"在"教"与"学"的策略构思中，教师又会思考"我如何设计学习过程，让学生们都能够学到知识点，从而完成教学任务？"在反馈与评估部分，教师会问："我怎么知道他们学到了？"[③] 因此，"课程思政"教学设计原则中的第一点"课程思政的相关教学内容是否与学习目标相契合？"实际上是对知识、能力以及价值目标的考评。"课程思政"教学设计原则中的第二点"课程思政的相关教学内容是否与反馈评估一致？"的实质是态度价值观的变化。"课程思政"教学设计原则中的第三点"课程思政的相关教学内容

① 李赛强. 青年教师"云品味"思政之"盐"如何融入课程之"餐" [EB/OL]. (2020 - 07 - 10). http：//cfd. cufe. edu. cn/info/1045/1274. htm.

②③ ［美］芬克. 创造有意义的学习经历：综合性大学课程设计原则 [M]. 胡美馨，刘颖，译，杭州：浙江大学出版社，2006.

是否与教学活动联系紧密？"实际反映了参与、体验与反思的过程。

因此，立足于"国家教育目标"和"学校培养目标"组成的总体目标，教育目标包含了"专业培养目标"和"课程目标"以及下一层次的单元教学目标。教学目标的基础在于提升道德选择的能力，培养公民行使权利和履行义务的责任心。然而，在进行"课程思政"设计的目标选择上，教师们常常会遇到如下几种问题：比如，"课程思政"目标的设定过于"高大全"，泛化不聚焦；"课程思政"的"政"的色彩不够浓，价值引领性不太突出；"课程思政"目标的设定空洞无物，表述口号性强；另外，"课程思政"的目标与课程知识学习和能力培养目标的关系不大。针对这些常见的问题，可以采用 3 "S"（Subject, Students, Social development needs）原则进行改进，即结合学科属性、专业特点，学生和社会发展需要，突出价值引领性。教师在"课程思政"教学中深入思考采用哪些教学活动来实现多层次的目标？通过实现总体目标、教育目标以及教学目标这些多层次的目标，"课程思政"教学设计可以尽显家国情怀，引领健康积极的职业价值观，提升师生的道德选择能力，培养公民行使权利和履行义务的责任心和使命感。比如，在教学活动方面，通过小组项目学习，"最美逆行者"访谈，以及"两难问题"的讨论，实现提升道德选择能力、培养公民行使权利以及履行义务的责任心。检验教学反馈的评分方案可以采用项目报告、访谈记录以及辩论稿的形式，给专业课作业加上思想认识的内容要求。在"课程思政"的素材选择上，经典的案例素材，比如，屠呦呦荣获诺贝尔奖，可以用于化学、文学、植物学、基础医学等不同的学科来进行"课程思政"教学设计，科学合理地拓展专业课程的教学广度、教学深度以及教学温度，从课程所涉及的相关专业、相关行业、相关国家、相关文化、相关历史等不同视角，全方位增加课程教学的知识性与人文性，进一步提升"课程思政"教学的引领作用。由此可见，"课程思政"资源的深度挖掘来源于各类课程蕴含的思想政治教育资源以及教学方式中所蕴含的思想政治教育资源。

另外，"课程思政"教学设计要解决的问题还有评价方式，因为不同的评价方式将决定学生的学习行为。教学目标及过程将决定是采用"形成性评价"还是"总结性评价"更加适合"课程思政"教学设计的展开。比如，对学习者态度及情感的评价包含：课题民意测验、复试记录、崇拜人物简介、日常道德困境以及合作学习团队同伴的评价量表，等等。与此同时，非标准化答案考试包括项目化学习、反思报告和案例分析这样的质性分析作业、小组讨论反馈以及学习档案袋等等。学生在学习过程中，经历"课程思政"的情感领域将从专心听讲、看视频这样的"接受"层次，上升到小组讨论、演讲的"反应"层面，再上升至对两难问题的反思及辩论这样的价值评价层面，进而提升到组织个人价值体系，从而内化价值体系的高度。总之，学生学习成效的"课程思政"评估评价包含：明确目标、设计评价方式、评价学生个体以及评价并反思学生群体。课程建设成效的"课程思政"评估评价主要包含：聚焦研究问题、研究设计、研究实验即教学实施、收集证据即形成性评价、研究分析即学生学习成果分析以及撰写研究报告这六大方面。"课程思政"的学术性主要体现在知识储备、实证研究、教学实验即教学实践这几个方面。其中，知识储备包含学科知识、"教"与"学"的理论和知识以及教育大背景知识。"课程思政"的实效性反映了基于实证研究的教学、基于教育理论的教学、自我反思性的教学。三者之间的关系是基于实证研究的教学包含了基于教育理论的教学，与此同时，基于教育理论的教学又包含了自我反思性的教学。[①]

我认为主要可以通过以下三个方面来实现：首先，观看相关的纪录片片段或者相关的慕课（MOOC）教学视频，比如在《国际金融学（I）》的课堂上，当讲到 2008 年金融危机的时候，选择播放一部荣获奥斯卡奖的经典中英文双语纪录片 Inside Job（翻译为《监守自盗》）的片段能更具有感染力地让学生从中领悟到全球金融危机的本质，什么是 Moral Hazard（道德风险）以及危机背后的深层解读，从而潜移默化地将立德树人的"课程思政"思想融入其中。在《国际经济合作》的课堂上，当讲到新时期我国的国际经济合作模式时，《一带一路》这一系列的纪录片能够更生动地诠释人类命运共同体的真谛。

其次，灵活运用讨论区、群聊区等课堂互动方式将课本中的理论知识与时事政治相结合，理论联系实际，鼓励学生发表自己的见解。教师可以观察学生对理论知识点的理解和体会程度，并对那些表现比较消极的学生进行积极引导，让学生学会以辩证的观点客观看待问题，分析问题，更重要的是要调整好自己的心态。

再次，安排学生们写读后感或观后感，在了解并把握学生思维动态发展的基础上，鼓励学生综合全面地思考问题，多角度切入分析，并寻找比较独特新颖的研究视角和创新点，这是培养学生独立学习能力及自我完善能力的重要"思政"内容。

更重要的是，在将"课程思政"元素融入线上教学的过程中，教师的人格魅

---

① 李赛强. 青年教师"云品味"思政之"盐"如何融入课程之"餐"［EB/OL］. (2020 – 07 – 10). http：//cfd. cufe. edu. cn/info/1045/1274. htm.

力、教学魅力以及知识魅力①能够滋养学生的心田，从而提升"教"与"学"的效果，进一步促进"云端"的教学相长。

参考文献：

［1］李赛强．青年教师"云品味"思政之"盐"如何融入课程之"餐"［EB/OL］．(2020 – 07 – 10)．http：//cfd. cufe. edu. cn/info/1045/1274. htm.

［2］［美］芬克．创造有意义的学习经历：综合性大学课程设计原则［M］．胡美馨，刘颖，译，杭州：浙江大学出版社，2006.

［3］吴军其．教学技术专家云解课堂媒体支持与教学运用"秘诀"［EB/OL］．(2020 – 07 – 09)．http：//cfd. cufe. edu. cn/info/1045/1275. htm.

---

① 吴军其．教学技术专家云解课堂媒体支持与教学运用"秘诀"［EB/OL］．(2020 – 07 – 09)．http：//cfd. cufe. edu. cn/info/1045/1275. htm.

课堂空间距离与教学极限表达

——《法律方法》线上教学反思与实践

张小平[*]

内容摘要： 疫情期间的线上教学在组织形式上仍然以班级授课制为制度背景，但是由于集体感的丧失，大学建制对于学生的约束力和控制力不断下降。从修辞学的角度看，线上教学必须针对教学场域的转换，认真解决好极为抽象之理、超出生活经验之事、挑战固有常识之说三种极限表达所带来的挑战，发展相应的修辞策略。线上教学的实践表明，大学建制对于保证学习效果所发挥的作用，应当予以重新认识。教师在教学碎片化和呈现手段受限的情况下，应依据对线上教学规律的认知，在教学方式和教学内容上进行必要的调整，应对线上教学所带来的挑战。

关键词： 线上教学　修辞学　教学法研究

一、引言

线上教学和传统教学的区别不仅在于传播媒介本身。教师传达信息的方式、与学生互动的方式、评估教学的方式等方面，两者均存在重大差异。[①]

在借助互联网技术的基础上，线上教学可能有多种组织方式。每种组织方式在知识传播的策略和技巧上，均有不同。本文的研究观察，基于中央财经大学2020年春季学期和2021年的线上教学实践。其基本的技术环境和教学组织特点可以概括为三点：第一，使用超星泛雅平台进行教学组织；第二，以课件的录播为主要的传播方式；第三，通过打卡签到要求学生保持和线下教学课表同步的学

* 作者简介：张小平：中央财经大学法学院，副教授，硕士生导师。

① Online Education Research, LLC：Instructional Methods for Online Learning［EB/OL］.［2021 - 04 - 10］. https：//www. onlineeducation. com/guide/instructional - methods.

习节奏。这种教学组织方式的基本预设，是尽可能还原课堂教学组织的氛围。由此提供了一个重要的契机或者一种较为理想的观察环境：在课堂组织尽可能向原线下教学靠拢的情况下，由于传播方式的变化，线上教学对于教学策略或教学法的运用，究竟产生了怎样的影响。

二、对班级授课制的心理机制的反思

现代学校以班级为单位组织教学活动。除了教育投入产出方面的考虑，实际也有教学效果方面的考虑。多人同时在一个空间中学习，会产生一种积极的整体场效应。正如教育学家夸美纽斯（Comenius）所指出的那样："教师看到他面前的学生越多，对自己进行的工作就越有兴趣。教师本人愈是热心，他的学生表现出来的热情也就愈大。同样，对学生来说，大量的同伴在场不仅能产生更大效果，而且也是一种享受，因为他们可以互相激励，互相帮助。事实上，对这个年纪的孩子来说，竞争是最好的激励。"[①]

学生学习的独立性是线上教学的显著特点。[②] 学习独立性的增加，以及空间距离的拉开，产生两个潜在的后果：第一，集体学习带来的压力和吸引力在下降，学生的群体归属感也在下降。国外相关研究指出，"疏远感"以及"集体感的下降"是导致在线学习难以坚持的两个重要因素，同时提出了通过对学生加以鼓励等方法维系"集体归属感"的在线教育活动建议。[③] 第二，教师的教学活动发生了场域的转换。如果以艺术呈现方式加以类比的话，则传统线下教学更像是小剧场中的话剧，而在线教学更像是电影大屏幕上的演出。前者更具有临场性、即兴性和交流感，而后者则要求平实、克制和常态化的表达。[④]

---

① 邹霞. 对夸美纽斯《大教学论》之解读：基于二十一世纪的教育技术学视角 [M]. 西安：西安交通大学出版社，2017：82.

② MEINI SONDANG SUMBAWATI, MUNOTO. ISMET BASUKE, EUIS ISMAYATI, TRI RIJANTO. Student Learning Independence in Online Learning Depends on Motivation [J]. Advances in Engineering Research，2020，196：342 – 347.

③ Angelo State University. Online Teaching – Introduction：4. 3 Creating a Sense of Community [EB/OL]. [2021 – 04 – 10]. https：//www. angelo. edu/faculty – and – staff/instructional – design/online – teaching/section_43. php.

④ 叶莉. 话剧表演与影视表演的联系与区别研究 [J]. 青年文学家，2012（17）.

三、从修辞学看线上教学中的极限表达问题

（一）修辞视野下的教学活动

每一次课堂教学都可以视为一次修辞创作活动。古典修辞学中把修辞行为的准备和实施分为五个步骤：觅材取材、布局谋篇、文体风格、记忆和呈现。①

随着教材的统一和海量文献的电子化，教学活动中觅材取材的难度在下降并在很大程度上趋于统一。布局谋篇是教学设计的核心，尽管完整的布局谋篇有着通用的结构，即引言、陈述、提纲、证明、反驳和结语，但在内容的安排上，可以充分发挥教师的个性或创造性。在文体风格上，现代教育的常态情境下，主要使用平实风格，并辅之以各种修辞格的使用。记忆在修辞理论上一直未得到重视，但课堂教学实践表明，记忆的素材越多，在面对学生质疑的时候越能够随机应变。呈现是修辞的最后一个环节，而且是最为重要的一个环节。教师在课堂上通过口头讲述和书面演示完成一次生动的课堂教学，就可以视为是一次成功的呈现。

（二）课堂教学中的极限表达挑战

线上教学活动的常态化，意味着修辞活动中可以反复复制的成分稳定在一个较高的比例。但是，在课堂教学中，仍然存在至少以下三种情形，要求教师进行突破常规的修辞表达。

第一是极为抽象之理。实证知识是现代大学学术体系的主体，对知识的抽象一般是通过逐步推演完成的。但是基于经验的实证永远无法完全取代先验的形而上的内容。在关于基础理论的讲授中，始终存在一些非常抽象的命题。除了少部分学生能够借助天赋瞬间有所悟，对于大部分学生而言，极为抽象之理是通过使用明喻和隐喻的修辞格以及从多个角度反复论述完成传授的。例如在介绍法律解释立场的"主观说"和"客观说"的时候，在法律解释的语境中何为主观、何为客观是一个非常抽象的范畴。为澄清这对关键概念的含义，笔者借鉴了文学研究中与之类似的范畴。以《红楼梦》为例，如果通过研究曹雪芹的生平经历、创作动机等研究《红楼梦》的意旨，此种方法，与法律中通过研究立法者的意图研究解释法律条文的含义相仿，此即"主观说"；如果承认《红楼梦》本身即为一

---

① 蓝纯. 修辞学：理论与实践 [M]. 北京：外语教学与研究出版社，2010：39.

宏富的作品，蕴蓄独立的生命，故舍弃曹雪芹的存在、就当下情境发掘《红楼梦》的含义，此种方法，与法律解释中结合当下情境推知法律条文"应有"的含义相仿，此即"客观说"。通过这一隐喻手法建立起理解的切入点后，再辅之以判决文书中实际运用"主观说"和"客观说"的例证分析，就能使学生在较短时间内较为完整地理解法律解释"主观说"和"客观说"的含义，及其存在的合理性与具体适用的前提条件。

第二是超出生活经验之事。大学课堂上的常规教学对象，是阅历有限、并且其认知渠道越来越受到网络传播影响的青年人。社会科学领域有相当数量的知识需要生活经验才能理解。超出生活经验之事，对讲者有一种"无中生有"的要求：即通过朗诵、念白、陈述、赞叹等多种语言程式的综合使用，将听者带入一种此前未经历的情境中，并且在体验这种情境之后，间接获得超越原先生活经验的知识。例如，在讲"法律漏洞"这一概念的时候，需要将其与另外一个概念相区别："立法者的有意沉默"，即指立法者已经预测到法律调整的对象和情形，但由于诸多原因未能直接予以明确规定，而要留待进一步研究或司法实践来解决。这个概念容易理解，但是为什么会产生这样的情形，是一个超出普通学生生活经验的事情。以《人民防空法》第五条第二款规定，"国家鼓励、支持企业事业组织、社会团体和个人，通过多种途径，投资进行人民防空工程建设；人民防空工程平时由投资者使用管理，收益归投资者所有"。本条对人防配套工程的建设持支持态度，但是回避了人防工程（如小区人防车位）的所有权问题。围绕这一问题，产生了大量的研究，也产生了大量的讼案。学生很难理解的是，立法者为什么对此不加以明确？要回答这个问题，从物权法原理和日常生活经验出发，都是难以澄清的。其答案必须到中国人防工程建设发展所面临的困境中去寻找。为了将这个问题解释清楚，笔者翻阅了大量关于 20 世纪 60、70 年代中国外交史、"三线"建设历程、国防动员体制、改革开放之后经济建设与战备需要之间的平衡等方面的资料，将其浓缩为一段"评书"形式的"共和国人防建设史"，在大约十分钟的时间内，带领学生穿越半个世纪以上的时光历程，从而理解《人民防空法》第五条第二款抉择之艰难和暂时悬置所有权归属问题的不得已之处，既用丰富的历史素材说明法条背后的复杂逻辑，又通过对立国之不易和政策抉择之难的讲述，不经意间成就一段"课程思政"的小品。

第三为挑战固有常识之说。由于各种原因，积非成是或未加审慎思考的认知各处散布。如果恰好在教学中遇到，最好的办法是欲扬先抑。即先要把教师的姿态放低，以商榷或不确定的口吻引入可能挑战学生固有认知的知识，待逐步证立之后，再行强调。例如，在民法的相关法律规定中，重大误解可以成为撤销合同的理由。在学习民法理论时，简单的例子就可以说明这个问题。但是在实际的交易中，以"重大误解"为理由主张撤销合同是非常罕见和非常困难的。其原因首先在于举证的困难；其次在于中国法律在引入这一制度及其学理时，不够彻底，适用标准难以明确。当教师向把这个看法传达给学生时，可能会撬动学生自认为已经安稳如山的民法学知识大厦。在讲到这个问题的时候，笔者以曾经指导研究生办理的一起案件为例，将自己整个困惑、不解、反思、寻路、致知的过程全部呈现给学生。这个过程始于笔者对学生坦承自己对民法知识的不自信，而终于师生之间对民法制度学理的重新认知。多次实践表明，这个方法引发了学生对民法学基本原理的重新思考，引发了学生对于民法学理前沿问题的认真关注。

（三）线上教学对于极限表达的回应

在线下教学中，上述三种极限表达活动高度依赖于教师与学生之间的互动，依赖学生对教师的信任、依赖课堂集体学习气氛所造成的共情效应。

在以录播为主要载体的在线教学中，教师与学生之间的互动频次下降，表情和手势等迅速取信于学生的身体语言无法呈现，学生自主学习和弹性学习使集体学习气氛不复存在。相应的，上述三种极限表达策略，就必须做出调整。

讲述极为抽象之理，需要更多的借助图示。因为在线教学和课堂教学的一个差别，是课堂教学中，教师起到统合课堂信息传播的作用，来自教师体态和声音的综合传达主导着课堂教学；在线上教学中，学生的视线长久地停留在屏幕上，视觉的比例比课堂教学中加强了。因此所有抽象的道理，均要考虑通过某种图示予以具体化或具象化，好的示意图能够成为抽象之理的鲜活载体。例如对于前述法律解释的"主观说"和"客观说"的区别，除了讲授之外，重新思考其概念要旨，绘制示意图作为辅助参考，帮助学生理解，如图1所示。

讲述超出生活经验之事，教师"说书"的作用在下降。因为不能见到面部表情，以及空间的疏离，使语言的感染力大打折扣。如果可能，可以寻找相关的声像资料，作为补充。在线下教学中，由于教学时间的限制，课堂所能展示的声像资料的时间总长需要控制。在线上教学中，声像资料可以上传到教学资料平台，供学生在课余随时观看。例如在讲到人类语言表达的基本规律和言词证据的认定技巧时，由于需要近距离传达的知识难以在网络平台上展开，因此改为简单讲授基本原理，然后建议学生观看教师推荐的影视作品片段，从中体会求证课堂所讲授的基本原理的展开与应用。

图1　用图示说明法律解释的目标中"主观说"与"客观说"的差异

不无遗憾的是，在线上教学中，挑战固有常识之说的教学环节，将受到极大的限制。因为在课堂教学中，由于高密度的互动，一旦教师提出挑战固有常识的内容，与学生原有认知结构的张力达到一定程度后，会立刻有学生站出来提出问题，教师回答，学生再提问，教师再回答，辩难往复，如是者三，大体可以在一堂课的时间限度内完成对学生认知的初步重构。而在线上教学中，即便学生提出质疑，并且这种质疑同样可以被其他同学围观，但由于不是近距离的集体注视，因而师生过招中体现出的细微精妙，很大程度上会被忽略。挑战固有常识之说的传授，其险峻之处，在于教师始于调侃乃至自嘲，其后引发学生的逆反和斗志，然后经过反复交锋，至少令大部分学生初步信服。线上教学可能的问题，在于不能确保学生近距离参与全过程，可能学生恰好就在产生逆反的时刻离开屏幕，未听完下文，并且因为逆反的持续将课程内容截屏后进行不可控的进一步传播。所以稳妥的做法，是寄望恰好有一篇表达挑战常识之理的经典文章，留给学生做阅读文献。但愿有心的学生，能在阅读中，打破自我，获得新知。

四、重新思考现代大学建制下的线上教学

（一）现代大学建制是确保学习效果的必要制度环境

从技术角度看，本次线上教学的大规模实践，是教育系统回应新冠肺炎疫情的重要举措。但是从更为广阔的视角来看，为了突破空间限制和降低通勤成本，远程教学的实践已经有约一个世纪的历史。第一代远程教学是使用广播和电视技术的远程教学。第二代远程教学使用的主要是录音带和录像带技术。第三代远程教学使用的是基于互联网的传播技术。① 迄今为止，成功的远程教学模式只有两种方式：一种是基于现代大学建制的，另一种是基于强烈个人兴趣的。两者的共同之处均在于：要么学习动机非常强烈，不存在持续坚持的问题；要么通过大学建制所形成的集体认同感和纪律约束帮助、推动学生持续学习。现代大学建制在通过班级授课制、学年制、学分制等组织手段提供集体学习氛围，从而保证教学效果的功能在过去相当长的时间内被大大低估了。这次大规模的线上教学实践，促使教师认真反思教师教学活动的边界在哪里？或者说，教师教学活动的制度环境，在最终的教学效果中，占到多大比重？无论这个比重最终怎样赋值，都必须承认，现代大学建制提供了教学活动的制度环境，形塑了教学活动的修辞场域。线上教学依然通过具有高度发达的教务管理功能的教学平台，将物理空间中班级授课制在虚拟空间中复现，实际上恰好说明了大学建制对于教学保障的重要作用。

（二）信息碎片化压力下的教学内容组织策略

与线上教学相比，线下教学的一个集中特点是教学的集中性和连续性，即以45 分钟的课堂为时间单位、以教室为空间单位，集中连续完成教学任务。线上教学的回放功能提供了学习的灵活性，从而也使得线上教学出现了碎片化的趋势。在各种网络短视频分散学生注意力的情况下，很难期待学生能够坚持看完长达 45 分钟的教学视频。教学视频的录制时间逐渐被缩短，从原来的 40 分钟左右，即接近一个自然课时的时间，逐渐缩减为 10 ~ 20 分钟。教学设计的单元，从原来以一节课为单位设计，逐渐转化为以一个知识点为单位进行设计。对于教

---

① MANIJEH SADEGHI. A Shift from Classroom to Distance Learning: Advantages and Limitations [J]. International Journal of Research in English Education, 2019, 4: 1, 80 – 88.

学内容碎片化的大趋势，一方面要尽可能予以回应，另一方面也要保持足够的警惕。特别是对于《法律方法》这样内在体系结构和逻辑较为复杂的课程，碎片化的讲授方式有可能危及知识体系的获得和整体学科的融贯。为解决此问题，可能的应对策略包括：第一，所有的视频，在网页呈现上，均要嵌入体现知识体系和教学大纲的整体目录中；第二，前半部分的教学，仍然坚持以接近自然课时的视频长度为主，确保课程基础的扎实和课程体系的明晰；后半部分，可以适度增加时间较短的视频；第三，增加专门用于"概介"和"总结"的短视频，用以统摄在知识上有联系的相关短视频，突出知识体系的内在逻辑，形成具有内在联系的"视频群"，实现"既见树木、又见森林"的教学效果。

（三）重新审视声音对于知识传达的作用

首先，在传统的课堂教学中，教师的神情、体态、声音、幻灯片、板书等构成一个信息传播的综合体，同时传达了知识、情感、信念等多方面的信息。而在以幻灯片录屏为主的线上教学中，知识的呈现仅剩下幻灯片和声音两种手段。认为线上教学可以通过多媒体的使用获得比线下教学更好的教学效果的流行观点是值得推敲的。其理由在于：第一，线上教学可以使用的多媒体，在线下教学中从未排斥使用；第二，不是所有知识点，都适宜找到非常具象的呈现方式。与此相反，教师在线上教学中，可能要面临信息载体受限后，对声音和语言更高的要求。学生们"从无言的教师——书本得到的教导是晦涩的、不完全的，但是一旦得到了教师的声音补充之后，它便变得栩栩如生了，便在学生心中印上了一个深刻的印象，使他们真正懂得他们所学的，并且知道自己是懂得的。……一个能够动听地、清晰地教学的教师的声音应该像油一样浸入学生的心灵，把知识一道带进去。"① 线上教学越发展，对教师声音表现能力的要求就越高。其次，在课堂教学中经常使用的"重复"和"夸张"两种语言习惯，在线上教学中是不太受欢迎的，或者是需要限制使用的。教师唯一的出路，是用更高质量的教学语言，例如更精致或更具有冲击力的语言，承载知识信息，借由声音的听觉和幻灯片图文的视觉，完成修辞传播活动。

（四）线上教学对教师究竟是解放还是挑战？

从工作弹性的角度而言，线上教学的确是解放了教师。但是从工作强度的角

---

① 邹霞. 对夸美纽斯《大教学论》之解读：基于二十一世纪的教育技术学视角 [M]. 西安：西安交通大学出版社，2017：156.

度而言，线上教学从更多的方面对教师提出了挑战，包括：更为精炼地整合教学内容；更为精致紧密地进行教学设计；反复重录教学视频，以追求流畅的效果；反复推敲教学语言，保证既可以向学生传递知识，又经得住在其他场合中的审视或审查；随时回答学生通过"学习通"等终端提出的问题，工作时间不限于课堂教学时间和大学教师的办公时间。新冠肺炎疫情是一场公共卫生危机，也是一场社会变革的契机。高等教育的知识生产和传播过程，将会出现新的格局。每一名高等教育工作者，都要不断学习，随时为变，为应对可能进一步出现的新教学模式，做好必要的准备。

参考文献：

［1］ Online Education Research，LLC. Instructional Methods for Online Learning ［EB/OL］. ［2021 - 04 - 10］. https：//www. onlineeducation. com/guide/instruction-al - methods.

［2］ 邹霞 . 对夸美纽斯《大教学论》之解读：基于二十一世纪的教育技术学视角 ［M］. 西安：西安交通大学出版社，2017.

［3］ MEINI SONDANG SUMBAWATI, MUNOTO, ISMET BASUKE, EUIS ISMAYATI, TRI RIJANTO. Student Learning Independence in Online Learning Depends on Motivation ［J］. Advances in Engineering Research，2020，196：342 - 347.

［4］ Angelo State University. Online Teaching - Introduction：4. 3 Creating a Sense of Community ［EB/OL］. ［2021 - 04 - 10］. https：//www. angelo. edu/faculty - and - staff/instructional - design/online - teaching/section_43. php.

［5］ 叶莉 . 话剧表演与影视表演的联系与区别研究 ［J］. 青年文学家，2012 (17).

［6］ 蓝纯 . 修辞学：理论与实践 ［M］. 北京：外语教学与研究出版社，2010.

［7］ MANIJEH SADEGHI. A Shift from Classroom to Distance Learning：Advantages and Limitations ［J］. International Journal of Research in English Education，2019，4：1，80 - 88.

以"心之道"统领"教之术"

——《中国社会思想史》线上教学的探索

王建民 *

内容摘要： 从线下教学到线上教学，变的是教学之"术"，不变的是教学之"道"。无论教学形式和手段如何变化，教师首先要做到"用心"和"心安"。文章以《中国社会思想史》为例，讨论了线上课的线下准备，包括充实文字教案、调整章节结构、征求学生意见、自我心理调整等。为提高教学质量，课程注重改进视听效果、积极学习新技术新工具、增加与学生交流的机会、灵活地布置作业。最后，文章讨论了"至简思维，日常功夫"的教学理念及其思想来源。

关键词： 线上教学　至简思维　日常功夫

一、引言：教学要"心安"

我自 2008 年 7 月入职中央财经大学，至今已 12 年整。近些年，我秉持的教学理念是"把教学想得简单朴素一点儿"，"简单"不是"容易"，也不是"简化"，而是返璞归真。在各种课程和教法层出不穷的当下，教学常常变成一种"包装"和"表演"，可能看起来听起来生动华丽，但是否真能起到传道授业的效果，能否在学生的心里扎根，可能还要打个问号。

我们常说"扪心自问"，其实，教学效果如何，先不用问学生，先问问自己即可，看看能不能做到"心安"。在这个意义上，其实线下课和线上课在根本上是没有差别的，无非是用心投入而已。孟子说得好："学问之道无他，求其放心而已矣。"自己的"心"丢没丢、跑没跑远，自己是最清楚的。

---

* 作者简介：王建民：中央财经大学社会与心理学院，教授，社会学系主任，硕士生导师。

二、线上教学的线下准备

2020 年春季学期，受新冠肺炎疫情影响，我主讲的本科生课程《中国社会思想史》也改为线上教学。线上课需要大量的线下准备，虽然上课足不出户，但其实更辛苦。为此，我做了如下准备和调整。

（一）充实文字教案

《中国社会思想史》是一门很难讲的课，很多中国传统思想，不要说有自己的深入思考，就是先读懂一些古书都有一定难度。每一章内容我都提前准备了详细的教案，平均每章字数在 10000 字以上，这消耗了我大量时间。准备的过程，也是自我学习和自我教育的过程。我的体会是，如果没有详细的准备，讲一些自己都很模糊的内容，会有自欺欺人的感觉，内心过不去，如图 1 所示。

图1 《中国社会思想史》部分文字教案

（二）章节结构的调整

线上课与线下课对课程结构的要求有所不同。相对而言，线上课的内容和结构需要更简洁灵活，使学生能够较容易捕捉到知识点，同时不至于因为视听时间长而觉得疲惫。因此，我对原教学内容进行了重新划分，细化了知识点，相应的 PPT 内容也做出了调整。调整后，每次课基本包括三个知识点，篇幅也大致相当。这个过程，相当于把原来的课程结构彻底调整了一下，有些内容不适合线上讲，需要删掉；有的内容太多或太少，也需要重新删减或增补。图2是调整后的部分课程章节目录，看起来比较清晰。

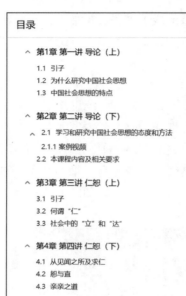

目录

∧ 第1章 第一讲 导论（上）
 1.1 引子
 1.2 为什么研究中国社会思想
 1.3 中国社会思想的特点

∧ 第2章 第二讲 导论（下）
 ∧ 2.1 学习和研究中国社会思想的态度和方法
  2.1.1 案例视频
 2.2 本课程内容及相关要求

∧ 第3章 第三讲 仁恕（上）
 3.1 引子
 3.2 何谓"仁"
 3.3 社会中的"立"和"达"

∧ 第4章 第四讲 仁恕（下）
 4.1 从见闻之所及求仁
 4.2 恕与直
 4.3 亲亲之道

∧ 第5章 第五讲 义内（上）
 5.1 引子：初识"义"
 5.2 义何以为"内"
 5.3 义者宜也

∧ 第6章 第六讲 义内（下）
 6.1 讨论案例：关云长义释曹操
 6.2 义利之辨
 6.3 孟子辟杨墨

∧ 第7章 第七讲 性善（上）
 7.1 引子：从"月与诗"谈起
 7.2 初识人性
 7.3 善与善端

∧ 第8章 第八讲 性善（下）
 8.1 "性相近"与"习相远"
 8.2 善与欲
 8.3 善之存养

图2　部分知识点目录

（三）向学生征求意见

线上课还是有一些挑战的，需要有一个熟悉和适应的过程。在开课之初，我就建了课程微信群，以弥补超星平台可能存在的不足。第一次课后，我还向一些同学征求了改进意见，尤其是希望学生提出批评意见，这样能避免随着课程内容增加学生可能产生的压力和疲惫。毕竟，在互联网信息时代，学生的反应更灵活，对课程也有一些期待，作为教师需要及时捕捉学生的想法，如图3所示。

（四）自我心理调整

可能很多教师和我一样，都有过这样的纠结：录视频时有一处口误，或停顿有些久，重录吧，要花很多时间，不重录吧，又有"如蝇在喉"之感。有些视频录完后需要加工整理，如压缩、剪切、合并等，也很耗时费力，有一次因为一个技术问题加班到凌晨两点半，但还是失败了，内心有种深深的挫败感。好在随着不断尝试摸索，在线课越来越顺手了，还会有小小的成就感，有时还要"欣赏"一下自己的作品。线上教学，不仅仅是形式上由线下移到线上，其实是一个从内容到形式到师生心理全方位调整的过程。

图3 通过微信（群）与学生交流

三、增强线上教学效果的办法

与线下课相比，线上课最大的不足是没有近距离的面对面交流，即便有一些在线讨论，却总觉得"如隔山川"，因为交流不是靠一些文字和符号就能实现的，还需要表情、语气和群体氛围。不过，在线课也有一些优点，比如录制视频的时候，可以适时"暂停"，更好地理清思路、组织语言，或临时增删课程资源。对学生来说，发表观点时可以少一些群体压力，更轻松自由地发表看法。

（一）改进视听效果

考虑到学生在线学习会有疲惫感，我有意识地在课件里增加了一些图片、视频。例如，在讲"仁"的时候，引用了范仲淹的名篇《岳阳楼记》，并配上画面唯美的朗诵视频，这样学生对"古仁人之心""先天下之忧而忧，后天下之乐而乐"会有更切身的体会。在讲"性善"的时候，从"月与诗"谈起，列举了很多和月亮有关的诗词，尤其是引用了张若虚"孤篇盖全唐"的《春江花月夜》，并插入朗诵音频，这些内容都与儒家"性善论""善的存养"等思想相关。在讲"义"的时候，引用了《三国演义》第五十回"诸葛亮智算华容，关云长义释曹操"的故事，以及电视剧《三国演义》和《三国》中的视频片段，这样，所讲内容马上就鲜活起来了。这些图片和视频都经过我认真选择和比较，并做了加工修饰，录成视频后的视听效果也很好（如图4所示）。

图4　PPT录屏截图

（二）积极学习新技术新工具

我使用的录屏软件是ShowMore，这个软件设计得比较简洁，很快就能上手。不过，需要做的其他工作还很多，比如，有的知识点录完了，觉得其中某一段效果不好，需要剪掉，或者引用的视频有水印看起来不美观，于是又下载了迅捷视频转换器，可以进行视频压缩、分割、合并、格式转换、增删水印等，但有些功能不是免费的，于是又购买了一些付费的功能。还有电脑自带的麦克，很容易把噪音录进去，于是我又单独购买了无线麦克风，这样讲话时可以省些力气，录出来的声音也更响亮。

（三）增加与学生交流的机会

每次课我都会设计 2～3 个讨论问题，帮助学生理解消化课程内容。每次课学生参与讨论都很积极，我也会对每个同学的发言进行回应，点评或打分。有时，看到学生的观点很有见地，语言也有文采，读起来会有愉悦之感，也愿意点评回复，如图 5 所示。

2020-04-09 18:01   ♥10.0 👍1 💬 ≡

我觉得在当下忙碌喧嚣的生活中，我们更需要修养这种"夜气"，抛弃杂念，静下心来，回到一种澄明的内心状态。现在我们好像都太忙碌、太躁动不安，所以正需要修养身心，找回本心。
放假读了林清玄的文集《不看，是一种自在》，书中提到他关闭了各种社交媒体，回归乡下，闲时漫步田间，找寻童年的记忆。这样的日子并不空虚，反而因为离开了喧嚣的生活和烦恼的琐事而感到心静且充实，我觉得这就是一种非常理想的生活状态，不仅是在清晨，似乎一整天都在修养身心，养夜气，体会平旦之气。

> 王建民 回复   ：林清玄是我大学时最喜欢的作家之一，对他的散文尤其喜爱，对《林清玄散文》（浙江文艺出版社）《有情菩提》印象尤深，有禅味儿～ 2020-04-09 21:19

2020-04-09 18:00   ♥10.0 👍1 💬 ≡

我觉得一个人慢跑或者散步的时候我好像会有积累"夜气"的感觉，那时不会有其他的事占据身心，大脑是闲下来的时候，就会不由自主的想多东西，回想、感受、思考吧，感觉会暂时把身边的事儿忘掉，平静轻松。记得高中课间操的好像是一天最放松的时候（跑太快就一点都不放松了😣）

> 王建民 回复   ：跑步时精力会更集中，身心协调，欲念会收敛一些，也是很好的体验。 2020-04-09 21:20

2020-03-05 17:05   ♥10.0 👍1 💬 ≡

博施济众是仁，日常的同情恻隐之心也是仁，在不同的情境和能力下，仁也有不同的表现，不必刻意追求过高的目标，只要在日常生活中怀有仁爱之心，从身边小事做起，体会他人的感受，也是一种仁。

> 王建民 回复   ：人人可以为尧舜。在德，不在位。 2020-03-05 17:08

2020-03-05 16:59   ♥10.0 👍1 💬 ≡

说明，首先仁是具体的，有大小的区别的；其次仁并不是高贵，仁其实也可见于我们生活中。

> 王建民 回复   ：仁不是抽象的价值，而是日常的做法，尤其是是社会性的活动。 2020-03-05 17:05

王建民
2020-03-05 16:57   ♥0 👍0 💬 ≡

每个人心中都有一瓶水，确切说，都有一汪清泉，虽不浩瀚，但源源不断。

图 5 讨论话题、观点与点评截图

（四）灵活地布置作业

每次课后，我都会及时布置一些容易完成的小作业，以选择题（单选、多选）、判断题、简答题为主，一般都能相对轻松地完成，但如果上课不认真，也不容易答对。这样做，一方面是督促学生认真上课，另一方面也是巩固其所学内容，如图 6 所示。

| | 中国社会思想史 课程门户 | 首页 活动 统计 **资料** 通知 作业 考试 分组任务(PBL) 讨论 管理 | 体验新版 |

课程资料 ｜ 题库 ｜ **作业库** ｜ 试卷库 ｜

添加目录　新建作业　导出全部　导入作业

序号	作业标题	创建者	创建时间	操作	
□1	第十三讲 丧服（上）作业	王建民	2020-05-14 14:56	▣ ☑ ▢ 🗑	发布
□2	第十二讲 宗法（下）作业	王建民	2020-05-07 15:05	▣ ☑ ▢ 🗑	发布
□3	第十讲 礼教（下）作业	王建民	2020-04-23 15:05	▣ ☑ ▢ 🗑	发布
□4	第九讲 礼教（上）作业	王建民	2020-04-16 10:56	▣ ☑ ▢ 🗑	发布
□5	第八讲 性善（下）作业	王建民	2020-04-09 09:30	▣ ☑ ▢ 🗑	发布
□6	第七讲 性善（上）作业	王建民	2020-04-02 15:31	▣ ☑ ▢ 🗑	发布

图 6　课程作业截图

四、教学理念及其来源

本文开头提到，近些年我秉持的教学理念是，把教学想得简单朴素一点，我用"至简思维"概括。简单地说，至简思维就是把事情想得简单一些，剥离无关紧要的细节，剔除不必要的功利性考虑，使教育和学习"化繁为简""去伪存真"。

我们可以在东西方的哲学和思想传统中找到至简思维的宝贵资源。中国道家思想鲜明地体现了"至简"的智慧。老子的"道"既是"整体的"，也是"简单的"。何谓"道"？老子说："有物混成，先天地生。寂兮寥兮，独立而不改，周行而不殆，可以为天地母。吾不知其名，字之曰道。"（《道德经》第二十五章）其大意是，有一个浑然一体的东西，在天地产生以前就存在。听不见它的声音也看不着它的形体，它独立长存而永不休止，循环运行而生生不息，可以为天地万物的根源。我不知道它的名字，勉强叫它作"道"。① "道"是未分化的原初状态，其运行自然而然、生生不息；只有顺应"道"，万物才会自由生长。

老子又说："为学日益，为道日损。损之又损，以至于无为。无为而无不为。"（《道德经》第四十八章）。求学一天比一天增加（知见），求道一天比一天减少（智巧）。减少又减少，一直到"无为"的境地。如果无为就没有什么事情做不成的了。② 在老子的思想中，"损"的重要体现是持有简单的"愚人之心"："我愚人之心也哉！沌沌兮俗人昭昭，我独昏昏。俗人察察，我独闷闷。……众人皆有以，而我独顽且鄙。"（《道德经》第二十章)③ 以道滋养的"愚人之心"，就是回归自然简单之心，因其简单素朴，反而更真实有力。

庄子的"至简"体现为"齐物"思想，即万物皆有其生存和安适之道，不必刻意求之或改变。所谓"山木，自寇也；膏火，自煎也。桂可食，故伐之；漆可用，故割之。人皆知有用之用，而莫知无用之用也。"（《庄子·人间世》）山木自招砍伐，膏火自招煎熬。桂树因为可以吃，所以就遭砍伐；漆树因为可以用，所以就遭刀割。世人都知道有用的用处，而不知道无用的用处。④ 万物顺应自然，皆有其存在的价值，如果刻意改变，反而伤身害性，所谓"是故凫胫虽短，续之则忧；鹤胫虽长，断之则悲。故性长非所断，性短非所续，无所去忧也。"（《庄子·骈拇》)⑤

尽管儒家思想不像道家那样主张清静无为，甚至二者的伦理主张存在巨大分歧，但在教育思想上仍有相通之处。例如，孔子所说的"己所不欲勿施于人"便与老庄主张的顺应各自天性和处境的观点相似。孔子说："古之学者为己，今之学者为人。"（《论语·宪问》）强调"学"的根本力量来自身内而不是外部，其目的在修养自己的学问道德，而不是装饰自己或做给人看。⑥ 另外，孔子主张"不愤不启，不悱不发"，强调教育学生不到他想求明白而不得的时候，不去开导他；不到他想说出来却说不出的时候，不去启发他。⑦ 这也是强调"学"的内在力量的重要性。

儒家教育思想强调"为学为人，其道一也"。如《论语·述而》说："子以

---

① 陈鼓应. 老子今注今译 [M]. 北京：商务印书馆，2003：173.
② 陈鼓应. 老子今注今译 [M]. 北京：商务印书馆，2003：351.
③ 陈鼓应. 老子今注今译 [M]. 北京：商务印书馆，2003：155.
④ 陈鼓应. 庄子今注今译 [M]. 北京：商务印书馆，2007：167.
⑤ 陈鼓应. 庄子今注今译 [M]. 北京：商务印书馆，2007：78.
⑥ 杨伯峻. 论语译注 [M]. 北京：中华书局，2006：173.
⑦ 杨伯峻. 论语译注 [M]. 北京：中华书局，2006：77.

四教：文，行，忠，信。"说的是孔子用四种内容教育学生：历代文献，社会生活的实践，对待别人的忠心，与人交际的信实。在儒家教育思想中，有两个方面依然具有现代意义：一是学以修身为本，"做人"是为学的根本目的；二是学是实践的过程，所谓"学而时习之"，所学的内容需在生活中反复"操演"。与孔子主张的"己所不欲勿施于人"类似，孟子主张"反躬自问"，即"仁者如射：射者正己而后发；发而不中，不怨胜己者，反求诸己而已矣。"（《孟子·公孙丑上》）。① 注重自我的内在力量是儒家教育思想较为根本的观点。

比较儒道两家的教育思想，道家侧重于"本真性"，顺其自然、顺应天性，认为真正的力量在于回归简单，不胡乱非为才能把事情做好；儒家倾向于"整全性"，学与做、为学与为人的统一，而且"君子不器"，人成其为人的根本不是专门化的技能，而是道德上的"完满"。当然，这里的"整全性"，不是"多面手"的意思，而是德行修养对知识和技能的涵括，也就是说，知识和技能只有在促进仁德提升和广泛地惠及他人时才具有根本意义。

在西方教育思想中，卢梭的自然教育观与道家思想有相似之处。卢梭说："出自造物主之手的东西，都是好的，而一到了人的手里，就全变坏了。"② "遵循自然，跟着它给你画出的道路前进。它在继续不断地锻炼孩子；它用各种各样的考验来磨砺他们的性情；它教他们从小就知道什么是烦恼和痛苦。"③ 在卢梭看来，自然状态的自由展开是生命发展的最初逻辑，顺应自然状态的教育，能够培养富有生活感受力、对幸福与不幸都能够容忍的人。自然的教育自人出生就开始了，所以家庭、父母尤其是母亲的责任非常重要，多给孩子以真正的自由，而不是按照成人的经验人为地设置"准绳"。卢梭关于教育的自然人性基础的观点，主要强调生命具有其固有的力量与可能性，因此教育便需要顺应这种原初力量的发展。深受卢梭思想影响的瑞士教育家裴斯泰洛齐也强调天性的内在力量和顺应天性的教育实践，致力于培养整全的人格与和睦的共同生活。④

高等教育的核心目标是塑造"整全的人"，致力于涵育生命的本真性、感受力和想象力，以培育知行并重、通情达理、宽和包容的人生态度。至简思维主张顺应自然天性的简单，并通过切实的实践过程促进观念与经验的磨合和相互修正，这正体现了高等教育的核心目标。若将理念层面的至简思维变为行动，还需要实践

---

① 杨伯峻. 孟子译注［M］. 北京：中华书局，2008：61.

②③ ［法］卢梭. 爱弥儿［M］. 李平沤，译. 北京：商务印书馆，2012：6.

④ 渠敬东. 父道与母爱：裴斯泰洛齐教育思想中的政治与宗教基础［J］. 北京大学教育评论，2017（1）.

层面的"日常功夫",即从近处着手,从日常生活的饮食起居、待人接物做起。在这个意义上,至简思维的理念与实践在根本上是一种处世态度和生活方式。

但光有思维还不行,还需要点滴的日常实践。所谓日常功夫,就是不要想得太远,做好眼前事,我想"人有远虑,必有近忧",想太多而没去做,也想不清楚。对教师来说,就要多和学生接触,为学生做些事,多理解学生。说得通俗一些,就是要做好本职工作。反过来,对学生来说也是如此,要认认真真上课、读书、完成作业,在大学学习和实践中提高自己的能力、磨砺自己的性情,为日后走向工作岗位奠定扎实的基础。作为教师,也有责任在这方面引导学生。

五、结语

本文所说的"至简思维"就是要顺应人性的简单和真性情,对教师而言,就是把"学为人师,行为世范"始终作为行为的根本出发点,而"日常功夫"就是把这样的观念和想法落实在具体的工作中。

在新冠肺炎疫情防控期间,很多医护人员除夕夜出征驰援武汉,在亲人的牵挂和惦记中与疫情战斗,付出了巨大努力和牺牲,令人由衷敬佩和感动。和奋战在一线的医护人员相比,感觉自己能做的非常有限,只有尽己所能把课备好、讲好,才问心无愧。

参考文献:

[1] [法] 卢梭. 爱弥儿 [M]. 李平沤,译. 北京:商务印书馆,2012.

[2] 陈鼓应. 老子今注今译 [M]. 北京:商务印书馆,2003.

[3] 陈鼓应. 庄子今注今译 [M]. 北京:商务印书馆,2007.

[4] 渠敬东. 父道与母爱:裴斯泰洛齐教育思想中的政治与宗教基础 [J]. 北京大学教育评论,2017 (1).

[5] 杨伯峻. 论语译注 [M]. 北京:中华书局,2006.

[6] 杨伯峻. 孟子译注 [M]. 北京:中华书局,2008.

"互联网+",还是"+互联网"?

——线上线下双轨教学新模式初探

王修晓

王修晓[*]

内容摘要: 突如其来的新冠肺炎疫情,让传统的线下课堂教学,在一夜之间被迫转移到线上。经过 2020 年上半年春季学期的痛苦摸索和试验,教师和学生都逐渐适应并接受线上教学新方式。本文以中央财经大学通识核心课程《影视人类学》疫情期间的线上教学过程为案例,结合 2020 年秋季学期恢复面对面教学后线上线下双轨整合教学的初步尝试,探索和总结线上及线下双轨整合教学的特点、规律和利弊。随着疫情渐趋稳定、教学秩序回归正常,如何有机整合线上线下两种教学模式,是下一阶段教研工作的重点方向。

关键词: 互联网教学　翻转课堂　教学规律　线上线下结合

党的十九届五中全会明确指出要"建设高质量教育体系",强调到 2035 年建成教育强国的目标。2020 年,教育部新文科建设工作组主办的新文科建设工作会议发布《新文科建设宣言》,标志着大学通识教育开始进入一个崭新的时代。与此同时,在内外双循环大战略的指导下,我国坚持对内深化改革,同时对外扩大开放,成为继续推动全球化、构建人类命运共同体的主要力量。

过去一年多时间里,一场突如其来的新冠肺炎疫情,打乱了我们这个蓝色星球正常的运转轨道和节奏。我们的出行、购物、社交、工作,甚至思维方式和看待世界的基本视角,都在短时间内发生了剧烈的变化。教育和学习也未能例外。斯坦福大学教育学院首席技术官、助理院长保罗·金姆 Paul Kim 博士在接受《硅谷洞察》采访时敏锐地指出,"毫无疑问,COVID – 19 在一个月内改变了整

---

* 作者简介:王修晓:中央财经大学社会与心理学院,副教授,硕士生副导师。

个教育界。可以说，这个极具讽刺意味的病毒，正在重塑整个教育界。"①

从最初的侥幸、排斥、逃避和焦虑，到被迫尝试、摸索、熟悉和接受，屏幕和网线两端的教师和学生，开始逐渐学习和适应"网课"这一全新的线上教学互动新模式。经过半年的试验和实践，相信大部分师生，都已经找到了与互联网线上教学的相处之道。

作为一名普通高校教师，本文以中央财经大学通识核心课程《影视人类学》的线上及线下教学试验为例，谈谈对以下几个问题的思考和探索：（1）常规线下教学模式的理念和方法；（2）线上教学新模式的特点和规律；（3）回归线下课堂面对面教学秩序后，如何有效整合线上线下双轨教学模式，进一步促进教学研究活动。

一、《影视人类学》课程简介

（一）课程概况

中央财经大学通识课程《影视人类学》，首次开设于 2012 年春季学期，意在通过影视赏析这种学生喜闻乐见的方式，来讲授正经严肃的人类学和社会学基础知识。除 2017 年因主讲教师赴斯坦福大学亚太中心访学停开外，迄今为止已累计开设 10 轮，选课人数逐年上升，已成为我校最受学生欢迎的通识核心课之一。2018 年秋季学期以来，为响应我校两校区教学的实际需要，改为每年开设两轮，分别在沙河和学院南路两个不同校区开设，以最大限度满足学生的选课和学习热情。历年开课和学生选修人数情况，如图 1 所示：

本课程是一门通识教育课程，面向全校各年级本科生开设，主要目的旨在突破学科边界，扩大学生的基础知识。通过本课程的学习，学生将极大地开阔眼界，对自身原本认识世界的方式、方法，能有比较深刻、系统的认识和反思，将具备突破学科边界的基本能力，对人类学、社会学，以及广义社会科学中质性研究方法流派的基本脉络，尤其是人类学田野调查方法，基本分析视角，有较为全面系统的把握和理解，能够建立一个相对理性、温和、严谨、包容的价值观。

---

① "硅谷洞察"微信公众号. 疫情中的斯坦福大学，如何在 10 天内转变为"全面在线教育"？［EB/OL］.（2020 - 05 - 01）. https：//mp. weixin. qq. com/s/8OJWjX8fh2CQFd54vQb7TA.

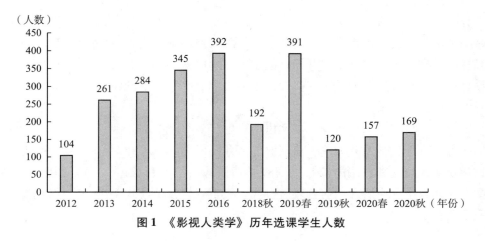

图1 《影视人类学》历年选课学生人数

（二）教学内容和模块设计

本课程可归为我校通识教育课程中的"历史、政治与社会"模块，面向全校各年级本科生开设，主要目的旨在突破学科边界，扩大学生的基础知识。本课程共分为十一讲，每讲 2～4 个学时，分别介绍人类学的基本概况、理论脉络和研究方法、基本分析视角、理论假设和关键概念、人类学的独特研究对象、研究风格、典型做法和研究伦理、"事实"和"真相"的多面性，以及人类学视角如何帮助我们形成对自我的全新认知。如表 1 所示。

表1 　　　　　　《影视人类学》教学模块和内容安排

专题	影片	周次
专题1 天真的人类学家 （The Innocent Anthropologist）	God Must Be Crazy Nanook in the North	1～2
专题2 我们如何理解他者？ （The Otherness of Self）	Avatar Bury My Heart at Wounded Knee	3
专题3 奢侈的真相 （Truth Impossible/Multiple Realities）	Rashomon，Vantage Point Coherence	4～5
专题4 法律的修辞 （The Rhetoric of Law）	12 Angry Men Find Me Guilty	6～7

续表

专题	影片	周次
专题5 理性的牢笼 （Knowledge is Power）	One Flew Over the Cuckoo's Nest The Truman Show	8~9
专题6 权力的游戏 （The Iron Cage of Power）	The Boy In The Striped Pajamas The Life of Others	10~11
专题7 放慢脚步，等等灵魂 （The Eternal Diversity）	Baraka 《神圣的远方》	12
专题8 死亡与美好生活 （The Philosophy of Death）	Amour，Departure Nebraska	13
专题9 永恒不朽的日常生活 （The Ethnomethodology of Everyday Life）	《万箭穿心》 《耳朵大有福》 《——》	14
专题10 性别的政治 （The Sociology of Gaslighting）	Gaslight Hours	15
专题11 自我的他性 （The Otherness of Self）	压缩的现代性： 《山河故人》	16
随堂考试		17

二、常规线下教学的理念和方法

（一）教学理念和方法

本课程自创"荤面素底"的教学理念和方法，即用影视欣赏这一年轻人更为喜闻乐见的形式和题材作为诱饵，激活学生对若干人类学/社会学关键议题的感性理解和强烈好奇心，然后不失时机地导入人类学/社会学主题知识模块，用课堂讨论在影视作品与人类学/社会学基本知识之间建立有机联系，最后用延伸文献研读进一步启发和引导学生去探索人类学/社会学的神奇世界。

其中，作为"荤面"的影视赏析，是工具和手段；作为"素底"的人类学和社会学基础知识，才是课程教学的终极目的和意义。本课程的目的之一，除了较为全面地介绍人类学/社会学的基本理论、概念、方法和典型议题，还冀望引导学生破除很多"理所当然"的偏见、成见和固有的观念，在学术研究里认识一个（更加）

真实的世界。对于这种独特的教学方式，学生评价非常积极和正面，如图 2 所示。

对于老师"荤面素底"的讲课策略，你的评价是：(必填，单选)		
选项 ↑	数据量	百分比
1)"荤面素底"是个什么鬼？	59	20.63%
2) 我是食肉动物，不要素的！	20	6.99%
3) 素的太多，油水不够	11	3.85%
4) 荤素搭配，比例挺好	189	66.08%
5) 荤的太多，拒绝油腻！	6	2.1%
6) 我是素食主义者，见不得肉！	0	0%
7) 其他 ▦ 查看详细填写结果	1	0.35%
		回答 **286**（100%）

图 2　学生对"荤面素底"的教学方式的评价

（二）教学技术和手段

具体来说，本课程综合运用了以下几种教学方法和手段：

（1）启发式讨论。在影视欣赏的基础上，主讲教师精心设计若干理论问题，带领学生沿着基本的（科学）认识论发展线索，在不断的二元悖论诘难中，帮助学生加深对周遭世界的理解和把握。尤其是借助人类学"他者"的眼光，循循善诱引导学生用学术研究的视角，把熟悉事物陌生化，以期达成重新认识日常生活以及自我的目的。

（2）探究式互动。本课程没有标准答案，不带任何预设，内容和主题设置，也都是开放包容的，学生在一个学期的学习后，不会得到任何确定的知识，收获的只是对周遭世界更加丰富、深刻的理解，以及重新打量世界、自我的能力和眼光。

（3）文献精研。轻松影视欣赏是手段和诱饵，目的是提供一个有趣的入口，引导学生进一步去研读人类学/社会学经典文献，夯实通识人文知识基础，避免成为一个纯粹效率导向的"单向度的人"，而是把自己塑造成一个理性、温和、开放、包容的有趣之人。

需要说明的是，在线下常规教学过程中，本课程就有意识地利用影视、图像，以及微信群等互联网手段，来弥补课堂教学的不足（主要是内容较多而课时有限，学生人数较多而无法有效讨论等矛盾），扩充和延展第二课堂。例如，早在 2015 年，我就尝试建立课程微信群，在教学过程中，利用微信群的讨论功能，与学生边赏析影片，边讨论相关内容。特别是，我会有针对性地通过微信群提醒学生注意某个情节片段，或者台词重点。这样就可以在保重完整观影体验的同时，又能及时有效地开展讨论。这种尝试，其实已经具备了后来如哔哩哔哩等视频网站弹幕功能的雏形，特别迎合年轻一代学生的互动偏好。这些早期探索和尝试，为疫情期间的线上教学，打下了良好的基础。

三、线上教学新模式的探索和实践

2020 年 2 月底，当学校通知这学期开始全面转向线上教学时，我及时调整假期工作计划和日程安排，全身心投入到线上教学的准备过程中去。在克服了技术障碍、心理焦虑和习惯调整，逐渐适应线上教学新模式后，我积极探索和试验线上教学的各种新手段、新方法和新技术。经过一段时间的试错和总结，慢慢积累了一些经验和心得。

按照社会建构主义和知识社会学的看法，知识的生产是一个社会过程，受到很多因素的影响，其中受众（audience）的特征，以及教与学双方的互动模式，都会影响知识的呈现和表达形式。本课程的受众，是非社会学、非人类学专业的千禧年互联网一代，也即我们常说的"00 后"。因此，我在设计教学内容和教学手段时，充分考虑到这一代学生的群体特征和学习习惯，尤其是借助疫情期间线上教学的机会，大胆探索和引入微信弹幕、B 站、线上录播和直播等互联网技术，以及开放式课堂、翻转课堂和"助产士"式启发性教学等具体方法和手段。一方面，把整门课程全面搬到线上，充分利用网络上已有的影视资源和多媒体材料；另一方面，尽可能隐藏自己的教师角色，把课堂交给学生来做主，教师更多扮演组织者、主持人和"助产士"的角色，让学生参与到新鲜知识的生产过程中来，在对话、讨论、诘难和辩论中，抓住学生的稀缺注意力，尽最大可能激发其学习兴趣和探索精神。

综合来说，本课程在线上教学过程中灵活运用了以下几种教学手段和技术：

（一）超星（学习通）线上课程及百度云网盘备份

按照学校的统一安排和部署，本课程首次尝试线上网络授课，整门课程建设在超星（学习通）平台，形成了包括教学视频、教学课件、课间小测验、配套资料、文献研读、课后作业、线上 BBS 讨论，以及在线考试题库等完整的在线课程资料。

与此同时，为了防止用户访问量瞬时过大给超星网站服务器造成过载压力，每次课程之前，我都利用百度云盘备份全部在线课程资料，以备意外发生的不时之需。同时，及时建立课程微信群，既可以作为平时通知联络的手段，也是课程讨论、即时互动的高效工具。

（二）B 站（弹幕）及其他视频网站

哔哩哔哩网站在"00 后"这一代年轻人里非常的流行和受欢迎，我早早注册了 B 站账号，利用该网站已有的影视资源，把多个专题的影片赏析环节，直接搬到了 B 站。通过 B 站独特的弹幕以及亚文化群体氛围，极大地调动了学生在观影时与教师及同学之间的实时互动。如果 B 站上缺乏课程相关的影视资源，我就最大程度上利用国内其他主流视频网站，例如优酷、爱奇艺和腾讯视频等。受 B 站的影响，这些视频网站大多也有弹幕，年轻一代的学生非常喜欢这种麦克风时刻握在自己手里，随时可以发弹幕表达观点的交流方式。如图 3 所示。

图3 《影视人类学》B 站课堂截屏

（三）微信群全天候实时互动

如前所述，在往年常规线下教学时，我每个学期开课，都会建设课程微信群，在上课期间以及课后，都会往群里"投喂"大量与课程内容密切相关的公号文、资料、讲座信息、学术论文，以及时事热点评论。此外，微信群也极大地弥补了课堂讨论因时间限制和课程容量有限而无法充分展开的遗憾。在我的精心组织和调动下，课程微信群里几乎每天都有高质量的讨论和互动，真正践行了"第二课堂"的理念。

线上教学期间，微信群更是超预期地发挥了平时线下课堂教学所不具备的优势。例如，我可以随时把与当天课堂专题内容相关的资料，提前或在上课期间转发到微信群里，并附上简要的点评意见。还可以利用微信群的"引用"功能，@提问或者发言的同学，并有针对性地和某个同学精准互动。

另外，我还可以把影片的播放和观看进度，交给学生，让他们提前看完电影，解决了平时线下课程经常面临的尴尬困境：上课时间有限，但影片精彩，不得不快进、跳播，或者只能选择看很小一部分内容。往年的课后教学效果调查，学生反映意见最多的问题之一，就是课堂上总是无法完整地看完一个电影。现在这个问题在线上得到了近乎完美的解决。这样，我就可以把时间和精力，集中在微信群与同学们的互动、讨论和相互启发上。事后想来，这不就是"翻转课堂"的要义所在吗?!以往学生意见还集中在课堂讨论时间和机会太少，现在有了线上课堂和微信辅助，同学们的参与热情得到了充分的保护和释放。

（四）看图说话

有时候，一图胜万言，很多深奥的人类学和社会学理论及概念，配合生动直观的图片，往往能够收获意外的效果。线上教学期间，我充分利用平时收集和积累的精彩图片，来丰富影片分析和讨论环节对人类学/社会学知识的介绍。比如，图4左边这张图，可以非常鲜明地代表典型的人类学思维方式——设身处地和换位思考，即更多地跳出研究者自身主体视角（主位）的狭隘限制，清空自己各种想当然的固有观念和偏见，全身心地站在研究对象的立场（客位）上，想尽一切办法把自己设想为研究对象，通过研究对象的眼光和视角，来看待他们的周遭世界及其对日常生活的理解。正如影片《阿凡达》里一句精彩台词说的那样，"See the jungle through her eyes"。

再比如，在人类学设身处地和换位思考思维方式的帮助下，我们就可以更好地反思隐藏在自己内心深处，难以察觉且被想当然的那些偏见、价值和立场。从而借助"他者"的眼光，更好地重新认识自我。有两张漫画可以生动地触及这个话题。第一张的题目是"所有风景都有自己的'角'度"，说的是一只犀牛在野外写生，它画出来的每一幅画，中间都有一支犀牛角。寓意是，我们每个人看待周遭世界，都带着自己独特的眼光和视角，但很多时候我们没有意识到自己的偏见，还想当然地自以为是，觉得自己看到了这个世界的全部真相。第二张是基于著名的巴普洛夫实验发挥加工而成，画面上有两只狗，其中一只身上戴着各种测量仪器，巴普洛夫站在一边观察记录。这只狗对另一只狗说："你看，只要我一流口水，那个人类就会掏出笔来在纸上记录。"这个故事的意思是，我们需要设身处地、换位思考，把被研究者当作和研究者一样具有能动性的、活生生的人，才能更好地开展研究，获得更为真实的资料和数据。

再如，我用图 5 左侧这张题为《人类学家来了!》的卡通漫画，来提醒和警示同学们，在调查和收集资料过程中，不要想当然地就认为，我们研究者天然具备"上帝"视角，可以毫不费力地获得真相。在很多时候，研究者和被研究对象之间的关系，极为棘手和微妙，研究对象在很大程度上掌握了"资料/知识生产"的主动权。

所以，作为研究者，我们要时刻反思和警醒自己的角色，把研究过程本身，也当作一个对象来加以监控和分析。有一张题为"人类学家来了!"的漫画，画的是非洲原始丛林里的一个小木屋，里面的土著人从窗户看到不远处来了两个人类学家，赶紧把电视、手机、电扇等现代化的电子设备都隐藏起来，装出一幅原生态的样子，等着人类学家来做猎奇式的研究。这生动地传达了学术研究应该是一个"双重阐释"和"对象化的对象化"的过程，研究者需要不断反思自己"想当然"的偏见和自我中心主义，才能与研究对象达成某种"同情式理解"。

（五）神奇小视频

类似地，几分钟的短视频，能够在最短时间内最大程度地激发学生的情感共鸣和生活体验，在其主观经验与人类学和社会学的抽象理论之间，建立有效的桥梁沟通。比如，讲福柯的"权力谱系学"和"知识考古学"，在看完电影《飞跃疯人院》之后，配上《电之初体验》小视频，学生青少年时期玩游戏、上网等叛逆经历与家长和社会的规训权力之间的生活经历一下子被激活，引起他们强烈的情感共鸣。如图 4 所示。

图4　神奇小视频之《电之初体验》

（六）课后作业和文献扩展研读

针对线上教学无法面对面互动，教师对教学效果毫无把握的困境，我还专门针对课程专题内容，设计了若干次课后小作业。比如，在"奢侈的真相"专题，我就安排学生结合《十二怒汉》这部影片，课后自行阅读加芬克尔从常人方法学角度分析美国法院陪审团成员之间讨论过程的研究，并结合自己的思考，写一篇读后感。

这种把影片赏析、课堂讨论和文献阅读三者相结合的方式，能够最大限度地调动学生的好奇心和求知欲。学生不但不认为是负担，反而特别积极主动地沿着教师指出的知识图谱和文献线索，按图索骥地去拓展自己的认识边界。我自己也投入了大量的时间和精力，逐一批阅学生的课后作业。特别出色和亮眼的，我还会和学生进一步互动和讨论。

总之，本课程综合灵活运用各种学生喜闻乐见的多媒体技术，尽最大努力在学生的生活经验和抽象理论知识之间建立共鸣和互动，帮助学生积极主动地开始系统性反思自己及周遭世界，最终打破"单向度"和工具性的线性思维，成为一个完整的人。

四、(线上)教学效果和反思

(一)平时教学效果

如前所述,本课程开设近十年间,在学生之间累积了优秀的口碑,不管是学校官方的教学效果评价,还是我本人开展的教学效果调查,学生反馈都一致地积极和正面。比如,学校教务系统的学生评教得分,本课程近年来都稳定在97左右的高分,学生评语也基本是高度评价。如表2和表3所示。

表2 《影视人类学》学校教务系统历年学生评教得分情况

教务系统学生评教		
学年/期	评教得分	有效评教人数
2012	93.35	94/104
2013	96.70	229/255
2014	97.04	248/276
2015	97.04	310/344
2016	系统不可查	
2017	停课一轮	
2018 春	97.06	150/166
2018 秋	97.17	170/190
2019 春	96.67	347/385
2019 秋	96.59	102/114

表3 《影视人类学》学校教务系统学生评语选摘

教务系统学生评教	
评语	评语
老师负责认真,专业知识丰富	比较有趣
为什么不可以选满分!! 王老师真的是太好了太好了太好了!!!	老师讲课风格很风趣吸引人
老师思想深刻,理解颇丰	老师人很好

续表

教务系统学生评教	
评语	评语
希望老师再开设其他通识课程！一学期不够上	第一次接触了人类学，蛮酷的
100分	课堂生动有趣
老师知识面很广	很好
知识渊博	课程十分有趣
挺好的	喜欢
老师的讲解很有魅力	老师认真负责，专业能力强，对电影的解读十分深刻且独到
大赞老师的讲课水平幽默又认真强力推荐	特别好

此外，我自己每一轮开课之前，以及课程结束之后，都会对教学效果和学生的学习情况，分别做前测和后测。结果显示，教学理念得到了非常好地贯彻，教学目标也大多得到较为理想的实现。图5~图7是我设计的教学效果前测和后测调查。图5对比了学生对人类学的认识，在学习这门课程前后的变化，可以看到，课程教学极大提升了学生对人类学的了解程度。图6显示，学生对用影视作为诱饵、真实目的是讲授人类学/社会学知识的"荤面素底"教学手段，不但没有反感和抵触，反而乐此不疲、积极评价。

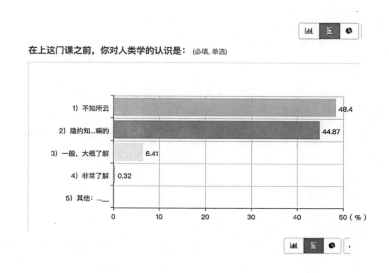

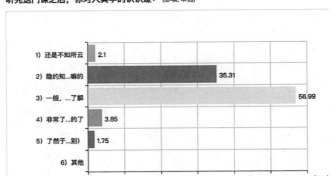

听完这门课之后，你对人类学的认识是：(必填,单选)

图 5 《影视人类学》教学效果前测和后测对比情况

听完课后，你当初选课的期待和动机，是否得到满足？(必填,单选)

选项 ↑	数据量	百分比
1）老师我服了U！原来"影视"是诱饵！totally被骗了！后悔！感觉人生到达了低谷！	4	1.4%
2）老师虽然耍了点小心眼，但"影视"这个诱饵真香，基本如愿，就算被硬塞了点"人类学"，结果也还OK吧。	72	25.17%
3）老师用心良苦啊，费尽心机用"影视"做诱饵，不知觉中把我们超度到了"人类学"奇葩星球，大开眼界啊！	196	68.53%
4）其实吧，我们是特爱学习天天熬夜的三好学生，不需要任何诱饵，请直接把"人类学"干货砸过来吧！	12	4.2%
5）其他 ▦ 查看详细填写结果	2	0.7%

回答 286（100%）

图 6 《影视人类学》学生自评之学习期待满足情况

总之，本人精心准备，在过去十年里投入了大量时间和精力。这门课程已成为学校通识课里的一门品牌课程，学生口碑非常好，每年都有学生回来重复听课。

（二）线上教学效果

由于长时间的课程建设，以及上文提到的线上教学期间采取一系列新手段、新方法和新技术，学生的反馈和评价，不但没有受到负面影响，反而意外地更加积极正面。这说明，我在线上教学期间的努力、尝试和试验，大体上是成功的。

这给了我把《影视人类学》搬上网络，将其建设为网络公开课的信心。图 7～图 9 是我设计的教学效果调查问卷里，学生的反馈和评价。

Please evaluate items below using a five-point scale. 请对下列选项进行五级评分。 (必填，单选)

	Strongly Agree. 完全同意	Agree. 同意	Neutral. 保持中立	Disagree. 不同意	Strongly Disagree. 完全不同意	Not Applicable. 不适用	数据量
1. This course was well organized. 这门课组织得非常好。	81 62.79%	42 32.56%	5 3.88%	0 0%	0 0%	1 0.78%	129
2. This course was intellectually stimulating. 这门课对我的学识有启发。	79 61.24%	48 37.21%	1 0.78%	0 0%	0 0%	1 0.78%	129
3. The instructor was genuinely interested in teaching. 任课老师真诚地热爱教学。	100 77.52%	25 19.38%	3 2.33%	0 0%	0 0%	1 0.78%	129
4. The instructor encouraged students to think for themselves. 任课教师鼓励学生独立自主思考。	85 65.89%	40 31.01%	3 2.33%	0 0%	0 0%	1 0.78%	129
5. The instructor was well prepared. 任课教师备课充分。	100 77.52%	26 20.16%	2 1.55%	0 0%	0 0%	1 0.78%	129
6. The instructor was genuinely interested in helping students. 任课教师会认真负责地帮助学生。	86 66.67%	39 30.23%	3 2.33%	0 0%	0 0%	1 0.78%	129
7. I learned a great deal from this instructor. 我从任课老师那里学到很多东西。	81 62.79%	40 31.01%	7 5.43%	0 0%	0 0%	1 0.78%	129
8. The instructor created an atmosphere conducive to learning. 任课教师给我们创造了一种非常适合学习的环境。	79 61.24%	41 31.78%	8 6.2%	0 0%	0 0%	1 0.78%	129
9. The instructor communicated the subject matter clearly. 任课教师能够清晰准确地表述、传达上课内容。	90 69.77%	36 27.91%	2 1.55%	0 0%	0 0%	1 0.78%	129

图 7　《影视人类学》国际标准化教学效果量表得分情况

你最讨厌哪（几）个专题？（可多选，最多选三个） (必填，多选，至少选择1项，最多选择3项)

选项	数据量	百分比
每个专题都非常稀饭！	156	54.55%
专题 1 天真的人类学家（The Innocent Anthropologist）	41	14.34%
专题 2 我们如何理解他者？（The Intouchables/Strangers Next Door）	10	3.5%
专题 3 奢侈的真相（Truth Impossible / Multiple Realities）	13	4.55%
专题 4 法律的修辞（The Rhetoric of Law）	37	12.94%
专题 5 理性的牢笼（Knowledge is Power）	16	5.59%
专题 6 权力的游戏（The Iron Cage of Power）	20	6.99%
专题 7 放慢脚步，等等我们的灵魂（The Eternal Diversity）	18	6.29%
专题 8 死亡与美好生活（The Philosophy of Death）	12	4.2%
专题 9 永恒不朽的日常生活（The Ethnomethodology of Everyday Life）	17	5.94%
专题 10 自我的他性（The Otherness of Self）	9	3.15%

图 8　《影视人类学》各专题模块学生评价情况

你是否推荐学弟学妹选修《影视人类学》这门课? (必填,单选)		
选项 ↑	数据量	百分比
1) 墙裂炸裂烈烈剧烈推荐! 一定必须绝对务必要选! 不听这门课等于白来我财走一趟了!	230	80.42%
2) 没觉得(像传说中的)辣么好,但也还不错,可选。	47	16.43%
3) 可选可不选,如果实在没得选了,那就选它吧。	4	1.4%
4) 这样的内容也能开门课? 太水了! 我读书不多,但你们千万绝对一定别选!	4	1.4%
5) 其他 ▦ 查看详细填写结果	1	0.35%
	回答 286 (100%)	

图 9 《影视人类学》学生推荐意愿分布情况

(三)不足和反思

一学期的线上教学下来,总体感觉,虽然做出了极大的努力,但因为这学期的教学工作量和压力较大,加上对于线上教学的准备还是不够充分,留下了不少遗憾。从接到学校通知,全面转向线上教学时,我最为担心和焦虑的,一是教学视频的录制和准备,二是课程涉及相关影片的在线播放和版权问题,三是线上教学缺乏师生面对面互动。

其中,对于学生的上课体验和教学效果而言,线下教学有一个非常明显的优势,就是所谓的"剧场效应"。这里,取其积极正面的特征,即在观影过程中,学生的情绪和反应,会互相感染和强化,有利于提升和激发对影片情节和内容的"共情"。比如,影片的某个比较戏剧化的情节或者较为隐晦的细节设置,如果一个或者几个学生接收到了信息,激发情绪反应(比如噗哧大笑、嗤之以鼻、大吃所惊、倒吸凉气等),则整个课堂会几乎同时有类似的反应,于是观众之间的情绪就会如波纹水浪般,相互作用强化,极大增加观影的效果(比如哄堂大笑)。

这种情况,线上教学几乎没法实现。教师和学生之间,永远隔着一层屏幕,相互之间缺乏即时性的直接交流。"弹幕"虽然能部分弥补这个缺憾,但短短十几个字的文字,哪怕是年轻学生喜欢的颜文字或者火星文,依然无法传达更为复杂且强烈的各种情绪和感官体验。在这个意义上,线上教学的过程,对于教师来说,更多的还是"独角戏",没法在最大限度上与学生之间达成"大合唱"的共情效果。

五、"互联网 +",还是 " + 互联网"?

随着疫情渐趋稳定,我们的生活、工作和学习,终将回到常规轨道。2020

年暑假快结束时，北京市教委正式发布了秋季学期的开学通知。如无新一轮大规模疫情再次暴发，中小学以及高校，下半年大概率会回归到线下教学为主的教学秩序。与此同时，疫情零星在局部地区暴发，估计还会是常态。于是，总有部分学生会因为疫情关系，无法回到校园。

在这种情况下，如何充分利用上半年线上教学积累的丰富资源，同时发挥线下教学的传统优势，就是广大教师即将面临的一个新课题。就《影视人类学》这门课程来说，我的摸索和试验表明，线上线下教学双轨并行的新模式，特别是线下为主、线上为辅的方式，可能会是一个较为可行的办法。

首先，就课程内容和教学计划安排来说，本来这门课就面临课程内容丰富，但课时容量又相对有限的突出矛盾。目前 2 个学分、16 周、32 课时的容量，已经远远无法满足这门课程近十年的模块设计和教学目标。目前的教学内容，以人类学/社会学的基本理论和研究方法为主，专题经验内容较少，且以国外的题材居多。学生经常反映，希望能用人类学/社会学的专业视角，带领他们分析一系列中国特色的议题。但限于课时，一直无法展开。2018 年，我曾设想在本课程基础上，新开一门《影视人类学（中国篇）》，并向教务处提出了申请。但很遗憾没有通过。有了一学期线上教学的经验和积累，我计划下学期尝试采用"翻转课程"方式，充分利用超星学习通平台上已有的课程内容，让学生提前预习和准备。对于这部分内容，压缩线下课堂教学讨论和分析的时间，以学生提问、教师回应为主。同时，利用节省下来的课时，增加若干关于中国特色议题，以提升学生基于人类学/社会学理论分析中国经验问题的能力，培养其本土化、中国化的研究能力。

其次，就线上和线下各自权重分配比例来说，我倾向于以线下课堂常规教学为主，线上互联网课程平台则作为"先导预习课程"和课后"第二课堂"的结合办法。近年来，国内外成熟优秀的教科书和课程，都配备了内容丰富、形式多样的配套网站。例如，斯坦福大学计算机系克里斯·曼宁（Chris Manning）教授开设的《基于深度学习的自然语言处理》（Natural Language Processing with Deep Learning）千人大课，就配套建设了一个极为系统全面的课程网站①。在这个意义上，线上和线下双轨结合的新模式，应该会成为未来（高等）教育的发展趋势。我把这种趋势，称之为"＋互联网"，而不是"互联网＋"。意思是，以线下教学为主、线上教学为辅。其他类型的课程，我认为也可以参照这个模式。课

---

① Stanford CS224n：Natural Language Processing with Deep Learning. http：//web. stanford. edu/class/cs224n/.

堂线下教学的重点，只是提纲挈领地介绍和梳理一些高度凝练的知识脉络，以问答和互动为主；辅助性的材料和阅读文献，都可以搬到线上，让学生利用课前预习和课后作业自行完成。这样，既可以激发学生学习的主动性和积极性，又能扩充课程的容量，提升教学的效率，改善教学效果。

最后，线上教学不是万能的，还存在各自问题和局限。例如，学生普遍反映"在家自律能力较差"（57.89%），"家里环境不适合学习"（36.84%），"线上教学很难和教师及同学开展有效的互动"（47.37%）等。这些，都需要我们立足现实，以线下课堂常规教学为主，线上教学新手段为辅。

综上所述，期待今后我们能够继续返回校园，回到原有熟悉的线下常规课堂教学，在师生面对面互动的基础上，再发挥线上教学的 buff 和"加持"效果，把我们的教学水平和学生培养质量，提升到一个新的高度。这个目标的实现，需要学校、网络平台、教师和学生，多方一起共同努力和参与！

新冠肺炎疫情下大学英语课程线上教学实践研究

傅　强*

内容摘要： 突如其来的新冠肺炎疫情迫使大学迅速从传统的课堂教学转变为线上教学。本文主要探讨了中央财经大学《财经学术英语》和《大学英语交流3》两门大学英语课程在新冠肺炎疫情背景下线上教学中的主要理念、做法以及经验教训，对于我们正确认识线上教学和疫情后大学英语课程教学改革具有一定的借鉴意义。

关键词： 线上教学　产出导向法　大学英语　课程思政

一、引言

随着信息技术的快速发展和互联网特别是手机端高速低费网络的普及，采用网络辅助课堂、线上线下混合和完全线上方式进行语言学习逐渐成为一种流行的趋势。① 2010 年国家发布的《国家中长期教育改革和发展规划纲要（2010－2020年)》也指出，要高度重视"信息技术对教育发展具有革命性影响"，强调要"强化信息技术应用"。② 但是，从总体上说，线上学习在大部分高校课堂中还只是一种辅助、补充和嵌入式的学习方式。

2019 年岁末突如其来的新冠肺炎疫情彻底加速了传统课堂教学模式的转变。随着教育部提出"停课不停学"的要求，全国高校普遍采用了线上教学模式。中央财经大学也积极响应中央号召，全面动员各种力量和资源，以最快的速度和最大的限度支持教师从原有的课堂教学转变为线上教学，其中大学英语模块课程也

---

* 作者简介：傅强：中央财经大学外国语学院，教授。

① BLAKE, R. Current Trends in Online Language Learning [J]. Annual Review of Applied Linguistics, 2011, 31：19－35.

② 中华人民共和国教育部. 国家中长期教育改革和发展规划纲要（2010－2020 年）[EB/OL]. (2010－07－29). http：//www. moe. gov. cn/srcsite/A01/s7048/201007/t20100729_171904. html.

都实现了线上教学。这种新的线上教学形式实际上是新冠肺炎疫情"逼出来"的"教育实验",需要重塑整个教学生态,给教师和学生都带来了前所未有的巨大挑战。因此,本文尝试以笔者在该学期教授的《财经学术英语》和《大学英语交流3》两门大学英语课程教学为基础,通过剖析自己在线上教学中的主要理念和做法,并通过课堂观察、调查问卷和访谈等方式跟踪教学质量和改进教学,试图探讨新冠肺炎疫情下线上英语的经验与教训,为后疫情时代大学英语教学质量提升提供一定启示。

二、课程设计理念与线上教学环境分析

(一)课程思政

2016 年,习近平主席在全国高校思想政治工作会议上指出"高校思想政治工作关系高校培养什么样的人、如何培养人以及为谁培养人这个根本问题,"需要"使各类课程与思想政治理论课同向同行,形成协同效应。"① 2018 年,教育部在《教育部关于加快建设高水平本科教育全面提高人才培养能力的意见》文件中也明确指出,"在每一门课程中有机融入思想政治教育元素"。② 新冠肺炎疫情确实给我们教学带来前所未有的困难,但是与此同时党中央正确和果断的疫情应对措施也为我们挖掘课程思政元素提供了极为鲜活的素材。在具体的英语教学中,我们主要采取结合课程教学内容的隐性思想政治教育方式引导培养学生形成正确的价值观、判断力和家国情怀。③

(二)产出导向法

在新冠肺炎疫情暴发前,笔者正在进行以"产出导向法"(POA)为核心理念的大学英语教学改革,本文所述两门课程均位列教改实验课程之中。"产出导向法"是由我国北京外国语大学文秋芳教授提出和发展的新型外语教学理论,具有鲜明的中国问题意识,其理论发展最早可以追溯到针对英语专业课程改革的

---

① 习近平.把思想政治工作贯穿教育教学全过程　开创我国高等教育事业发展新局面 [EB/OL].(2016 – 12 – 09). http://cpc.people.com.cn/n1/2016/1209/c64094 – 28936173.html.

② 中华人民共和国教育部.教育部关于加快建设高水平本科教育全面提高人才培养能力的意见 [EB/OL]. (2018 – 10 – 08). http://www.moe.gov.cn/srcsite/A08/s7056/201810/t20181017_351887.html.

③ 巩茹敏,林铁松.课程思政:隐性思想政治教育的新形态 [J].教学与研究,2019 (6):45 – 51;何莲珍.新时代大学英语教学的新要求——《大学英语教学指南》修订依据与要点 [J].外语界,2020 (4):13 – 18.

"输出驱动假设"。文秋芳教授于 2015 年和 2016 年分别在国内外两份英语教学顶级杂志即《外语教学与研究》和 Language Teaching 系统地阐述了"产出导向法"的理论体系。① 产出导向法教学理论主要是为解决我国大学外语教学中长期存在和诟病的"学用分离"、课堂教学效率不高的问题，其理论主要包括教学理念、教学假设和教学流程三部分。从教学理念来看，产出导向法提倡"学习中心说"，主张教学活动设计服务于有效学习的发生；倡导"学用一体说"，将学与用统一起来，强调边学边用，学中用，用中学，学用结合；坚持"全人教育说"，坚持语言教学的工具性目标和人文性目标的统一。从教学假设来看，产出导向法认为产出既是学生语言学习的目标，更是语言产出的驱动力的"输出驱动假设"；认为在输出驱动前提下，适时、适当地提供输入能够取得更好的学习效果；认为学生在语言学习中根据产出需要对输入材料进行有选择性的学习和加工比非选择性学习更好。从教学流程来看，包含驱动、促成和评价三个阶段，三者不断迭代，教师通过引领、设计和支架发挥主导作用。

（三）线上教学环境分析

产出导向法并不是专门针对课堂英语教学或者线上英语教学而提出的，而是一个更为普遍性的教学理论。新冠肺炎疫情改变了之前教学发生的物理场景，因此教师需要按照"产出导向"教学理念重新整合现有资源来设计教学活动。因此，教师在开学前需要从教师、学生和现有手段与资源三个维度对线上教学开展基础条件和可行性分析评估，为线上教学设计提供基础。

首先，教师方面。在开学之前，任课教师通过学校组织的线上教学培训和自学等方式基本掌握了腾讯会议、钉钉、Zoom、超星等直播和录播软件应用，并学习了 EV 录屏等软件。对于课程教学设计的指导理念"产出导向法"和课程思政理念已经比较熟悉，可以根据线上教学特点灵活应用。其次，学生方面。所选课程学生均为大一年级新生，对于大学英语课程有一定了解，对于网络信息技术学习能力较强，可以很快学会和适应课程所使用的软件，并且均具备高速网络入口和设备。再其次，心理方面。学生能够理解和接受在新冠肺炎疫情下进行线上教学。最后，线上教学手段和资源。新冠肺炎疫情暴发后，学校指定超星系统作为线上教学的主要平台，同时也允许教师结合实际使用各大高科技公司提供的免费

---

① 文秋芳. 构建"产出导向法"理论体系 [J]. 外语教学与研究，2015（4）：547 – 558；WEN, Q. The production-oriented approach to teaching university students English in China [J]. Language Teaching, 2018，51（4）：526 – 540.

软件，例如腾讯公司的腾讯会议和腾讯课堂、阿里巴巴的钉钉，等等。同时，外研社免费为师生开通了其出版社旗下教材的网络学习版，笔者所教的《大学英语交流3》课程所使用的视听说教程与外研社提供的网络版内容一致。对于本人所教的另外一门课程《财经学术英语》，所有教学材料已经实现了电子化。因此，在国家、社会和师生的共同努力下，线上教学的基本条件已经具备。

三、线上教学模式设计与实践

在具备线上英语教学的基本条件后，下一个基本问题就是将采取那种具体线上模式进行教学。为了更大程度上保留课堂教学具有的实时互动优点，在充分考虑所教课程自身特点和开学前笔者进行的大规模网上教学模拟测试的基础上，决定所讲授的两门课程均采取线上同步直播＋线下异步学习的模式，具体有两种实现形式：（1）线上同步直播＋"U校园"网络自主学习模式；（2）线上同步直播＋线下自学混合学习模式。

需要指出的是，大规模的线上英语教学无论对于教师和学生都是一种新事物，为此笔者从以下三个方面做好辅助学习支持系统。第一，使用学校指定的超星学习系统发布授课计划。为了便于学生预习、复习和解决突发事件导致无法上课等问题，在每次授课前一周会将该周授课计划和学习要点发布到超星学习系统，供学生查阅。第二，建立教学班级微信群。微信具有即时性和不易崩溃的优点，因此每个教学班在开学初都建立了微信群，用于发布通知、答疑以及线上教学时一旦网络崩溃可以保持联系。第三，建立教学质量跟踪反馈系统。笔者在开学前就制订计划，决定通过课堂观察、访谈和调查问卷方式收集学生的学习反馈，特别是在教学期初期和期末进行两次教学质量问卷调查。

（一）线上同步直播＋"U校园"网络自主学习模式

《大学英语交流3》是一门主要培养学生听说能力为主的通用英语课程，主要采取的是线上同步直播＋"U校园"网络自主学习模式。具体而言，在教务处安排的上课时间采用腾讯会议应用进行线上直播教学，而在课下学生使用外研社免费开通的"U校园"网络异步自主学习，比较充分地发挥了线上直播互动和反馈即时的优点和照顾学生英语水平差别的网络异步学习系统的优势。

线上和线下学习活动的设计。首先，线下学习活动的设计。《大学英语交流3》课程线下学生自主学习内容主要分为两部分：一是与外研社教材配套的"U

校园"网上自主学习系统。教师每周公布学习内容与进度,然后学生根据自己的时间安排和能力进行学习。这部分的内容和教材是一致的,学生一方面要完成教材上的听力练习,另一方面学生利用教师提供的口语题参考资料练习教材中的口语话题,为课上直播发言做准备。在一定程度上说,这种口语练习包含了"产出导向法"中的驱动和促成环节,尽管这里的促成主要是通过下发的教学提示资料形式完成。二是新闻分享活动。每位同学每周都需要做一篇3分钟左右的新闻英语听写,并写出复述大纲(建议以思维导图形式呈现)和积累其中的重点词汇。由于线上教学的影响,我们将之前课堂上前五分钟的同伴新闻分享活动改为学生在课下自主配对进行分享新闻。其次,线上直播教学活动设计。课上课堂活动也是主要分为两类:一是课本上的口语练习活动。由于这部分在课前学生已经有所准备,课上的口语活动主要实现三大功能,即为学生提供展示的机会、教师进行话题拓展讨论和产出导向法的评价环节。二是课堂新闻分享活动。学生在课前新闻听写和复述练习的基础上,在线上网络教室中以自愿和点名的方式让学生向全班同学分享汇报新闻,并接受同学和老师提问。通常,一次课有2~3名同学有机会课上分享。

(二)线上同步直播+线下自学混合学习模式

《财经学术英语》是一门基于财经内容、训练英语听说读写学术技能与素养的综合性 ESP 课程,主要采取的是线上同步直播+线下自学混合学习模式。具体而言,在教务处安排的上课时间使用腾讯会议应用进行线上直播教学,而在课下学生主要通过自学方式学习教师发布的每周学习内容,因此也比较充分利用了线上直播即时互动性强的优点,同时通过半结构化的课下自学指导锻炼了学生的自学能力。

线上和线下学习活动的设计。首先,线下学习活动的设计。《财经学术英语》线下学习活动也主要分为两个部分:一是课程核心讲义的预习与自学。《财经学术英语》并未指定单一教材而是由任课教师博采众长在整合国内外各种优质资源的基础上自己汇编讲义,且全部具有配套的电子文本和音视频资料。教师在上课前一周将电子资料和学习要求发给学生,鼓励学生通过个体学习和学习小组等方式进行课前学习,以"驱动"环节为主,争取课前实现"不愤不启,不悱不发",以实现学生带着问题和思考去上直播课。二是财经新闻分享活动。本课程的新闻分享活动与上文中《大学英语交流3》课程的新闻分享活动在开展形式上大体一致,但是有两点略有不同,即新闻选取的主题主要以财经类为主,新闻分享的材料既包括音视频新闻，也包括报纸等文本资料，材料难度也相对难一点。其次，线上直播教学活动设计。线上直播课堂活动活动主要分为三类：一是课程核心讲义的教学。这部分内容主要通过讲授和互动讨论等形式展开，即完成产出导向法的促成和评价教学环节。二是课堂新闻分享活动，其实施方式与《大学英语交流 3》的新闻分享活动类似，但是拓展难度更高。三是学习加油站。因为该课程难度较大，需要背景知识较多，因此每次课单独安排 5 分钟左右的课堂"快闪"活动，介绍学习资源、学习方法和财经文化背景知识。

四、线上英语教学效果

为了确保教育部和学校关于线上教学的指示精神，确保"线上线下同质等效"的要求，尽最大努力在最少时间内通过不断迭代将线上教学质量提高到最好水平，笔者在开学之初就决定以三种方式收集课程教学的反馈信息。一是两次调查问卷。为了全面把握学生整体情况，笔者在 4 月初对全体同学进行第一次课程教学质量问卷调查，主要是调查学生的满意度、学习状态和存在的问题，以便及时采取措施迭代改进教学。同时，又在 6 月初课程结束时再次进行课程教学质量调查，跟踪最后教学质量结果。二是重点访谈。笔者通过访谈课代表和具有一定代表性的同学来收集学生对于课程教学的建议和意见。三是课堂观察。笔者在线上直播课堂上注意记录学生的表现，课后进行教学反思。下面，我们以两次问卷调查为主线，结合学生访谈和课堂观察的结果分析两门"直播＋"课程的反馈数据。为了行文方便，《大学英语交流 3》简称交流课，《财经学术英语》简称财经课。

（一）学生学习投入

学生对于课程的学习投入是学生有效学习的基础，也是观测学生学习行为的重要指标。我们的调查问卷主要从学生对自我努力程度的认知和学习时长两个角度进行测量。首先，学生努力程度自我认知。如图 1 所示，无论是财经课还是交流课，在 6 月份的调查问卷中选择"非常努力"和"努力"的学生都比在 4 月份的调查问卷有较大幅度提高。其中，财经课选择"非常努力"的同学从2.99% 上升到 9.33%，选择"努力"的同学从 55.22% 上升到 61.33%，而交流课选择"非常努力"的同学从 8.33% 上升到 10.64%，选择"努力"的同学从56.25% 上升到 68.09%。所以，这意味着大部分学生认为自己在课程学习中更加努力了，也从侧面反映出学生对课程授课的认同。其次，每周学习时长。学习时间的长短关系着学习的质量。如图 2 所示，无论是财经课还是交流课学生投入到学习的时长都在增加：财经课选择每周学习"4～6 小时"和"10 小时及以上"的同学都在增加，而且每周学习时间超过 3 个小时的学生总人数也增加了；交流课选择每周学习"7～9 小时"和"10 小时及以上"的同学都在增加，而且每周学习时间超过 3 个小时学生总人数也增加了。所以，无论是从学生对于自我努力程度的认知还是实际投入到学习的时长来说，学生对于两门课的学习投入量都增加了。

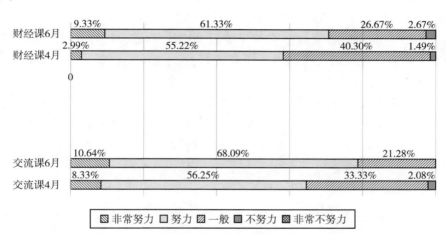

图 1　努力程度自我认知

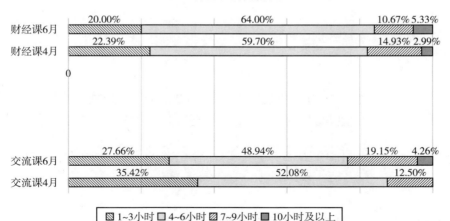

图 2　每周学习时长

（二）学生满意度

学生满意度是我们评价课程质量和教师教学的重要指标。我们从学生对疫情下线上授课模式满意度、对课程本身满意度和对任课教师满意度三个维度来衡量学生的总体满意度。

首先，授课模式的满意度。我们调查了学生在新冠肺炎疫情条件下对于两门大学英语课程采取的两种"线上直播＋"教学模式的满意度，发现6月初时学生的整体满意度要高于4月初，即随着时间的推移学生的满意度在逐步提高。如图3所示，财经课选择"非常满意"和"满意"的同学从89.55%上升到94.67%，特别是选择"非常满意"同学增加了将近20%，而选择"不满意"的同学从1.49%下降为0人。交流课出现了同样的趋势，选择"非常满意"和"满意"的同学从85.42%上升到87.24%。通过对学生的访谈发现，学生对于疫情下这种授课模式满意度的提高主要是因为学生逐渐适应了这种授课模式，而且教师在得到学生反馈意见后特别是4月份问卷调查后也进一步改进和优化了这种教学模式下的教学活动设计，比如直播课上讲授和讨论的比例，甚至包括直播课上回答问题是否开视频等问题。

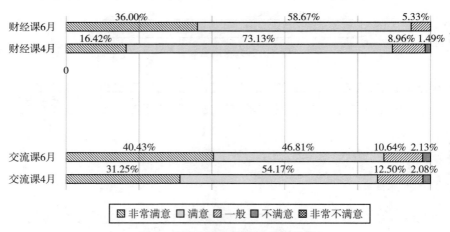

图3　疫情下对授课模式的满意度

其次，课程的整体满意度。我们还调查了学生对于所选课程本身的满意度，即学生对于这门课程本身的认同度。如图4所示，财经课选择"非常满意"和"满意"的总人数从4月初的91.05%上升到98.66%，这一满意度甚至略微超过疫情之前学期学生对于该课程的满意度，而且选择"非常满意"的同学从 26.87% 飙升到 61.33%。对于交流课来说，选择"非常满意"的学生人数从 37.50% 大幅提升到 61.70%，选择"非常满意"和"满意"的同学总人数基本持平，但是选择"一般"的同学增加了约 2%。这表明相当一部分学生对于课程越来越认同了，但是个别学生反而认同度有所下降。课堂观察和访谈也证明了这一点，大部分学生对于课程内容设计是越来越认同了，但是极个别同学因为疫情焦虑和学习难度增加等原因出现一定程度的不适应。

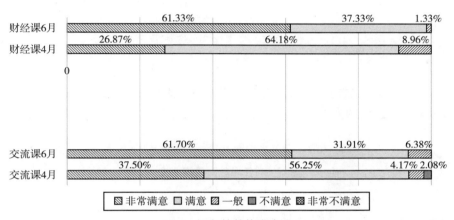

图 4　课程的整体满意度

最后，对任课教师的满意度。我们还调查了学生对于任课教师本人的满意度，即对于教师讲课能力、态度和投入等的看法，结果显示发现学生对于教师的认可度无论是 4 月初还是 6 月初对于教师的满意度一直处于高位，而且后者比前者还有一定幅度的提高。如图 5 所示，财经课学生选择"非常满意"和"满意"的同学总人数从 96.76% 上升到 98.67%，特别是选择"非常满意"的学生从 47.76% 飙升到 78.67%。这门课程对于教师的满意度甚至最终略高于疫情前该课程跟踪调查的水平。通过访谈，我们发现这可能是因为学生为教师在疫情期间认真负责所感动。对于交流课，出现了与财经课同样的变化趋势，选择"非常满意"和"满意"的学生总人数从 95.83% 上升到 97.87%，与疫情前调查持平，选择"非常满意"的学生从 45.83% 飙升到 82.98%，而且选择"不满意"的同学比例从"2.08%"下降为零。

总之，从学生对于疫情下所采取的教学模式、课程设计和教师认可三个维度看，学生的满意度处于比较高的水平，随着课程的逐步推进和不断迭代优化，学生的满意度还在不断提高。大体而言，学生对于教师的满意度最高，对于课程本身的满意度紧随其后，对于疫情下的线上授课模式再次之。这一调查结果与教师对学生的访谈结果是一致的，学生虽然对疫情这种特殊情况下采取新的授课模式表示同情和接受，但是他们对于这种新模式还处于适应中。

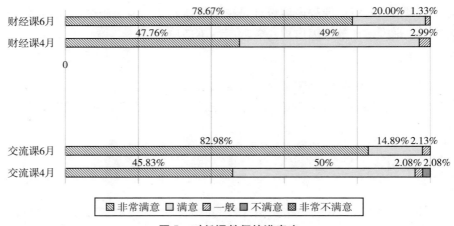

图5　对任课教师的满意度

（三）疫情后理想的授课方式

在6月初，即学生经过一个学期线上教学之后，问卷调查中增加了学生对于疫情后理想上课方式的调查。如图6所示，无论是财经课还是交流课，选择"课堂教学"的学生所占比例还是最高的，分别为37.33%和51.06%。通过访谈，我们得知学生认为课堂教学还是可以给他们一种真实交流和上课的感觉，而且更容易进行深入的探讨。同时，选择课堂教学和线上教学结合方式的所占比例也比较大。同时，我们发现交流课选择"课堂教学＋线上直播"结合的比例要明显高于"课堂教学＋线上录播"的比例。学生访谈显示这主要是因为学生认为交流课应该更强调即时交互性，而财经课则基本相反，因为学生认为财经课难度较大，课堂教学已经满足了即时交互性和探讨复杂问题的需要，而线上录播又可以使他们课后有时间反复观看，利于消化难点。此外，我们发现选择纯线上直播或者录播的学生比例都非常低，甚至低于选择纯自学的人数比例。

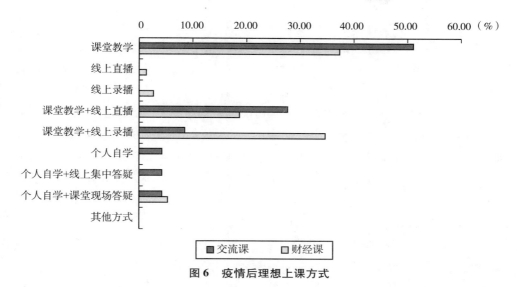

图6 疫情后理想上课方式

五、结语：线上教学反思

新冠肺炎疫情给教学带来了诸多不便，"逼迫"着师生尝试了一直被认为代表未来趋势的线上教学。这种大规模的"教育实验"是史无前例的，因而也为我们思考未来英语教学提供了反思的机会。

首先，很难再回到以前传统的课堂教学。正如吴岩副司长所说，"我们再也不可能、也不应该退回到疫情发生之前的教与学状态，因为融合了'互联网＋''智能＋'技术的在线教学已经成为中国高等教育和世界高等教育的重要发展方向。"① 2020年新发布的《大学英语教学指南》也指出，要"积极推动现代信息技术全面深度融入教学与学习过程……在具体的课堂教学设计与实施的过程中，融入并合理使用信息技术元素，在熟悉线上教学基本形态的基础上，创新和实践线上教学模式与线上线下混合式教学模式"。② 我们的问卷调查也支持这种趋势，选择涉及线上＋混合教学模式作为理想教学方式的同学是有相当比例的。因此，我们必须与时俱进，跟上时代的步伐。

① 吴岩.介绍疫情期间大中小学在线教育有关情况和下一步工作考虑［EB/OL］.（2020－05－14）. http：//www.moe.gov.cn/fbh/live/2020/51987/twwd/202005/t20200514_454317.html.
② 高等学校大学外语教学指导委员会.大学英语教学指南（2020版）［M］.北京：高等教育出版社，2020：34－35.

其次，不是取代，是重塑。经过一学期的线上教学让我们更加清醒，也给鼓吹"技术崇拜"者泼了一盆冷水。课程质量跟踪调查显示很大一部分同学对课堂教学还是比较认同的，并非想象中的那样课堂教学会很快急剧萎缩甚至消失。特别需要指出的是，这一个学期的线上教学表明，无论是坚持课堂教学为主还是坚持线上教学为主，对于未来教学来说很可能都是伪命题。教育教学是一个高度复杂的问题，不应专门该设定一个"想象的""最好的"教学模式，因为很难抽象地谈哪种方式更优或者更劣，而更应该因课制宜，因教学目标制宜，将选择权充分交给老师和学生，甚至在一门课的不同阶段都可以采取不同方式，进而重塑教学生态。

最后，充分相信学生，不断迭代优化教学。本轮线上教学尽管是新事物，但是最终实现了"同质等效"的既定目标。其成功的一个很重要原因就是在学生的支持与配合下，师生为了共同目标而不懈努力。在本学期的教学中，虽然出现了网络中断等各种突发事件，但是学生都非常理解和支持，而且通过各种方式对课程教学提供优化建议，师生目标高度统一在如何在新冠肺炎疫情下把课程学好。学生的积极努力激发着老师的热情，老师的真心付出也感染着学生。例如，很多同学在问卷中提到感谢老师的认真负责和为追求更好效果的努力，特别是一些同学提到这是他们该学期中唯一一门从头到尾都坚持线上直播的课，非常感动。这种师生共情，相互鼓舞，不仅有力地促进了课程优化，而且本身也是一场生动的思政课。

参考文献：

［1］高等学校大学外语教学指导委员会．大学英语教学指南（2020 版）［M］．北京：高等教育出版社，2020.

［2］巩茹敏，林铁松．课程思政：隐性思想政治教育的新形态［J］．教学与研究，2019（6）.

［3］何莲珍．新时代大学英语教学的新要求——"大学英语教学指南"修订依据与要点［J］．外语界，2020（4）.

［4］文秋芳．构建"产出导向法"理论体系［J］．外语教学与研究，2015（4）.

［5］中华人民共和国教育部．国家中长期教育改革和发展规划纲要（2010－2020年）［EB/OL］.（2010－07－29）. http：//www. moe. gov. cn/srcsite/A01/s7048/201007/t20100729_171904. html.

［6］ 中华人民共和国教育部. 教育部关于加快建设高水平本科教育全面提高人才培养能力的意见［EB/OL］. (2018 – 10 – 08). http：//www. moe. gov. cn/srcsite/A08/s7056/201810/t20181017_351887. html.

［7］ BLAKE，R. Current Trends in Online Language Learning ［J］. Annual Review of Applied Linguistics，2011，31：19 – 35.

［8］ WEN，Q. The production-oriented approach to teaching university students English in China ［J］. Language Teaching，2018，51 (4)：526 – 540.

我从老师变"主播"的心路历程

——兼谈线上教学中的"临场感"建立

窦东徽①

内容摘要：疫情期间的线上教学对于熟悉传统线下教学的教师构成了一定的挑战。拥抱线上教学的过程中，笔者经历了心态的变化、方法的探索以及认知的重建和反思，并以线上教学"临场感的建立"为抓手，结合个人实际教学经验，从媒介利用、个性融入、情绪劳动、助推设计四个角度提出了提升线上教学效果的思考和举措建议。

关键词：线上教学　心路历程　临场感建立　建议举措

一、引言

作为学生时代在北京亲历"非典"的"过来人"，我本以为新冠肺炎疫情也会像 2003 年的"非典"一样突然间消失，然而没想到的是，这次的暂停键按下的时间比预想的要更久一些。我也曾笃信杨德昌电影里的一句话："我就和这个世界一样，这个世界是不可改变的"。但时至今日，新冠肺炎疫情已经在某种程度改变了世界，同时我们自身也发生着些许变化。当原定的学生返校日期一天天临近，而疫情走向却依然不明朗，我已经意识到本学期要实行线上教学（至少是前几周）是不可避免的，教委的文件和学校的通知也让这一切落地成实。为了全面实施线上教学，学校方面付出了巨大的努力，提供了最大限度的支持，花费的心力肉眼可见，可谓部署周密，保障有力：学校和超星公司首先组织线上教学的技术培训，各学院抽调教师代表参加，接着建立学院培训微信群，传递相关信息并兼答疑；学校建立了线上教学的大群、同时又基于每周的教学日建立了若干子

---

① 作者简介：窦东徽：中央财经大学社会与心理学院，副教授，学院党委副书记，硕士生导师。

群，24 小时在线答疑。每次想到教务处和相关职能部门的同志以及超星公司的技术人员是如何不眠不休地应对海量的工作的，我都心怀敬意和感激。

二、录播教学：想说爱你并不那么容易

起初，我对于自己完成线上教学任务还是很有信心的，这种信心来自两个方面，一是本学期两个班的《经济心理学》课程我已经讲过很多轮，内容非常熟悉，二是我和同事曾经录制过《经济心理学》慕课，资源在"中国大学生慕课"和 B 站上都能找到，基本上可以做到"即插即用"，避开了很多录播技术方面时间成本和技术难题。所以当很多同事在紧锣密鼓进行课程录制时，我将慕课链接按照教学大纲加入了超星的课程内容里，并将相关的视频、书籍、文献等参考资料放在了"资源"模块里，同时告知学生，课程教学方式是：上课前半段的15～20 分钟内，学生观看教学视频，接下来的时间在微信群里进行答疑。

看起来一切都完备、省心、可控，但第一节课问题就出现了。这种"先看录播视频自学，后答疑"的授课方式非常类似于当下很流行的翻转课堂（flipped classroom 或 inverted classroom）。我本身对翻转课堂是否适用于各类课程教学就持保留态度：一是翻转课堂更适用于项目实操类和案例分析为主的课程，并不适合基础理论类课程；二是翻转课堂的质量与学生的自学程度关联紧密，对学生的自我管理能力有很高的要求。在线上授课的情境下，这些问题便更为突出地表现出来。

首先，我无法完全掌握和把控学生观看视频教学的认真投入程度，这一差异导致个体对课程内容的理解程度和所能提出的问题深度是完全不同的，这也会反映到学生课堂的参与程度上；其次，在这种形式下，作为教师的我在课堂上参与的部分就是通过微信群组织讨论和答疑。但是在学生人数众多的情况下，微信群作为讨论工具其效率是极低的。具体表现为，进入问答环节之后，学生的问题数量众多且参差不齐，且时常出现就某一问题衍生出与主题无关的问题和讨论，而某些重要问题却无人发现和提出，使得整个答疑环节无法聚焦到关键知识点上；同时存在"刷屏"的问题，有些回答过的问题有些学生没有看到，又问了类似的问题，教师又不得已进行重复解答。总之在微信群里面向所有学生进行问题解答的方式沟通效率很低，很难把控节奏和进度，且无法实现核心知识点的聚焦和深化。

就这样坚持上完了前两节导论性质的课，体验并不是很好。唯一的收获是我

比较贴近年轻人的话语体系得到了学生的认可，课后有学生甚至总结了一些我的"语录"发到微信群和朋友圈里，两次课后，学生们已经将我归为脱口秀演员型教师一类。但我深知，这种表面热闹的教学方式无法延续，必须要做出一些改变。也有学生通过微信表达了他们的想法，他们说感觉课程内容很有意思，老师也很认真，就是在问答环节课堂有些无序，"老师你直播上课吧！"他们建议。学生的反馈更坚定了我做出改变的决心。

我决定采用线上直播的形式进行授课。这意味着我将放弃现成的视频教学资源，在线上"直功直令"地讲课，但这是对我来说最接近面授的形式，也是针对本门课程"最不坏"的选择。当然我也相信，很多有经验的老师通过录播方式能够实现很好的教学效果，但就我个人风格和课程性质而言，这并不是当前最适合我的方式。

三、语音直播授课：一切正悄悄起了变化

直播授课首先面临的问题是选择直播软件。最开始，我想采用当前最流行的B站、抖音、快手等软件进行视频。但是很快意识到存在几个问题：第一是这类软件进行直播需要安装一些插件，同时要想保持音质画质，需要一些硬件支持，且熟悉操作的学习成本较高，准备时间上来不及；第二是前一段时间大中小学普遍采用视频直播的实践中，出现了各类直播事故，这是由于视频直播的高曝光性和低隐私性导致的，且直播过程对环境要求较高，背景环境中的人员走动等都会分散受众的注意力。有鉴于此，学校原则上也不鼓励视频直播。

所以唯一的选择就是语音直播。我几乎试用了包括钉钉、Zoom、腾讯会议在内的各类软件，综合考虑易用性、稳定性、承载人数等因素之后，我选择在147人的限选课教学班采用腾讯会议，而387人的通识课教学班则选择了承载人数最多（上限500人）的腾讯课堂。我在班级微信群里通知了学生授课方式的变化，并要求学生提前安装相应的软件，并提前熟悉使用方法。从第三节课开始我们正式开启了线上语音直播授课。这一改变带来了很好的效果。最重要的一点是回到了我擅长和熟悉的讲课节奏上。相比于内容比较浓缩的录播课，很多知识点能够展开讲解，重点的知识点讲清楚了，学生课后提出的问题也更有针对性了。第二个好处是内容可以随时更新。录播课程就像电影电视剧，多次呈现内容是固定和标准化的，而直播课程则更像是话剧，每一次呈现都会有细微的差别，每一次都独一无二，这种开放性使得我能够根据需要调整内容，更重要的是能够结合新近

发生的经济社会热点事件作为课堂案例。第三个好处是可以实现在课堂上与学生的即时互动。利用直播软件里的讨论区，可以实现课堂现场问答、点名提问，学生还可以像发"弹幕"一样随时针对老师所讲的内容发问、表达感受甚至是"吐槽"。我惊喜地发现，有了线上的氛围和软件的辅助，在提升课堂互动性和参与度方面，网络直播授课有着比传统面授更大的优势。因为传统面授的课堂情境下，学生是较少会"想到什么就说什么"，首先是因为在东方传统文化中的个体是比较含蓄和谨慎的，在上课过程中即时发问意味着成为众人目光的焦点，在公众场合表达情绪性的感受（如："这个例子有意思""啊我也是这么想的""这是假的吧?"）更不利于公共自我（public self）形象的建立，所以大多数情况下，学生会把问题和感受憋在肚子里，在课下单独找老师讨论。其次是因为课堂上向老师即时提问会打断老师上课的节奏（虽然这在西方课堂上可能被视为是正常现象，而在多数国内课堂上则不尽然），同时这种中断也会对其他听课者造成影响，有所谓的较差的"外部性"。但在网络授课情境下，这两方面的阻碍在一定程度上得以消除，首先，在网络授课环境下，个体除了名字之外有更少的个体形象的袒露，有利于学生大胆表露感受；其次，线上直播的课堂上，即时互动的这种负外部性问题就不存在了，因为在讨论区打字提出问题或者发表感想不会影响他人听课，同时教师可以选择在合适的时间点来回应这些问题，课堂节奏始终在可把控的范围之内。

给两个班各上了一次语言直播课后，我感觉找到了适合自己特点和课程性质的线上授课方法。从学生的反馈来看，他们也更喜欢语音直播这种形式。虽然过程中也经历了一些网络不稳定导致的掉线等小坎坷，但总体来说，教学质量和效果比之前的"录播＋线上答疑"形式有了质的飞跃。每次宣布下课后，讨论区队形整齐的一排排"老师辛苦了"的留言都让我感动，仿佛学生们就在我面前，线上课堂虽然每个人相隔千山万水，但心理距离非常的贴近。更为重要的是，这一学期直播上课的经历改变了我对线上教学的一些理解和看法，下面的部分就是我对于线上教学临场感建立问题的一些思考。

四、思考：线上教学中的"临场感"建立

坦白讲，直到开课之前，我对线上教学的态度是多少有些"暧昧"的，这种"暧昧"不是出于对线上授课的意义的轻视（我毕业于师范大学，深知"课比天大"的含义），而是对线上教学这种形式效果的疑虑。传统的面授形式虽然近年

来不断受到各种理论思潮的挑战，但我仍然认为其具有不可替代性，遥想那些教育先哲传道授业解惑的方式：孔子在杏坛之上弦歌讲学，劝弟子勤奋读书；柏拉图在克菲索斯河畔创办学园（Academy），为各地慕名而来的学子讲授哲学和数学；亚里士多德和学生在吕克昂（Lykeion）学校的林荫道上边散步边给弟子讲课，从此有了逍遥学派（peripatetic school）……面授这种古老的教学方式一直在知识的传递过程中扮演着不可或缺的角色，历久而弥新，并不断因知识的更迭和演进而焕发出生机和活力。因此，我也一直将线上教学视为形势所迫下的权宜之举。我先前的认识中，是将线上授课和线下授课从形式和媒介上对立起来的，认为线上授课不能很好解决"社会临场感"（social presence）的问题。但一学期的线上教学经历让我的想法有所改变，在查阅了一些资料之后，我对于线上教学如何解决"临场感"的问题有了一些思考。

（一）临场感的概念及早期对线上教育的批评

社会临场感的概念起源于社会临场理论，起源于传播学中的技术与社会（technology and society）研究领域，最初由绍特（Short）、威廉姆斯（Williams）和克里斯蒂（Christie）（1976）提出，他们认为社会临场感是指在利用媒体进行沟通过程中，一个人被视为"真实的人"的程度及与他人联系的感知程度。从绍特等学者早期的定义来看，社会临场感更多被描述为一种媒介或通信工具的属性，一些媒体的社会临场感高，通常被认为是社交性的、热情的、人性化的，而另外一些媒体的社会临场感低，则被认为是非人性化的。这种媒体属性在一定程度上决定了人们的交互和通信（Short et al.，1976）。

这一早期基于媒介属性的临场感的划分能够从日常经验中得到验证。最直观的例子是，有时我们看电视上的音乐演唱类的综艺节目，很难理解现场观众如痴如醉甚至泪流满面的一些表现。当然，不排除一些节目制作方为了节目效果雇用了一些"演员"，但是，现场聆听演唱和隔着屏幕欣赏由于临场感造成的体验差距是真实存在的：在电视或电脑屏幕上看到和听到的演唱，尽管经过修音等处理，音质是有保障的，但是，现场的那种直接的音浪冲击、从全局到细微的视觉感受、周围观众兴奋情绪共同营造的"场"是隔着屏幕无法体验的，这就是这些年在线音乐资源发达的情况下，各类线下的音乐节、Live House 仍然持续火爆的原因。同时，这也是脱口秀、相声这类当下流行的表演形式虽然有丰富的线上资源，但制作方和演员们始终呼吁观众们去看线下的现场演出的原因。笑果公司曾经在我校举办过一次脱口秀演出，其中一个演员的表演燃爆全场，所有人都笑出了眼泪，然而在一期线上节目中，这位演员讲了同样的段子，我却觉得没那么好笑：线上媒介相对较低的临场感确实会让此类表演的效果大打折扣。

线上教学依赖网络媒介，和面授相比也存在临场感较弱的问题。20 世纪 80 年代至 20 世纪 90 年代，计算机媒介教育（computer mediated communication，CMC）领域的研究者利用社会临场感理论，认为计算机媒介固有的"非人化"属性过滤掉了人们面对面交流中的非语言信息及其他相关线索（Walther & Parks，2002）。当时对于在线教育的批判也多基于此，认为社会线索的缺失会干扰教师的教学和学生的学习（Berge & Collins，1995）。

（二）从媒体属性到社会认同的视角转变

20 世纪 90 年代中期，随着接受在线教育的人口不断增长，以加里森（Garrison）、安德森（Anderson）和古纳瓦德纳（Gunawardena）为代表的一批学者开始质疑媒体的属性是否决定了社会临场感（Robinson，2000），他们认为使用者对临场感的感知要比媒体自身的属性更重要。从某种程度上，这一观念能够解释当前网络直播行业兴盛的原因。以直播带货为例，李佳琦、薇娅等直播带货 KOL（关键意见领袖）的成功很大程度上可以归结为他们在网络环境中，能够通过使用专业的产品知识储备、生动的语言及强大的情绪感染力来营造社会临场感；而观众则通过对主播个人的认同和对自己所属的粉丝群体（网上俗称"家人们"）的认同建立社会临场感。

引申到线上教育领域，罗杰斯（Rogers）等学者（2005）就从社会认同的视角重新界定了社会临场感，与加里森等学者的观点形成了呼应，他认为社会临场感是学习者在网上学习小组内的归属和认同知觉而导致的沉浸感。这一认识转变对于重新理解在线教育的重要意义在于，首先，不能因为线上教学的媒介属性就将其和线下面授教学完全二元对立起来，线上教学同样具备建立社会临场感的可能；其次，社会临场感并非单一的媒介属性，而具有多因素的特性。

国内学者腾艳杨（2013）总结了过往学者对于临场感所包含因素的研究，认为即技术因素和社会因素。技术因素主要是学习者所在的虚拟学习环境的功能和特点，社会性因素包括情感、互动、凝聚力等因素。技术因素为社会临场感提供了环境支撑，社会因素影响学习者对社会临场感的感知。了解临场感包含的诸因素，有利于教育实施者在建立临场感的过程中找到"抓手"。

（三）线上教学临场感的建立：建议举措

总之，线上教学的临场感缺失问题并非线上媒介无法克服的天然硬伤，临场感完全可以通过教师和学生在教学互动中共同建立，而学习者社会临场感的水平的高低影响着交互的水平、学习的积极性以及教学的效果的好坏。结合之前提到的临场感包含的诸因素以及我个人在在线教学中的体悟，我认为教师实施在线教学的过程中应当关注以下几点，建立和强化在线教学的临场感：

1. 教师需要选择和利用好媒介功能。

当前适用于在线教学的媒介工具有多种选择，其基本功能各种工具都能覆盖。但就临场感的建立而言，互动功能尤其重要。首先，直播软件的互动效果显然是优于录播软件的。其次，易用性也是影响临场感的重要方面。有一些直播类的工具软件集合了多种功能，可能在适应更多工作场景方面是有优势的，然而就在线上课而言，功能宜简不宜繁。基本原理是，人的认知资源是有限的，工具的复杂操作会造成巨大认知资源消耗，形成"认知负荷"，不利于认知资源在学习内容上的合理分配。最后，我认为"弹幕"是一个提升临场感的卓越发明，但除了一些偏娱乐的媒介工具，大多数教学功能为主的工具并不具备此功能，那么退而求其次，要利用好留言板、讨论区等能够即时留言的功能，加强教学过程中的互动，提升临场感。

2. 教师需将自己的个性融入线上教学。

不可否认，线上媒介有过滤社会线索、去人性化的属性，这就需要教师在实施线上教学的过程中，将自己鲜明的个性融入教学环节，以"有血有肉"的人的形象出现，以弥补线上媒介去人性化的缺失。我想这种个性化投入的重要性可以通过另外一个事例来侧面证实：随着人工智能技术的发展，媒体行业中出现了大量通过计算机软件技术生成的虚拟主播，虽然现在的技术已经基本让虚拟主播语言的规范和流畅性达到了足以乱真的地步，但是这类虚拟主播可能更适合新闻播报这类形式较为固定的信息内容，而并不适合在线授课，原因就在于这类虚拟主播的个性是模糊的；另外，有一些基于娱乐目的的虚拟主播或歌手形象（例如动漫界的初音未来等）却广受欢迎，是因为创造者赋予了它们一些人类的个性，并将这种角色性格的信息传递给了受众。因此，有助于建立临场感的"真实"与本身真实还是虚拟可能并无实质关联，受众感知到的"真实"可能更为重要。所以，教师在线上教学中呈现的"人设"，不应是照本宣科的"朗读者"，抑或是极度理性不会犯错的"机器人"，而应该是有充沛情感、鲜明个性、个人思想、重视交流的甚至带一点奇理斯玛（charisma，意即超凡魅力）式的"人"。正如一些学者所指出的那样："……当处在虚拟环境时，个体通过使用情感符号、讲故事甚至使用幽默的语言来表达个性化的自我，在其他线学习者面前能够呈现自己的真实存在，并且感觉到与他人是连通的"（Rourke，Anderson，Garrison & Archer，2001）。

3. 教师在线教学中进行深层的情绪劳动。

从某种意义上说，在线教学中的教师（尤其是采用直播方式教学的教师）类似于网络主播，在线教学也是一种数字化的情绪劳动。情绪劳动（emotional labor）的概念源自组织行为学研究领域，最早由霍斯希尔德（Hochschild，1983）基于对航空公司空乘的调查后提出，定义为"个人致力于情绪管理，以便在公众面前，创造一个大家可以看到的面部表情和身体动作"。后来这一概念的定义超越了印象管理的范畴，被定义为"为了达到组织要求表现的情绪，个人所进行的必要的心理调剂加工，强调了个体的内在心理调节加工的心理活动"（Grandey，2000）。情绪劳动理论对于包括线上教学在内的在线直播领域最大的启示在于，首先，情绪劳动具有避免去个性化的功能，这直接有利于媒介缺陷的克服和临场感的建立；其次，情绪劳动可以分为表层行为和深层行为两个层次。胡鹏辉和余富强（2019）深化了网络直播环境下的情感劳动理论，他们指出主播创造了一类新型的情感劳动：一方面，不同于传统服务业人员程式化的浅层表演，主播更倾向于动用自身真实情感展开深层表演，以避免情绪耗竭与去个性化的结果；另一方面，主播能够从情绪劳动中获得自我满足与自我享受。因此，教师在在线教学中进行深层次的情绪劳动，即用真实情感进行"劳动表演"是个性融入、建立临场感的重要内容，也是避免情绪耗竭和工作倦怠的有效途径。从实操层面，第一，教师有将有用的知识传递给学生的热情和冲动，这基于教师对于学科的热爱、对所讲授内容的熟悉和自信；第二，教学过程中除了讲授他人的理论，可以适当表达自己的想法和态度；第三，将激情注入语言、表情和肢体动作，让情绪标签具有"可见度"；第四，情绪劳动需要和与学生的互动结合起来，师生互动中除了有问答响应，还应有情绪响应（如："你这个问题问得太好了！""你的回答不仅正确，而且给了我很大启发！"）；第五也是非常重要的一点，就是不能为了表演而表演，这样就陷入了表层的情绪劳动，一切情绪的表达均要以真实为前提。

4. 教师利用助推设计提升凝聚力和认同感。

好的线上教学的过程，是教师和学生共同营造了一个富含"交互响应""情感响应"和"凝聚力响应"的具有高度临场感的"场"。正如之前所言，对于线上教育临场感的新的认知视角是基于社会认同理论的，因此如何在线上教学中提升凝聚力和认同感是建立临场感的重要一环。提升凝聚力和班级的群体认同可以借助当前应用心理学非常提倡的助推设计（nudge design）。助推的概念由芝加哥大学布斯商学院的理查德·塞勒（Richard Thaler）提出，在他和哈佛大学法学院的卡斯·桑斯坦（Cass Sunstein）合著的《助推》一书中系统阐述了助推的理念。所谓助推，就是不借助强制性手段和硬性的规定，通过成本和代价最小的选择设计让人们实现最优的决策。我认为在线上教学过程中，可以采用以下一些助推设计来提升凝聚力和认同感。

第一，建立授课班级微信群。根据社会认同理论中的"最小化区分"原理，任何标签的使用都有可能构筑内群体意识。在一项研究中，研究者仅仅根据儿童的眼睛颜色将一个班级的小学生区分为两个群体，两个群体间变产生了强烈的内群体偏好。因此，建立以"×××课程班"为标签的微信群，能够在很大程度上帮助使学生建立自己归属于这一特定群体的意识。

第二，提醒和签到打卡。在每次上课之前的数小时内，在微信群中提醒学生上课信息和准备事项，强化集体行动的意识。线上打卡提供了优于线下点名的一种便利条件，就是教师可以将线上打卡的情况实时让学生看到，这时社会规范（social norm）和群体压力（peer pressure）的作用便得以体现，有利于学生采取和同伴一致的行动。

第三，利用课堂提问和讨论增强群体互动。直播形式的线上授课中，教师可以根据课程内容和关键知识点设置一些临场回答的问题，让学生提供反馈。一类是便于即时响应的选择性问题，如"这种情况下，你会选择 A 还是 B，选 A 的请在留言区打 1，选 B 的请打 2"，这类问题能够有效活跃课堂气氛，激发学生参与；另一类问题是开放式讨论，呈现问题后让学生在留言区表达自己的观点，教师对各类回答给予评价和反馈。这属于共同任务性质的问题，因为共同任务非常有助于提升认同和归属感。

第四，强调课程学习的意义和收获。教师在内容讲解过程中，要不断强化学生的认知，就是学习了某一理论乃至这门课程之后，会比没有学习过该理论或该课程的人对于某一类现象或问题的理解更加透彻和深入。这样做的目的一方面是让学生重视课程学习的意义，另一方面让学生在心理上将自己归属于"这门课的学习者"这一群体，从而提高对于课程的卷入程度（involvement）。

五、总结：假若明天来临，我们已做好准备

线上教学"时间同步，空间缺失"的特点让教学中重要的"临场感"有所缺失，但这完全可以通过教师全情的投入和精心的设计所弥补，而媒介提供的新场景和新功能，还有可能让线上教学的"临场感知"在某些层面超越传统的线下教学。作为教师，我们从被动接受转为主动拥抱线上教学，在不丢失传统教学方法精华的同时，积极利用线上的优势让教学工作焕发新的生机和活力。形势和形式都是不断变化的，但教学工作传递知识、促进理解的核心始终未变。借用斯宾诺莎的一句话："不为欢笑，泪水，只为理解。"疫情形势复杂多变，对疫情的防控很有可能成为一种新常态，在这种情况下，在线教学可能并非人们最开始理解的"权宜之举"，而极有可能成为新常态下教学方式的重要组成部分甚至主要方式。为应对疫情，作为教师我们被动地迎来了在线教学，然而，如果从教学技能提升和自我适应空间拓宽的层面看，线上教学的经历也为我们提供了一次重新审视自身过往的经验和认知的契机，让我们摆脱故步自封，跃入更深的天空和海面。假若明天来临，可以充满自信地说：我们已做好准备。

参考文献：

［1］腾艳杨.社会临场感研究综述［J］.现代教育技术，2013，23（3）：64 –70.

［2］胡鹏辉，余富强.网络主播与情感劳动：一项探索性研究［J］.新闻与传播研究，2019，26（2）：38 –61.

［3］BERGE，Z.，& COLLINS，M. Computer-mediated communication and the online classroom：Overview and perspectives［M］.Cresskill，NJ：Hampton Press，1995.

［4］GRANDEY，A. A. Emotion regulation in work place：A new way to conceptualize emotional labor［J］.Journal of Occupational Health Psychology，2000，5（1）：95 –110.

［5］HOCHSCHILD，A. R. Emotion Work：Feeling rules and Social structure［J］.American Journal of Sociology，1979，85（3）：555 –575.

［6］ROBINSON，P. Issues in Web-based pedagogy：A critical primer［M］.Westport，CT：Greenwood Press，2000.

[7] ROGERS, P. & Lea, M. Social presence in distributed group environments: the role of social identity [J]. Behavior & Information Technology, 2005, 24 (2): 151 – 158.

[8] ROURKE, L., ANDERSON, T., GARRISON, D. R., & ARCHER, W. Assessing social presence in asynchronous, text-based computer conferences [J]. Journal of Distance Education, 2001, 14 (3): 51 – 70.

[9] WALTHER, J. B., & PARKS, M. R. Handbook of interpersonal communication [M]. Thousand Oaks, CA: Sage, 2002.

预科生线上教学基本情况

——以国际文化交流学院 4 班为例

范姝婧*

内容摘要： 为做好新型冠状病毒肺炎疫情期间汉语预科教育工作，预科教师发挥教育信息化优势，利用互联网、信息化手段，针对在国内外的预科生全面组织实施线上汉语教学活动，确保春季学期预科教育教学目标如期实现。整体来看，经过一学期的探索与调整，面向预科生的线上教学逐渐走向正规化和常态化。当然，笔者作为一名刚步入预科教育事业的新手教师，在这半年的教学中，如何更好地在线上课堂实现教与学的高度融合仍面临较大挑战。通过调查班级学生对线上教学的适应度和满意度，发现了一些问题并作如下讨论。

关键词： 线上教学 教学满意度 教学效果

一、4 班预科生线上教学情况

本次调查问卷共设 22 道问题，由两部分构成：对现状的调查，即如何开展；学生对线上教学各要素的满意度，包括教师态度、教学能力、教学资源和教学平台等方面。调查对象为 4 班预科生，共 13 人。本次调查于 8 月 7 日 10：40 开始，8 月 9 日 22：00 结束，共收到有效问卷 10 份。线上汉语教学时间为 2 月 3 日~7 月 8 日。其中有 3 名学生一直在国外，但全程与国内学生保持同步参与直播课程，因此 4 班预科生的线上学习方式均为直播。问卷还对学生以前是否自己在网上学习过汉语，以及与第一学期在教室学习相比，更喜欢哪种学习方式进行了统计。调查数据显示，4 班预科生有 70% 的学生有自己在网上学汉语的经历，这一点可能对后面他们大多数人都支持线上教学有直接影响。关于学生更喜欢线下还

---

* 作者简介：范姝婧：中央财经大学国际文化交流学院，预科教师。

是线上学习这一问题，更愿意在教室学习的学生仍占多数，为60%，说明传统语言教学仍占优势。不过，也有40%的学生表示，他们更期望的是"线下＋线上"这种学习方式，这也为今后在回归线下教学后，教师如何将传统学习与线上资源结合并运用得更好，提供了一定的启发与思考。

二、学生对线上教学的满意度与效果

为了解预科生对线上教学各要素的满意度，本次调查涵盖三方面的内容：一是调查学生的态度，即无论是否受疫情影响，学生对于线上教学是否支持；二是调查学生对线上教学的整体满意度；三是调查学生对各要素的满意度，主要针对教学安排、教师工作态度与能力、线上资源、平台应用等方面。

（一）对特殊时期实行线上教学比较支持

在所有被调查的学生中，有80%的学生表示愿意接受线上课程，并接受教师指导。有20%的学生表示不支持线上教学。由此可见，线上教学作为一种临时、过渡性的教学形式得到了4班预科生的普遍认可。如图1所示。

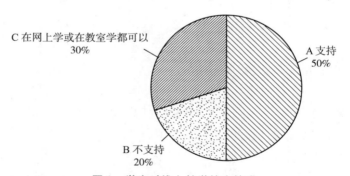

图1　学生对线上教学的支持度

（二）整体满意度较高，但很满意的不多

调查表明，4班预科生对第二学期线上教学满意度较高，这是对学院初次尝试预科线上汉语教学的认可。

1. 线上教学平台与网络。

预科生采用的学习平台为Zoom，满意与很满意的学生共占80%；认为一般和很不满意的学生各占 10%。说明 Zoom 这一平台得到了绝大多数学生的认可，对顺利开展线上教学有一定的积极作用。其中认为一般和很不满意的学生表示，由于受无法长时间保持注意力集中等主观因素的影响，在宿舍进行的线上教学对他而言非常难适应；另一名学生则表示，他的设备和网络问题较大，经常掉线，影响听课质量。如图 2 所示。

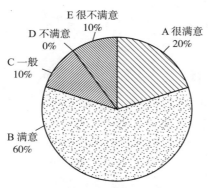

图 2　学生对教学平台的满意度

2. 线上学习方式。

据统计，关于线上学习的方式，超过一半的学生最满意当前采用的直播方式，说明师生同步在线学习即时互动的方式，依然是比较有效的学习。不过，关于录播、直播＋录播的学习方式，也各有 22.22% 的学生选择。如图 3 所示。

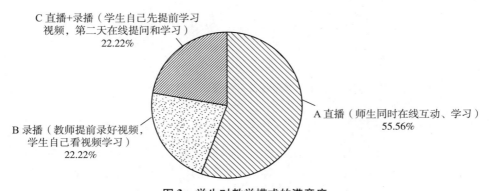

图 3　学生对教学模式的满意度

3. 每日课程数量与每节课的时长。

对每天上午三节课,下午四节课(每节课45分钟),表示满意与很满意的学生共占60%。表示一般和不满意的学生,各占20%。此外,对于学生可以接受每天最多上多少节课,有70%学生的选择为6节,20%的学生选择了7节,还有一名学生选择了8节。如图4、图5所示。

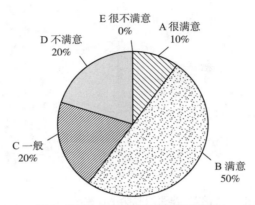

图4 学生对每日课程数量的满意度

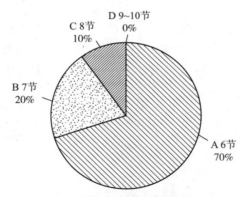

图5 学生每日可接受学习时长

线上教学期间,由于大部分预科生都在校,教学时间安排为:每天早上09:00开始第一节课,11:45结束上午的课程,进行午休;下午14:00开始上课,17:45结束当天课程。对此满意和很满意的学生共占90%,说明这样的教学时间安排相对合理,对预科生的线上学习有促进作用。如图6所示。

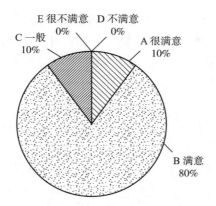

图6 学生对教学时间安排的满意度

4. 作业数量、类型以及作业批改。

据统计，对作业方面满意和很满意的学生共占50%；表示一般的学生为30%；表示不满意和很不满意的学生各占10%。不满意的学生认为，下课后的作业较多，自主复习的时间不够，他们更倾向于给自己多留一些自学的时间。在作业批改方面，教师每天都为学生提供电子作业，多是学生做完后在微信上发给教师在线批改，教师在反馈作业时还会为学生一对一在线答疑解惑，80%的学生对此表示很满意。个别作业学生在完成后，需要他们对照答案进行自查，教师第二天在课上集中讲错题，这种方法对于后期冲刺阶段的复习，高效也更有针对性。

5. 教师工作态度及线上教学能力。

学生对于教师线上教学期间的工作态度满意度很高，满意和很满意的学生共占100%；对于教师在线上教学能力方面，满意和很满意的学生共占90%；对于教师在Zoom这一平台的课堂互动方面，满意和很满意的学生共占80%，20%的学生表示一般，他们认为教师在教室的课堂互动能力更强。对于教师每天提供的学习资源方面，满意和很满意的学生共占100%。以上数据说明线上教学在今后还有较大的提升空间，教师若能继续充分发挥线上教学的积极作用，将线下和线上教学有效结合，对预科教育会有很大帮助。

三、线上教学的利与弊

首先，线上教学对高校教师的信息化教学能力和教学观念带来了一定的冲击与挑战。线上教学对教师信息化教学能力提出了更高的要求，在一定程度上促使教学观念发生了较大转变。预科生的自主学习能力也受到了较大影响。调查发现，多数学生表示，线上教学对自己能否合理安排学习以及时间利用方面的要求更高，也让他们养成了更好的自学习惯。可见，教师角色多样化、信息化教学能力提升、教学方法的更新，以及预科生自主学习能力的提升均与线上教学的有序进行密不可分。

线上教学也存在不少弊端。在近半年的教学中，预科生反映的问题主要集中在以下几方面：（1）每个学生都在各自的宿舍学习，缺乏教室集体学习的氛围，而且很容易出现迟到的问题。此外，大部分学生虽能坚持端正地坐在手机或电脑前认真听课，但也有个别学生无法一直坚持，容易出现偷懒或者靠在床上听课以及精神状态懒散的情况，需要教师反复点名提醒。（2）教师课堂管理难度大。13名学生同时在线，教师在讲课的同时，也需要实时滑动滚条以关注到每个学生的听课状态。（3）长时间使用电脑或手机，学生眼睛和大脑均难受不适，视力明显下降。（4）师生交流还是不如线下面对面交流方便。（5）容易网络拥堵，学生上课期间会突然掉线，因而错过重要内容增加了教师负担，为了保证教学效果，教师往往会利用课间及课后时间，单独留下学生再讲一遍。（6）学生注意力容易分散，教学效果难以很好地保证是线上教学的主要缺点。

四、对线上教学的展望

线上教学近几年发展迅速，特别是在疫情期间全国高校普遍实施了线上教学。线上教学是否会在未来取代传统教学呢？经过这半年对线上教学的初步实践，4班学生对此也表达了他们的观点。有60%的学生认为有可能以及很大可能会取代；30%的学生认为不好说；10%的学生认为完全不可能；没有学生选择不可能。可见，对于第一次来中国学习汉语的预科生而言，在经历过第一学期的线下学习后，突然面对第二学期的线上学习，也是能较快适应并抱有一定信心的。如图7所示。

五、对线上教学的展望

根据上述调查结果，发现预科生线上教学存在以下问题有待解决，对这些问题进行讨论分析，有助于寻找应对问题的对策。

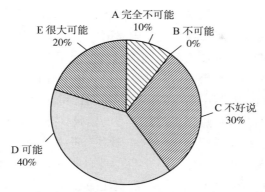

图7 预科生对线上教学能否取代传统教学的看法

（一）预科生的自主学习能力总体不强

　　学生在自己的宿舍学习，教师线上授课使教学环境发生了很大转变，而且对于刚来中国半年，汉语处于起步阶段的预科生来说，更是一种很大的挑战。师生在空间上被隔离开，教师的主导作用减弱，学生的自主性增强，这要求学生必须具有较强的学习动机和较高的自律性才能完成学习。调查发现，预科生对线上教学的态度整体上是认可的，但他们在学习注意力、学习主动性、学习方法的掌握等方面表现欠佳。已有的研究也发现大学生自主学习意识薄弱、自主学习目标模糊、缺乏良好的自主学习习惯与有效的自我监控[①]，这与本调查结果类似。预科生线上学习注意力易分散，一方面是因为在数字化学习环境中学习者对文本呈现形式的数字资源的注意力保持时间一般在 10 分钟以下，对视频呈现形式的数字资源的注意力保持时间一般在 20 分钟以下。[②] 另一方面，线上教学环境中存在诸多影响注意力的不可控因素。线下学习有浓厚的学习氛围和教师实时的监管，而线上学习会受到室友、家庭成员活动和周围环境等多方面的影响，也存在由于断网、断电而无法正常参与课程的情况。此外，上课过程中学生的注意力也很容易被电脑和手机上的娱乐游戏、社交信息等转移，而学生非学习行为受到的约束又很少，从而导致学生专注度不够，这也与本调查中仍有 60% 的学生选择更喜欢在教室学习的结果一致。预科生学习主动性和学习方法的掌握欠佳，一方面是此前一直在自己的国家接受教育，学习和竞争压力不大。不少学生谈到他们在自己

[①] 吴伏英. 新媒体环境下大学生自主学习的现状调查与引导策略研究［D］. 扬州：扬州大学，2015：43.

[②] 徐雯雯. 数字资源呈现形式对学习注意力的影响研究［D］. 武汉：华中师范大学，2014：6.

国家上学的时候，在大多数情况下都没有作业，在课外时间继续自主学习的情况更少。而对于要在一年的时间内完成基础汉语、经贸汉语以及数学课程的预科生而言，他们在身心上承受的压力都是前所未有的。很多学生在第一学期就表示，他们在来中国前从未如此努力和辛苦地学习过，也了解到了中国人非常勤奋和努力的一面，当然在这一过程中学生们也在不断成长和进步。另一方面，学生刚较好适应了课堂教学的模式，进入了预科学习的紧张状态，却在短暂的寒假后就马上要面对线上教学，对于教师和学生的心理适应进入佳境也都需要一定的时间。在这期间，有学生出现畏难情绪，有学生出现自我放松，更有学生想选择逃避，回国学习。所以在这样一个特殊阶段，班主任的心理建设和有效的心理疏导尤为重要。寒假期间，除了 3 名学生在疫情出现前正常回国，其余 10 名学生均在北京学习，从 2 月 3 日一直坚持到 7 月 19 日，努力克服困难，在后期还出现了越来越好的学习和精神状态。

（二）预科教师的线上教学能力有待提升

线上教学对汉语预科教师的教学能力提出了更高要求。就笔者而言，深知线上教学能力还有很大的进步空间，原因也是多方面的。一是自身工作刚满一年，也是第一次面对预科生这样特殊的教学对象，自身经验不足，很多教学和班主任各项工作的开展都是在摸索中前进。二是近几年虽然线上教学、混合式教学发展迅速，但在国内主要是针对中小学生的线上教育机构做得相对成熟和专业，大多数高校对教师的线上教学并未做过强制规定，高校教师的线上教学还主要局限于"PPT 教学"和"利用网络获取教学资源"，而利用网络促进预科生自主学习以及翻转课堂的频率较低，例如自身在第一批预科生身上还未尝试过翻转课堂的教学实践。缺少线上教学的深度实践也就难以提高线上教学的能力。三是学校、学院为教师组织过多次线上的教学培训很有帮助，与其他院校优秀的熟手教师交流分享，笔者深受启发，今后仍需要定期学习与提升。

（三）线上教学网络拥堵、不稳定问题较突出

有研究指出，网络教学平台的功能特征对学生完成学习任务有显著影响①。一般来说，学生在接受并开始使用某个网络教学平台后，关注的重点会从如何操作转移到教学平台的稳定性以及功能模块对其学习的辅助上。前面已谈到，学生

---

① 杨根福. 混合式学习模式下网络教学平台持续使用与绩效影响因素研究 [J]. 电化教育研究，2015，36（7）：42 – 48.

对 Zoom 这一平台的使用，满意度为 80%，说明这一国外教学平台有一定的自身优势，相对稳定、功能也较齐全，是有利于教师带动学生参与学习的。而根据学生的反馈，对 Zoom 很不满意的学生表示，由于他在使用 Zoom 时网络很不稳定，容易卡顿或常常掉线，反复重新登录影响了正常学习。也有不少学生在开启摄像头后，网速变得很慢，无法正常语音，所以出现个别学生上课期间只能关闭摄像头，这既不利于教师的课堂管理，教师看不到学生的上课状态，也容易让学生出现偷懒懈怠、参与度不高的问题。

（四）线上教学利弊共存，线上教学不能完全取代课堂教学

2020 年春季开学以来，各高校均在积极开展线上教学实践。线上教学改变了教师的"教"，学生的"学"和学校的"管"。调查发现，线上教学是利弊共存的。毋庸置疑，线上教学能突破时空限制，学生可以随时随地学习；教学视频可以反复回放，便于及时复习和查漏补缺；更好地发挥并利用优质学习资源共享的优势，也有助于锻炼学生的自主学习能力。但线上教学也存在教师无法即时了解学生学习状态、反馈学生的问题滞后、课堂纪律松散、学习效率下降、易受到网络条件影响和容易造成视觉疲劳等弊端。而面对面的课堂教学是一种沉浸式的上课环境，这种具有接触感和现场感的教学传递的信息是立体综合的、具有温度的信息，有利于发挥教师和同学良好的榜样作用，这是网络环境无法替代的。所以教师应认识到，线上教学和线下授课各有优劣，不能相互取代，二者应互为补充。

六、结语

线上教学是时代发展的产物，能弥补传统课堂的不足，但线上教学也存在弊端，线上线下相结合的混合式教学将成为未来教育的"新常态"。面向预科生的汉语教学，预科教师既应该早日成为线下课堂教学的熟手教师，更应该加快适应新环境，利用好网络学习资源，与丰富的线下教学经验相结合，实现教学资源的最优化利用，不断提升自我、改进线上课堂教学，进一步改善教学效果。这种效果的实现，也需要高校、教师和学生协同努力才有望做到。

参考文献：

［1］韩锡斌，葛文双. 中国高校教师信息化教学能力调查研究 ［J］. 中国高

教研究，2018（7）.

　　［2］陈月 . MOOC 背景下的高校思想政治理论课混合式教学模式研究［D］.
武汉：武汉理工大学，2017：45.

　　［3］胡小平，谢作栩 . 疫情下高校在线教学的优势与挑战探析［J］. 中国高
教研究，2020（4）：18.

　　［4］余清臣 . 疫情时期的教育工作需要非常规思维［N］. 人民政协报，
2020－02－26（007）.

　　［5］徐雯雯 . 数字资源呈现形式对学习注意力的影响研究［D］. 武汉：华
中师范大学，2014：6.

　　［6］张方遥 . 在线教育环境中的学习注意力及其控制［J］. 中小学数字化教
学，2018（9）：66－67.

　　［7］吴伏英 . 新媒体环境下大学生自主学习的现状调查与引导策略研究
［D］. 扬州：扬州大学，2015：43.

　　［8］杨根福 . 混合式学习模式下网络教学平台持续使用与绩效影响因素研究
［J］. 电化教育研究，2015，36（7）：42－48.

直播互动教学在混合式教学中的应用探索

——基于中央财经大学非学历线上线下
混合式教学的实践研究

冯俊波　江　淼　宁晓林*

内容摘要：直播技术的发展使高校混合式教学和在线教育面临新的机遇和挑战。直播互动教学有助于充分利用优势教学资源开展个性化教学，培养学生自主学习习惯，提高学生的学习效果。文章根据高校教学的实践过程的总结，从多样化人才培养模式构建过程出发，对实际教学活动中发生的直播应用场景和混合式教学模式进行总结和反思。基于"网络直播"技术的混合式教学模式一定程度上解决了优质教学资源配置不均衡的问题，能够提升学生的学习积极性，促进人才培养的多样化和个性化。

关键词：同步视频　混合式教学　同步学习　同步教学

一、引言

在"互联网＋"环境下，各种数字化教学模式鳞次栉比层出不穷，许多传统教学模式被数字化、信息化，并与新兴信息技术整合。众所周知，随着教育信息化和互联网基础设置的完善，在线教育教学的形式、内容、手段呈现多样化的趋势，学生的学习体验不断提高。

截至 2018 年 12 月，我国在线教育用户总量已达到 2.01 亿人，同比增长 4605 万人，年增长 29.7%。智能设备的快速普及、互联网的升级对在线教育的教学模式提出新的要求。轻量化、碎片化、结构化、个性化的知识讲授更适应新

---

* 作者简介：冯俊波：中央财经大学校办，副主任，副研究员。
江淼：中央财经大学教育学院，资源建设与技术支持中心，主任，馆员。
宁晓林：中央财经大学科技园管理办公室，副主任，助理研究员。

时代的学习场景。

近年来，随着政府政策支持和国内外在线教育机构的示范作用，互动直播教学在网络教学中的应用呈现出较快的增长。

直播技术助力的在线教育快速发展，随着语音识别、大数据分析、云存储、人工智能等技术的进步及普及，以直播技术助力的互动混合式教学能够营造更加良好的教学场景，最大程度地还原线下教学，通过双师课堂、一对一、一对多等多种方式满足用户多样化的学习需求。教师和学生突破时空限制实时互动，推动了优质教学资源的利用和普及。

本文经过对非学历项目实践经验的总结得出混合式直播教学的设计及组织经验，并对直播互动教学提高学生学习体验的影响得出结论，进而提出直播互动混合式教学的质量保障措施。

二、网络直播支持的混合教学

网络直播是建立在远距离基础之上的课堂教学的形式之一。网络直播支持的混合教学模式可分为以下两种类别：

（一）同步网络直播课堂

利用视频直播系统或者移动智能终端的 App "直播" 名校教师对某门课程知识点的讲授过程。网络直播课堂是指通过互联网进行的一点对多点的实时交互式的教学方式。

鉴于对 "网络直播课堂" 的定义，可总结出 "网络直播课堂" 具以下特征：

（1）以高技术为依托，实现异地课堂直播。在 "互联网 +" "大数据" "云计算" 等新兴技术的基础上，以教学平台或社交软件为依托，通过其便捷性、即时性等优点，实现异地师生间的相互交流。

（2）将操作过程媒体化，便于 "现场" 讲解。一些因地理条件不适，而未能开展相关操作或实验的学校，可通过网络直播课堂与其他学校合作。在其他学校做真实试验时，用摄像头向此类因条件限制而无法完成实验的学校直播实验过程，同时加以辅助讲解。

（3）学生即时提问，"教师" 实时解答。参与 "网络教学直播" 的学习者，可通过软件中的问答工具等功能，即时向直播主讲教师发出提问。主讲教师可挑选代表性强的问题重点回复；也由辅导老师汇总同类问题，由主讲教师统一回复。解答学习者在自学时，遗留的疑惑。

（4）通过观看直播回放，内化及巩固知识，提高学习效率。在网络直播课堂结束后，仍然存有疑惑的学习者，可随时回看直播全过程，提高教学效果。更可在教室中架设课堂直播系统（包括连接互联网的计算机、直播推流信息系统、摄像机、拾音设备等），向学习者直播课堂。

"网络录播课堂"虽能向学习者"传递"讲解视频，但仅能从教师自身考虑，解答学习者可能有的疑惑；这种教学模式的针对性较差，更无交互可言。例如，学生在观看"实验过程"的录播视频时，虽然能够观看到实验的真实过程，却无法实时解决学习过程中的疑问；相对于录播视频学习而言，"网络直播"教学能够使学习者身临其境，并能与教师进行一定的教学互动，课程学习过程中的参与度较高，进而提高教学目标的完成度。

（二）网络直播交互教学

网络直播课堂教学与面授教学有很大差异，但大多数学生在课程直播前，不进行知识储备，课程结束后不能及时对知识进行复习，学习者存在仅被动等待主讲教师向其灌输知识的心理。因而，"直播房间"具有以下特征：

（1）创建"直播房间"，解决学习者难题。在普通"网络直播"中，直播教师因时间限制，仅能回答学习者的"相似"问题。未能得到主播教师答复的学习者，可通过录播视频或非视频类教学资源了解。例如，主播教师会在课程中发布直播答疑通知。

学生可在规定时间内，参加线上直播活动，向直播教师提问。

（2）邀请名校"名师"，讲授难点知识。通过"网络直播平台"，学习者可邀请名校教师为自己单独答疑解惑，例如，在中财在线学堂网络学习平台中，学习者可利用平台的提问功能，对正在学习的视频类或非视频类教学资源进行提问，并邀请课程的主讲教师或辅导老师为自己解答学习过程中产生的疑惑。

"网络直播教室"支持的互动教学流程：参与"网络直播互动教学"的学生自学——学生关注教师在课程中发布的课程录播视频及文本、习题等非视频类教学资源——参见直播教学——解决自学过程中遗留的困惑——听取教师自学的建议。

（三）基于网络直播的"同异步混合式互动教学"

基于网络直播的"同异步混合式互动教学"是指在网络直播中，直播教师以开展直播课堂的形式进行直播教学，学生与教师充分交流互动，教师辅导学生完成直播课堂中的各个教学环节，获得学生反馈的一种同异步混合的教学模式。

由此，基于网络直播的"同异步混合式互动教学"的互动性凸显在四个方面，即理论与实践的交互混合，学习者与课程学习资源间的交互，学习者与主播教师、学习团队的交互以及学习者与媒体界面的交互。而基于网络直播的"同异步混合式互动教学"则是混合式学习的典型代表。

（1）实时发布、更新。传统网络录播课程视频资源，能长时间使用，其使用时间甚至更长达几年。但在基于网络直播的"同异步混合式互动教学"形成的教学视频资源，更具时效性，更新频率也更快，与录播视频资源形成优势互补关系。

（2）一对一辅导。传统网络教学课程资源，虽然学习者较多，通常有上千到万余人，但学习效果却很难如人意。因传统网络教学方式针对性较差，而基于网络直播的"同异步混合式互动教学"则具有个性化辅导的功能。例如，教师可通过中财在线学堂的直播功能模块开展"一对一直播辅导"，通过这种方式使得网络教学具备了更强的针对性，使因材施教和个性化学习成为可能。

基于网络直播的"同异步混合式互动教学"拥有三个优点：交互性、实时更新、个性化学习定制。其中交互性是基于网络直播的"同异步混合式互动教学"的核心，其他优势与之配合，共同发挥网络直播混合式教学的最大教学效果。

三、网络直播的"同异步混合式互动教学"的实施

本次实践活动采用行为研究法，探索网络直播互动教学对于高校辅修专业教学活动的实践，意图在于利用同异步混合式互动教学的实施，解决学校主修课程和辅修课程教学活动时间冲突、因校区或学校地理位置等因素造成的时空分离问题，为探索如何为学生提供个性化的学习方案提供基础，促进高校多样化人才培养模式的健全发展。根据多年参与网络教学活动的实践经验以及详尽的前期调研，目前本校学生线上线下混合式教学的主要难点和亟待解决的问题在于：（1）因主修专业课程与辅修教学课程而放弃辅修课程的学习；（2）希望有更多的教学安排可以达成与主讲教师的互动交流；（3）参加辅修课程学习中学习者之间交互较少，学习孤独感较强。

本次实践研究基于我校辅修课程教学项目的学生参与的教学环节实施，研究者用1个学期的时间参与到教师和学生的实际教学过程中，并对直播技术的应用课程表现效果进行观察和分析。两组学生研究过程如表1所示。

表1　　　　　　　　　　辅修教学直播技术应用场景对照

项目	辅修专业方向班直播	辅修课程金融学专业面授直播
对象	因两校区办学，到远端校区时间成本过高，或参加学校主修教学或其他学校活动的学生	
人数	40	408
直播互动教学支持	课堂直播教学及录播服务	
直播平台工具	专业教学直播平台	专业教学直播平台并对接在线学习系统
实施周期	一个学期为期五个月	

四、基于网络直播的"同异步混合式互动教学"模式

（一）"网络直播"支持的混合式教学的内涵及特征

混合式教学是重新调整传统网络教学的教学规划，将学习的自主权交给学生的同时，主讲教师通过组织课程直播的手段介入到学生的学习过程中，对学生的自学过程提供有效监督的同时，对学生的个性化学习需求予以响应，帮助学生高效地完成学习目标。通过这种模式，学生更专注于课程的学习，学习的积极性和主动性得到提升。通过教师与学生，学生之间共同探究，从而让学生对课程知识得到更深层次的理解。

由此可以总结出，基于网络直播的"同异步混合式互动教学"模式具有以下特征。

（1）先自学后教授，培养学习者自主学习意识。在"互联网＋教育"的时代背景下，基于网络直播的"同异步混合式互动教学"目标由知识渊博型人才向创新型人才转变。由此，基于网络直播的"同异步混合式互动教学"，借助信息技术，实现了学生在传统网络学习中对教学资源的异步学习与直播互动教学中同步教学的结合，使学习者在学习过程中有充分的自主能力的同时，结合直播教学的同步督导和答疑，进一步促进学生的主动学习，激发学习者学习兴趣和求知意愿，实现异步自学与同步教授之间的完美配合，进而形成知识的接受，吸收、实践应用的闭环，培养学生的自主学习能力。

（2）注重互动，交流，解决探究性问题。基于网络直播的"同异步混合式互动教学"模式，借助主流直播平台的弹幕、点名、头脑风暴、随堂小测试等功能，使学生与主讲教师在线实时互动，在主讲教师解决学生学习过程中困难的同

时，有效促进学生之间不同思想、不同思维的交流。从而达到，联结基于不同学生理解基础上的讨论和认同，进而达到通过直播活动教学促成学习共同体的构建。

（3）关注学习者体验，增强学习者创新意识。基于网络直播的"同异步混合式互动教学"关注学习者的体验，不断突出和体现个性化，满足学生独特的学习需要。基于"互联网＋教育"和大数据技术的发展，直播教学内容转化为视频以及对学生全过程的学习活动数据的记录统计分析，以主讲教师为主的教学团队可根据学生的学习特点和学习方式提供更有针对性的教学指导。学生可通过个性化解读、理解或通过同异步答疑功能向主讲教师或辅导教师寻求专门定制的学习规划。基于网络直播的"同异步混合式互动教学"，解决了传统面授教学空间和时间的障碍的同时，一定程度上消解了传统网络学习过程中学生的孤独感和迷茫感，为学生提供个性化教学和督导，实现陪伴式教学的同时，在学生的学习过程中，培养了学生独立解决问题的自主能力，激发学生的思维，增强了学生的学习动力，极大地提高了学生学习目标的实现。

（二）基于网络直播的"同异步混合式互动教学"与传统网络教学的异同

在归纳基于网络直播的"同异步混合式互动教学"的内涵、特征的基础上，讨论传统"网络"教学的异同和互补。

基于网络直播的"同异步混合式互动教学"与传统的网络教学类似，都需要学生有较强的自主学习能力，学生需要在学习过程中发现学习的难点，在传统的网络课程视频学习或是直播教学后，都需要学生自主巩固、反思。

（三）"网络直播"对"同异步混合式互动教学"应用的支持作用

基于网络直播的"同异步混合式互动教学"，是直播同步互动教学和传统异步网络教学模式相结合的产物，并以"混合式教学"模式为基石。基于网络直播的"同异步混合式互动教学"模式因教学程序、技术载体的改变而拓展学习时空，通过直播课堂强化师生、学生间的沟通与交流，促进学习的个性化和知识内化的交互反应，能将接受式学习和建构式学习的优点匹配结合。本文根据中央财经大学直播互动教学的实践经验，对基于网络直播的"同异步混合式互动教学"模式的应用路径总结如下：

（1）学生异步自学，总结学习过程中的难点。传统网络学习，学习者通过观看课程录播视频；以主讲教师为主的教学团队向学生发布作业，通过教学平台提供的答疑论坛或专门的答疑平台进行异步辅导。基于网络直播的"同异步混合式互动教学"，学生通过异步的录播视频及非实时互动教学活动，自学总结学习中的难点疑点，在网络直播的线上实时互动教学活动中向主讲教师提问或与其他同学谈论沟通，以解决异步学习中的问题。

（2）解决疑难问题，提高学习质量。基于网络直播的"同异步混合式互动教学"模式，支持学生通过直播平台提供的弹幕、随堂测验、实时聊天室以及实时视频1对1视频连线功能，解决自主学习过程中的疑点难点。主讲教师运用直播教学的方式为学生答疑解惑、训练技能以及展示学生的学习成果，进而纾解学生在异步网络教学中的学习孤独感，优化学生的学习路径，对学习情况不同的学生提供个性化的教学内容，进而提高学生的学习质量。

（3）回看"网络直播"，巩固自学知识。在直播教学后，学生通过对教学内容的反思和自查，巩固知识点。学生可通过观看直播的回放视频的形式，完成知识的内化以及学习方式的复盘和改进。

综合以上内容，无论网络教学还是基于网络直播的"同异步混合式互动教学"模式，其模式的设计和实施，关键在通过直播过程中师生和学生间的互动，提高学生自主性和积极性，促进教学目标的实现。

五、"网络直播"对同异步混合式互动教学模式的实施的质量保证策略

目前，混合式教学基于现代信息技术，融入直播平台，已经成为一种潮流。通过网络直播支持混合教学已经成为一种新兴的教学模式。鉴于此，本文通过对中央财经大学直播互动教学实践经验的总结，认为可通过以下路径，保障学生在网络直播互动教学中的自主性和实施效率。

（一）主讲教师的课堂展现是教学互动的关键

保证教学质量，关键在于提高教学过程中的互动参与度。网红直播，游戏直播以及一些娱乐性直播之所以能吸收大量的关注度，原因在于对传播学中观众精神兴奋点的把握和拿捏。因而，直播教学过程中，作为主播的主讲教师的课堂展现就尤为关键。仅仅照本宣科，解答既定教学内容中的知识，很难激发作为观众的学生的兴奋度。因此直播互动教学对主讲教师提出了以下要求：

（1）主讲教师增强直播过程中课程的表现力，直播过程中要有自己的特色和魅力以吸引学生的关注度和提高学生的参与度。

（2）直播教学对教师的知识储备有很高的要求，需要老师讲授知识能旁征博引，增强学生的学习兴趣并进行良性拓展。

（3）主讲教师要有远端学习者的意识，时刻保持学生和老师，学生和学生之间的互动，增加他们学习融入感和参与度。

（4）主讲教师要培养对学生学习效果的感知能力，及时根据学生的反馈调整教学节奏。

（二）即时更新，吸引浏览

组织直播教学的教学团队及课程运维团队应尽量利用现有网络教学平台和社交新媒体平台，实时更新网络教学平台视频课程资源，同时尽量利用微博、微信公众号等新媒体平台进行直播内容的发布和更新。保持学生的学习新鲜感，在推广优秀教学师资资源的同时，吸引更多的学生关注直播教学内容，提高直播互动教学的教学质量。

（三）制作课件，辅导教学

"网络直播"的混合教学模式中的教师要为学生制作质量高的课件辅导教学。

（四）鼓励学习，再促使参与

直播过程中教师应多给予学生鼓励，学生应该就教师优秀的课堂表现给予赞赏。师生之间形成良性互动，相互促进。

由此可见，教师在"网络直播"中采取措施，吸引学习者，增加参与度。在此基础上，再对教学互动环节的趣味性进行设计，不仅能增加学生的参与度，还能提高教学质量。

六、结语

基于网络直播的"同异步混合式互动教学"已经成为一种新兴教学模式，该模式基于"网络直播"，而直播互动教学实施需因时、因地制宜。它的推广、发展及具体学科的应用研究，需要我们根据学生特点、学科特色等因素加以实践与突破，在教育信息化发展进程中，更好地服务教育教学改革。

本文结合学习者实际，对于基于网络直播的"同异步混合式互动教学"，如何提高教学质量进行归纳并探索。其中对"网络直播"支持的互动教学内涵、特征、基本形式、与传统以录播为主的网络教学的区别，以及如何提高教学质量进行论述。但研究者对于"网络直播"支持的混合教学形式问题，尤其是特殊形式等方面没有深入探索，还需该领域研究者在实践过程中，在该方面做更多的探索及研究。

参考文献：

［1］中国互联网络信息中心（CNNIC）. 第 43 次"中国互联网络发展状况统计报告"［R］. 2019 - 2.

［2］大卫·库伯. 体验学习：让体验成为学习与发展的源泉［M］. 上海华东师范大学出版社，2018：2.

［3］刘佳."直播 + 教育"："互联网 +"学习的新形式与价值探究［J］. 远程教育杂志，2017（1）.

［4］陈向国. 浅论远程直播教学模式的利与弊——以成都七中网校为例［J］. 课程教育研究，2016（4）：51 - 51.

［5］李艳红，代晋军. 混合式同步学习的研究进展［J］. 中国远程教育，2019（4）：46 - 53.

常态化防疫机制下高校线上教学管理建议

——基于中央财经大学的实践探索

任丽蓉　　汪佳玥*

内容摘要： 2020 年新冠肺炎疫情防控期间，全国高校积极开展线上教学活动，本文基于对中央财经大学线上教学管理实践经验的总结和反思，探讨线上教学相较传统教学的亮点，突出线上教学"以学生为中心"的价值理念，并提出常态化防疫机制下，高校教学管理中如何以此次大规模线上教学活动为契机，促进信息技术与教育教学的深度融合，实现教育信息化变革。

关键词： 线上教学　以学生为中心　建构主义　教育信息化变革

一、引言

2020 年新春伊始，在党中央统一指挥下，一场防控新型冠状病毒肺炎疫情的总体战和阻击战在全国打响。2 月 4 日，教育部印发《关于在疫情防控期间做好普通高等学校线上教学组织与管理工作的指导意见》，要求高校积极开展线上授课和线上学习等线上教学活动，保证疫情防控期间教学进度和教学质量，实现"停课不停教、停课不停学"。各高校迅速行动，科学施策，全面铺开线上教学活动，扎实推进相关工作，打赢了这场抗击疫情的重要"局部战役"。

常态化疫情防控机制下，如何面对教育信息化变革，推进未来信息技术与教育教学的深度融合，值得研究。本文通过对中央财经大学线上教学管理实践的分析和思考，以期为线上教学研究和常态化防疫机制下高校教学管理提供参考。

---

* 作者简介：任丽蓉：中央财经大学教务处教学计划科，副主任科员，助理研究员。
　汪佳玥：中央财经大学教务处教学质量科，科员，研究实习员。

二、中央财经大学线上教学管理的实践探索

2020 年 2 月 17 日，中央财经大学春季学期正式开课，通过各种线上教学方式，开设课程 787 门次、1716 门次，授课教师 772 人，学生人数 8575 人。教学工作有序平稳运行，得益于学校、教学单位、教学管理部门、教学支持单位协同联动的工作机制和各项保障措施。

（一）统筹规划，确保线上教学顺利开展

学校对线上教学工作高度重视。早在教育部文件发布之前就在统筹安排，认真谋划可行的教学方案，并经多轮推演修订，在教育部文件发布后迅速召开党委常委会暨防控工作领导小组会议，专题安排部署疫情防控期间线上教学工作，要求相关部门和各教学单位积极动员师生，认真落实教育部相关要求，充分利用信息化教学手段，做好线上教学的组织管理、服务保障和督导督查，保证疫情防控期间教学进度和教学质量。

教学管理部门向全校教师、学生发布了《教务处致全体教师的一封信》和《教务处致本科同学的一封信》，阐述了线上教学工作的任务和要求，希望集全校之力，统一师生思想，凝聚共识，统筹推进线上教学工作。

在正式开课前两周，教学管理部门征集教师志愿者，进行教学平台测试工作，全面排查线上教学可能存在的风险和困难，制定线上教学应急预案，动态调整线上教学方式，并面向师生安排直播培训，发布直播学习平台介绍、疫情防控期线上教学注意事项及备选方案。

加强校院两级联动，学校组建了由教学管理部门工作人员、学院技术联络员、任课教师、学生信息员等群体组成的线上教学技术支持团队，形成了立体式的指导服务体系。教学管理部门全体工作人员下沉到教学一线，对各教学单位一对一服务，建设了各教学单位专属服务支持群，全天候在线为教师建课、教学互动、实施教学等答疑解惑，做到线上教学工作项项有落实，件件有保障。

（二）多措并举，做好线上教学服务保障

通过校内、校外协同，强化线上教学的技术支持，实现教务管理系统与超星平台的对接。开课第一天，受全国高校大范围线上开课影响，网络教学平台服务器压力剧增。为确保学校线上教学能够顺利开展，学校联系平台方紧急扩容，使

平台在经历短暂拥堵后迅速恢复正常。

为满足师生线上教学中使用教材的需求，学校联系了人大出版社、清华出版社、北大出版社、外研社、高教社五个出版社，向教师提供出版社开放的电子教学资源，最大限度保障线上教学质量与线下课堂实质等效。

根据数据分析，为缓解上午时间段教学平台的拥堵情况，学校根据课程实际情况，调整了一部分课程的上课时间，从上午时间段临时调整到下午，使得上课过程更加顺畅。

在按照课表时间开展教学的前提下，对留学生、外教等身在国外因时差问题难以执行课表时间的师生，或因条件所限无法在居住地正常参加网络学习的学生，学校采取"一事一议"办法，允许通过邮箱发送讲义和教材、一对一辅导等方式灵活组织教学，确保学习进度不受影响。

（三）鼓励创新，发挥优秀课堂示范作用

实施一课多策，加强过程管理，鼓励教师采用"基本平台（超星一平三端教学平台）＋备选平台（钉钉、腾讯会议、企业微信、Zoom 等）＋保底平台（QQ群或微信群）"多平台混合教学模式，做足备用方案。在授课形式上，采用录播点播、在线研讨、线上直播、校外优质资源引用等形式；在教学设计上，坚持"以学生为中心"的教学理念，强化过程管理，鼓励教师采用基于项目、问题、案例等研讨式教学方法开展线上教学，最大程度地激发学生学习的主动性和积极性。

发挥教学名师和优秀教学团队的示范引领作用。如北京市教学名师梁俊娇老师提出"任务点—发起讨论—作业—作业评析"的教学思路，根据教学平台统计板块的"任务点"完成情况随时了解学生的学习情况；发起多种形式的课堂互动，科学设计教学问题，巩固视频学习的效果；根据互动效果，增强课堂趣味性，形成延伸性的教学成果。北京市优秀教学团队《统计学》教学团队，围绕学生需求，量身定制线上教学方案，并在教学设计中融入"课程思政"理念，结合新冠肺炎疫情等社会热点问题，为学生准备丰富的阅读材料与主题讨论，组织学生参与，实现知识传授与价值引领同频共振。

鼓励任课教师教学方式创新，并在学校相关部门官方公众号推出"云课师说""停课不停教之教法大家谈"等专栏推送，打造任课教师线上教学经验的交流平台，将优秀的线上教学经验在全校范围内宣传推广，为教师线上教学提供案例参考，促进线上教学质量的提高。

（四）加强监控，不断提高线上教学质量

质量监控是线上教学的难点。在正式开学前，根据平台测试情况，学校对课程设计、课程资源、教学大纲、教学材料、考核方式、课堂纪律等可测量内容提出了清晰的要求，规范程序环节。

学校成立了由教学研究人员、教学管理人员、一线任课教师、教学督导组成的线上教学质量监控小组，全面参与质量监控，每天从教学平台后台获取教学数据，及时从各个渠道收集反馈的质量信息，保障教学活动的效率和效果。

为了解线上教学质量的总体情况，学校开展了师生线上教学情况调查，从线上线下教学效果比较、线上教与学评价、线上教学效果排名、教学平台满意度、自我效能认可度五个方面进行调查，通过查找问题，持续推进反馈改进，推动教学相长。

三、线上教学相较传统教学的特点

此次大规模的线上教学活动，利用了现代信息技术手段和网络资源，将信息技术与传统教学相结合，体现了现代信息技术教育的基本要义。与传统课堂教学相比，线上教学呈现出其独特之处。

（一）线上教学方式基本能够完成教学任务

传统教育观念中，只有师生同处一片时空下的面对面的教育才是真正意义上的教育，才能保证教学质量，而机器教学时空隔离，缺少真实交往，无法进行感情交流，所以无法保证教学效果[1]。现实中开放教育、远程教育、网络教育等教育形式的发展进程和教学质量，又强化了这种传统认知。然而，从中央财经大学此次大规模线上教学师生反馈的实际情况来看，线上教学的总体质量良好，师生满意度比较高，线上教学方式基本能够完成教学任务，甚至教学效果会更优于传统课堂。

以计算机和信息技术为主的智能教育迅速发展，线上教学模式下师生之间、学生之间可以随时随地在屏幕上可视可见，实现多方实时交流，同时还可以进行演示、虚拟仿真实验等。虽是虚拟场景，却能如同身临现实课堂之境，再加上如

---

① 夏春明，夏建国. 抗疫背景下高校线上教学的实践探索及改革启示［J］. 中国高等教育，2020（7）：19 – 21.

直播、录播、线上会议、录屏、慕课、微课等多种教学方式的选择和使用，更能够丰富教学形式，优化教学质量和教学效果。

虽然实践中在"被迫性"线上教学的情境下，部分课堂完成教学任务还存在一些问题和不足，但随着信息技术的不断发展和线上教学理念的不断深入是可以得到解决的。所以，从技术上来说，线上教学方式能够完成教学任务。

（二）线上教学可以增强师生互动性

传统教育观念认为，线上教学是冰冷的、无温度的。不同于传统教学中教学内容、教学进度、教学方式及教学效果等同时在一个物理时空中呈现，线上教学条件下，时空异动，师生教学活动以个体独立地面对屏幕的方式呈现，彼此情绪不能瞬间真实感知①。然而，从中央财经大学此次大规模线上教学调查问卷及平台统计数据来看，师生互动频率和踊跃程度超过了传统课堂教学。

之所以出现这样的情况，第一，是因为线上教学平台技术上普遍设置了问答程序和步骤，如果不解决此步骤问题就无法继续下一步骤的学习，这正是信息技术的先进之处。第二，从人的心理思维习惯来说，传统课堂教学互动需要应激性当众表达，容易造成心理压力，导致课堂教学经常出现沉默和冷场，而线上教学互动主要是通过文字传输来表达，借助书面语言，学生有更充分的时间思考和组织，学生参与互动的积极性和主动性会更高。第三，线上教学中，学生学习状况、提出和回答问题数量和质量，都能通过后台大数据及时反馈，教师可及时调整教学内容、教学进度和教学方法，有针对性地予以指导，这就有利于教师因材施教和学生个性化学习，激发学生参与教学的热情②。

（三）线上教学凸显"以学生为中心"的价值理念

传统的课堂教学，教师占据主导地位，课堂教学组织形式主要围绕教师来展开，教室作为主要的学习空间，其结构设计大多是从有利于教的一方来安排的。尽管近年来也有对课堂教学的各种改革，通过智慧教室、圆桌教室等学习空间的建设以及启发式、研讨式教学方法的运用，强调"以学生为中心"的理念，但效果并不明显。可以说，在传统的课堂时空内，没有有效的技术手段介入，推进教学改革，实现以学生为中心，可能有其结构上的先天不足。

而线上教学使"以学生为中心"的价值理念成为可能，学生是学习过程的主

① 刘振天. 一次成功的冲浪：应急性线上教学启思 [J]. 中国高教研究，2020（4）：7–11.
② 龚旗煌. 提升高校线上教学质量的方法与路径 [J]. 中国高等教育，2020（7）：4–6.

体，是意义的主动建构者，知识的获取不是通过讲授获得的，而是学习者在一定的情景下，通过主动的意义建构获得的①。信息技术不单单是教学的媒介，而是拓展了教学过程中的效果反馈和学习结果的评估等传统课堂所不具备的功能，学生被赋予了更多学习自主权，同时对学生自主性的关注又促使教师不断改变教的行为和习惯，形成一种师生建构式"教学相长"的状态。

线上教学最重要的是师生角色的转变，老师不是"知识的讲授者"，而是"学生探索知识的引导者"；学生不是"知识的接受者"，而是"知识的发现者"。网络上各类资源极为丰富，学生除了在课堂上，也在接触大量的信息，怎么教会学生把接触到的大量信息整合成自己的知识体系，这才是教学最根本的目的。

四、高校线上教学管理建议

此次大规模的线上教学活动，本是一场应对新冠肺炎疫情的"无奈之举"，但也为高校应用信息技术开展教学改革、优化教学管理提供了绝佳的、难得的历史性机遇。

（一）树立超前识变意识，主动提高应变和求变能力

当今世界，正在经历着一场以信息技术、互联网＋、大数据、云计算、人工智能为核心的第四次科技革命和产业革命，世界各国围绕这场革命展开了新一轮的高等教育改革，未来谁能够抓住机遇，超前识变和研究，主动应变和求变，就能取得相对竞争优势，促进高等教育新发展新飞跃，在新一轮高等教育变革中成为领先者。

提高应变和求变能力，要主动接受以信息技术和互联网为代表的新知识、新技术和新理念，提高驾驭和使用信息技术的能力与水平。常态化疫情防控机制下，高校应该继续巩固线上教学成果，持续深化现代信息技术教育，持续借力信息技术改造传统课堂教学，切实促进教学改革和提高教学质量。

（二）以线上教学为起点，实现信息技术与教育教学深度融合

教育信息化浪潮下，高校未来的教学改革应着力于促进信息技术与教学的深度融合，让信息技术成为教学改革的"助推器"，促进教学目标由知识传授为主

---

① 何克抗. 建构主义学习理论与教学模式［EB/OL］.（2016－12－03）https：//www. ruiwen. com/news/95. htm.

向知识创新为主转变，教学方法从单向传授为主向双向互动为主转变，教学主体从教师向学生转变，培养模式从"批量生产"向"个性定制"和"私人定制"转变①。

要以此次大规模线上教学为起点，寻求实体课堂教学与线上教学的有机结合点，推广线上线下结合的混合式教学模式，通过线上线下混合、课内课外互动，形成线下导学、线上自学、直播促学、全程评学的教学新模式，拓展教学时空，增强教学的吸引力与互动性。

（三）转变思路，建立健全混合式教学管理机制

线上教学过程中，"教"与"学"的内容和方式发生了变化，"教"与"学"的管理思路和方法也要随之调整。要利用信息技术的教学事务处理、教学监管、动态监测、评估评价、决策分析等功能，调整教学管理机制。

高校要做好线上和线下混合式教学的顶层设计，以在线课程的建设与应用为抓手，推进课程数字资源的引进、建设与应用；强化教师线上教学的培训，提升信息素养；科学设定教师教学质量评价指标体系，鼓励教师使用现代教育技术进行授课，推进高校教育教学的现代化；科学设定学生学业评价指标体系，合理利用大数据技术，全面、科学、动态地进行学生学业评价，真正实现落实立德树人根本任务。

参考文献：

［1］夏春明，夏建国．抗疫背景下高校线上教学的实践探索及改革启示［J］．中国高等教育，2020（7）：19－21．

［2］刘振天．一次成功的冲浪：应急性线上教学启思［J］．中国高教研究，2020（4）：7－11．

［3］龚旗煌．提升高校线上教学质量的方法与路径［J］．中国高等教育，2020（7）：4－6．

［4］薛成龙，李文．国外三所大学线上教学的经验与启示［J］．中国高教研究，2020（4）：12－17．

［5］何克抗．建构主义学习理论与教学模式［EB/OL］．（2016－12－03）．https：//www. ruiwen. com/news/95. htm.

---

① 薛成龙，李文．国外三所大学线上教学的经验与启示［J］．中国高教研究，2020（4）：12－17．

提升线上教学有效性的对比研究

——基于在澳大利亚开展线上教学的实践经验

孙　瑾①

内容摘要： 2020 年，为了应对新冠肺炎疫情对高校正常课程教学带来的挑战，海内外纷纷开展线上教学活动，利用在线教育平台和资源完成网络教学。结合疫情时期的海外线上教学经历，本文对国内外线上教学在课程设计、课程考核、学生教学诉求和教学效果评价方面进行了比较研究，并分析了导致国内外网络教学差异的原因，最后从差异中充分总结了线上网络教学的经验，包括网络教学要充分设置交流环节，保证学生参与度；要细化教学设计，保证教学效果和产出；要设置更多的教学延伸内容；要实现课程内容形式的多样化和课程考核形式的多样化。

关键词： 线上教学　海外教学　网络课堂

一、引言

2020 年特殊的疫情时期，我不仅经历了从线下到线上的教学改革，还经历和完成了国外和国内两个不同环境、不同学生、不同形式、不同软件的线上教学任务。2020 年 1 月底，根据国家孔子学院总部函件，作为孔子新汉学计划"理解中国"赴外学者，我赴澳大利亚维多利亚大学（VU）商务孔子学院授课，为国际留学生全英文讲授两门课程，分别为研究生的"Trade and Investment in Asia"和本科生的"China in the World Economy"，每门课为 48 学时，每周上三次课，每次课三个小时。3 月份澳洲受疫情影响全部转为线上直播授课，我积极学习网络教学 Zoom 软件，准备网络授课的教学材料，每天参与 VU 的线上教学

---

①　作者简介：孙瑾：中央财经大学国际经济与贸易学院，副教授，研究生导师。

培训与研讨交流会议。我于 4 月底回国，在这之前我就开始学习学校超星平台的教学软件，进行录播授课、线上答疑和期末考试，完成学院《世界经济概论》后半学期的教学任务。本文重点将我在海外线上教学的收获与体会进行经验总结和比较研究。

二、网络教学课程设计（lesson plan）

澳大利亚不论是线上还是线下课程，整个学期课程开始讲授前就要做好所有的课程设计（lesson plan），提前一周发到网上，让学生们清楚地了解这学期这门课程每周上几次、什么时间上、每周讲授什么内容、有哪些需要提前阅读的学习资料、有哪些课后作业等。具体来说，首先，要设计一个一页纸的课程大纲，包括三部分，一是每周上课的时间（查阅校历看是否有假期不上课的一周标注出来）；二是每周上课讲授的主题或章节内容，这些内容前后之间要连贯，有逻辑性，符合课程整体目标要求，满足所授课学生年级特点；三是教学效果以及让学生掌握哪些知识点。其次，根据总体课程大纲，给出每一周课程的详细设计方案，比如三个小时的课程，按时间划分具体内容：上课的前 15 分钟有哪些活动，如复习上节课内容、讨论思考题或者热点问题、让学生们分享留的视频观后感想等，45 分钟讲授本周 PPT 内容，无论是线上录制的 PPT 讲解还是面授都要提前把所有 PPT 上传到系统上，让学生们知道这部分 PPT 的主要内容，以及要达到的学习效果（learning outcomes），30 分钟大家讨论或者大家做计算题或者大家找数据等，45 分钟老师继续讲授本章第二个 PPT 内容，15 分钟观看相关内容新闻报道或者专家评论，30 分钟阅读文献或者最新国际组织、行业研究报告并进行讨论。这是三个小时课程的总体规划，老师们自己写清楚设计好。最后，是课前和课后教学安排（Pre-class activity and Post-class activity），课前有什么需要学生提前阅读或者准备的，如果有要列出来并把相关资料上传到系统上，给出详细的出处；课后有什么需要学生查阅或者继续学习的，如果有也需要标注上，并说明是否算在课程成绩考核里，如果不算在成绩里，是学生们自愿的补充阅读或学习，还是每个人都必须要做的并且下周上课前要大家讨论发表意见的，都要说明清楚。

国内的课程设计要求相差不大，但是线上授课后，课程设计明显比原来线下授课更加细化了，因为学生不能坚持很长时间看教学视频，容易精力不集中，所以我们需要把课程设计细分到不同的单元，每一部分设计在半个小时左右。另外之前国内线下授课不太重视课后阅读，也很难放到期末考核里，但是线上授课后，布置课后阅读和学习材料也比较流行了，学生们不是面授时的灌输式学习，更多的是自主式学习，主动性和参与度大大增加。

三、网络教学课程考核

网络教学的课程考核设计是非常重要的，是保证学生一学期的学习效果的重要方式，也是学生最关心和在意的问题，所以在授课前的一周配合教学计划方案、教学内容和目标，同时要把考核方法、考核次数、考核的具体要求写清楚并发到网上。以我在澳大利亚讲授的两门课程为例，课程一共设计了四次考核，一是小测试，二是文献综述报告，三是案例分析，四是最终报告。每次所占的比重写清楚，给出四次考核具体要求的四个详细文本（考核 1 测试和开放性问题，考核 2 文献综述报告，考核 3 案例介绍，考核 4 最终报告），每个文本包括：截至提交的时间，所占总分 100 分的比重，字数要求，考核的背景和目的，考核对应的课程学习产出，完成形式（个人完成还是小组完成，几个人一组，提交什么版本如 word，PDF，PPT 等），具体完成内容，如果是报告，开头写什么多少字，主体写什么多少字，结尾写什么多少字；如果是案例分析，提交案例的报告是什么要求，小组演讲什么要求，演讲完的自我反馈和其他小组对你的反馈是什么要求，都要有详细的指导和说明。还要给出评分标准的参照表格（Rubric Points Guide），一般 100 分分为五档，这五档给分分别对应的表现和具体要求都有详细的说明。

最重要的是这个过程中所有的考核老师要尽快给出学生们表现的成绩和反馈，反馈可以是课堂上或线上口头的反馈和评价，也可以是书面的有具体建议的反馈和评价，通过邮箱或者其他渠道发给学生。

四、中、澳学生教学诉求差异

我在国外授课过程中，注意中外高等教育中的"教"与"学"的比较研究，发现中国学生和澳大利亚学生的课堂差异较大的原因主要是学生的发展规划和经历不同。澳大利亚的硕士学生一般都有几年以上的工作经历再来读书，所以对课程所讲授的内容是否对自己未来职业发展有益有着清晰的认识和判断，课堂想要学习到什么技能一开始就有明确的目的，对整个课程的教学产出和评价方法非常重视，即便是本科生从大一开始就有兼职（part-time job）的经历，企业给本科生提供兼职或实习的机会可以享受一部分税收优惠，这样本科生也有很多真正的实践，所以即便是本科生也有以上研究生的特点。相比之下，中国的本科生大多数目标是要继续读研，硕士生也很少有工作经验，这就决定了中国的学生课堂更注重理论知识的学习，而澳大利亚的学生课堂更注重实践与案例知识的学习。中国学生学习基础扎实，之后再结合工作经验和企业培训达到理论与实践相统一，澳大利亚学生课堂上能分享很多自己的实践经验和感受，但是理论模型、文献阅读能力相对薄弱，需要不断积累，不断回到学校充电，并且回到学校学习的目标还包括社会交往、人脉扩展、打破职业瓶颈等多重诉求。

所以虽然从线下转到线上教学，利用 Zoom 软件中的随机分组讨论功能可以较好地实现澳大利亚课堂的小组学习、讨论与演讲，这也一直是非常受欢迎的教学模式，而中国课堂的数据分析、理论逻辑以及研究方法等较为受学生欢迎，在线上教学中，更多是在视频中推荐更多的数据库、阅读书籍，进行理论模型的推导等讲述。可见，在线上教学中需要把两者进行融合，可以取长补短，让中澳两方的学生都获益更多。

此外，国内外学生的课堂参与度也不同。澳大利亚学生课堂上是非常喜欢提问题以及回答问题的，即便回答问题并不纳入考核里，他们也非常积极主动，所以课堂讨论占用的时间还是比较多的，澳洲的课堂完全的线上教学效果不如线下面授效果，有些需要工作的学生时间非常紧，喜欢线上自由的学习时间和空间模式，即便这样面授包括答疑也要占整门课程 1/3 的时间，所以大部分课程是两种方式相结合的；中国目前受疫情影响，所有学校只能采取线上的形式，却也是一次非常好的教学改革契机，让教学的形式更加多样化，线上教学的很多内容要呈现在网上反映授课规划内容和教学效果，而非只是课堂上老师随意的发挥，这样也是保证教学质量的多维补充。

五、网络教学效果评价

中国学生整体上非常努力的，课后愿意用大量的时间来学习，但是需要老师给出明确的指导，自主学习能力还有待提升，这种情况下，利用网络教学系统或者微信群或者一些其他软件，给出学生明确的学习任务包括查找数据、阅读资料报告或者文献等是对所学内容很好的巩固，也是对学习能力提升较有效的途径，并且教学质量评价部门能够清晰地看到老师精心布置的任务和学生的训练情况，这是非常好的方式，对于以往中国学生期末背完、考完试学习内容全忘记的现象是一次较好的改革。

另外，教学效果的评价复盘工作也是非常重要的，和企业做完一个项目进行复盘是一样的道理，每年讲完一门课程，来年如何改进，还是要多听听学生们的意见，澳大利亚这边的学院院长每学期会开会专门讨论复盘一次，主要还是搜集学生客观的反馈意见，对于来年如何改进、如何取长补短会有一个整体规划。

以我在澳大利亚讲授的两门课程为例，学院组织行政老师进行意见访问和沟通，搜集学生信息反馈。反馈意见在学院例会上进行总结，对于我的线上课程的反馈是：老师在课程中设计了很多讨论问题，循序渐进，学生们感觉豁然开朗的是他们讨论的结果在下一页 PPT 的讲述中就得到了答案，既启发了他们自己的思考跟上老师的教学思路，也得到了正确的认知和答案。在课程中老师不仅只是讲中国的经济、贸易和投资，还让学生们结合自己国家的情况和案例来讨论和分享，这样学生们通过自己所在国家的经验和中国进行对比，分析总结出中国发展的优势和中国模式值得学习的地方。课程提供大量的数据、图表，不是意识形态的授课，而是用科学的数据来授课让学生们信服，数据可以更新，老师提供给学生数据库来源，让学生们获得很多分析能力并且可以用到其他课程的演讲报告准备中。我自己也要根据这些反馈形成一个总结报告，学院也会加强宣传，这样可以吸引更多的学生下学期选修这门课程，形成一个良性互动。

事实上，除了教学效果的整体评价复盘工作，在维多利亚大学商务孔子学院每周例会上，每个老师都需要自己总结一下这周的授课内容和心得，和同事汇报并听取好的建议和经验，这是非常受益的，商务孔子学院的外方院长和中方院长除了听老师自己总结，还会搜集学生客观的反馈意见，对于未来如何改进课程会形成一个整体规划。

六、总结

关于海外网络教学的经验初步总结了以下五点，包括网络教学要让学生有参与度，跟上上课的节奏，设置交流环节；线上教学并不轻松，更要细化教学设计；教学要有更多的延伸内容；线上教学内容形式要多样化；同时课程考核形式也要多样化。

一是线上教学课堂分组讨论效果较好，要充分地让学生讨论交流。利用 Zoom 软件的小组讨论（group discussion）功能，可以根据班级总人数设置分组讨论的组数和每个小组人数，这个功能可以充分调动学生的积极性，让学生跟上教师的授课节奏，让他们自己多思考并充分交流，授课老师也可以自由进入每个小组再退出进入主屏幕，可以引导小组讨论并进行总结。

二是线上教学要和最初的课程设计一致，保证教学效果和产出。线上教学单元要和发在教学平台 VU Collaborate 上面的内容相对接，整门课程的教学设计是授课老师和学院领导以及学校主管教学部门，还包括历届学生反馈多次讨论交流达成的总体方案，并且每个单元讲什么，前后衔接的逻辑，培养学生哪方面的能力，给学生提供哪些书籍参考资料都是比较清晰的，所以线上教学要按照课程设计进行，保证学生的学习产出和相应技能的提升。

三是坚持课前、课中、课后授课内容框架。课前给学生提供相关资料，让学生提前阅读，了解授课内容的相关信息，课中是授课的核心，课后给学生布置相应的资料，总结当前所学的内容，并为下次学习做好储备。这是澳大利亚一直倡导的教学内容框架，但是我也和当地澳大利亚教师进行过相应的交流，就是课前、课后的活动很多并不算在课程期末考核的成绩里，所以澳大利亚的学生其实很多也不完成课前和课后的任务，澳大利亚的教师也不能强迫他们。不过授课教师还是要坚持做好课前和课后的资料发送工作，因为毕竟有一些认真的学生对知识如饥似渴，他们希望学到更多的内容获得更大的收获，只要有一个学生坚持阅读和完成任务，这也是作为教师的成就。

四是利用各种资源和活动达到授课效果。包括（1）阅读资料，如课前课后提供的期刊文献、报告资料等；（2）视频，如 YouTube 上的视频，给出视频连接，学生可以根据课程内容和知识点观看相应的视频资源；（3）演讲，让学生们实际演练；（4）学生反馈；（5）学生讨论；（6）布置任务；（7）Linkedin 资源；（8）HSP 资源。其实这些资源国内授课教师也是经常使用的，就是通过多种形式达到较好的互动和效果。

五是课程考核形式有所改变，因为是线下改线上，期末考试没有教师监督，所以以往的那种测试试题要减少，而学生的课堂交流、解决问题和团队合作所占的考核比重要有所增加，考核形式可以更加多样化。

总的来说，疫情当前面临危机，而危机也是存在很多机遇的，对于教师和学生来说，无论是在国外还是国内上课，无论是线下还是线上的形式，多渠道提升自己，拓展新的方式、总结新的经验，在后疫情时代会有更大的收获。

参考文献：

[1] 焦建利，周晓清，陈泽璇．疫情防控背景下"停课不停学"在线教学

案例研究 [J]. 中国电化教育，2020（3）：106 - 113.

[2] 邬大光. 教育技术演进的回顾与思考——基于新冠肺炎疫情背景下高校在线教学的视角 [J]. 中国高教研究，2020（4）：1 - 6，11.

[3] 杨金勇，裴文云，刘胜峰，张东淑，张湘，姜卉，姜莉杰，于瑞利. 疫情期间在线教学实践与经验 [J]. 中国电化教育，2020（4）：29 - 41.

[4] 谢火木，刘李春，陈移安. 疫情背景下高校线上教学的思考 [J]. 中国大学教学，2020（5）：57 - 60.

[5] 陈实，梁家伟，于勇，孙艺倩，王润兰，曲馨，李烁. 疫情时期在线教学平台、工具及其应用实效研究 [J]. 中国电化教育，2020（5）：44 - 52.

因"课"施教，以"生"为本

——疫情期间线上教学反思

张　梅[*]

内容摘要： 抗击新冠肺炎疫情期间，为响应教育部"停课不停教、停课不停学"的要求，学校以超星平台及移动端学习通 App 为工具，开展线上教学，保证了教学计划的有序进行。笔者所负责的 3 门课程分别采用录播、工作坊、直播授课的形式完成了教学任务。疫情期间的在线教学作为师生共同的新挑战，一方面，需要教师依据课程本身特点，选择合适的教学方式，做到"因课施教"，从教学准备、教学设计、教学过程组织等方面保障教学效果；另一方面，需要体味和琢磨学生居家隔离的心理规律及变化特征，以学生认知和情感需求为出发点，做到"以生为本"。未来线上教学应以疫情期间线上教学新特点、学校的学习平台管理经验、教师的教学经验、学生学习习惯养成为出发点，有序进行。

关键词： 疫情　在线教学　课程　教师　学生

一、引言

2020 年一场突如其来的新冠肺炎疫情，改变了人们的生活，造成了严重的影响。为减少人员流动造成的交叉感染，教育部决定推迟 2020 年春季新学期开学时间。学校依据《关于在疫情防控期间做好普通高等学校在线教学组织与管理工作的指导意见》的要求，[①] 依托各级各类在线课程平台开展了线上教学，保证了 2019～2020 年第二学期教学计划的有序完成。本文基于 2020 年春季学期疫情

＊ 作者简介：张梅：中央财经大学社会与心理学院，副教授，硕士生导师。

① 教育部应对新型冠状病毒感染肺炎疫情工作领导小组办公室．关于在疫情防控期间做好普通高等学校在线教学组织与管理工作的指导意见 ［EB/OL］．（2020 – 02 – 04）．http：//www. moe. gov. cn/srcsite/A08/s7056/202002/t20200205_418138. html.

期间教学实践，以 3 门不同类型课程的教学经验为基础，对线上教学进行了总结和反思。

二、以疫情期间线上教学新特点作为教学设计出发点

线上教学的顺利开展首先需要教师进行精心的教学设计，这需要以认清疫情期间的线上教学特点为前提。早在 2003 年的 SARS 期间，各高校、机构已经开始尝试使用在线手段进行教学，17 年后，新冠肺炎疫情居家隔离期间的在线教学与之相比，具有如下新特点：

（一）即时交互是新时期教学设计的出发点

2003 年非典期间的教学，与疫情后教育部启动的精品课程建设一样，主要采用教师授课音像挂在网上供学生学习的方式，是一种单向知识的传播，学生和教师几乎没有交互。[①] 近年来信息技术的飞速发展，促使疫情期间的线上教学通过微信群、钉钉和腾讯会议等移动平台、哔哩哔哩和抖音等在线直播平台多样化地展开，突出表现为即时互动特点。因此，师生隔屏互动状况成为教学设计的重要出发点和教学效果的重要衡量指标。

（二）线上教学更易"状况频发"

线上教学对授课平台性能要求极高，但网络环境却存在极大的不稳定性。2020 年 2 月 17 日，清华、北大等多家高校按原计划复课，但令人没想到是课堂派、雨课堂和学习通等多款在线教育软件崩溃，"学习通崩了"直接冲上微博热搜。[②] 此外，学生和教师由于硬件、WIFI、学习环境等因素很容易出现直播中卡顿、失声、背景出现杂音等问题；也会出现因居家生活节奏打乱出现学生不能按时参与课堂等情况。针对这些可能存在的意外，一方面，教师教学设计时需要做好备份教学计划；另一方面，学生需做好心理准备，冷静应对，防止过激反应，影响学习效果。

---

① 杨海军，张惠萍，程鹏 . 新冠肺炎疫情期间高校在线教学探析［J］. 中国多媒体与网络教学学报（上旬刊），2020（4）：194 – 196.

② 郭虹 . 新冠肺炎疫情下"服装结构设计"课程的在线教学［J］. 纺织服装教育，2020，35（4）：343 – 346.

（三）学生在线学习极具随意性并伴随多任务切换

由于疫情期间居家隔离生活具有随意、行为隐蔽等特点，经过观察并与学生交流，不论是录播课程还是直播课程，发现学生普遍存在随时随地学习、中断学习进程的碎片化知识接收特征；也存在学习中注意力不集中，极易产生在一边听网课，一边聊微信、接打电话、与人聊天甚至打游戏等多任务切换行为。考虑到学生上述学习状态，一方面，需要教师在教学设计中保证提供足够丰富的信息量，并注重趣味性以激发学生学习兴趣并提高其持续性注意的水平。另一方面，教师需要加强学习进程的监督和管理，培养学生养成良好学习习惯、遵循课堂规范。

三、不同类型课程开展过程及反思

疫情期间，本人按照教学计划，先后开设了《市场与用户研究》《用户体验》《市场调查方法》3门不同类型的课程，下面结合每门课程的实际开展情况，从教学准备、教学设计、教学进程、教学效果等方面进行反思和总结。

（一）录播课注重知识系统化设计

《市场与用户研究》是第一门开设的课程，采用了"超星学习平台录播＋微信课堂管理"的形式来开展教学。

在教学准备方面，由于是疫情期间第一门开设的课程，师生互动渠道搭建和学习平台熟练使用是本阶段需要突破的重点。在教学平台的使用培训方面，学校提供的超星平台使用手册，使用视频培训都讲解得特别清晰，技术上掌握起来难度不大。但挑战较大的是平台本身的不稳定：教学过程中不同程度出现了课件上传失败、上传后学生端无法显示课件的问题，此时提前建立的微信群就显得尤为重要了。通过微信群，可以随时依据这些突发状况，及时与学生进行沟通，并通知和组织开展预备教学方案。

教学设计上，注重结构化和应用性。考虑到疫情期间知识学习碎片化、学生注意力容易转移的特征，结合课程应用性强的特点，本课程设计时采用了将知识点"化繁为简、案例统一"的方式。例如，在讲解"使用性测试"这一知识点时，改变传统讲解策略，直接以"forkopolis.com网站"案例为例贯穿"定义用户""创建任务"等步骤，让学生从案例中学习并掌握这一知识点。此外，课程设计中，将知识讲解和课堂练习的比例控制在 5 : 4，使学生在课堂内便将知识点充分掌握和应用，并利用录播课可以随时暂停、回看的特征，将知识点严格结构化以适应学生碎片化学习特征。每次课（共 90 分钟）的教学设计和流程如表 1 所示。

表 1　　　　　　　　《市场与用户研究》90 分钟的教学设计要点

时长	教学目标	内容设计	开展形式
开课前 5 分钟	增加仪式感和主动性	平台签到	平台发通知
1 ~ 10 分钟	旧知识激活 新知识准备	作业讲解 重点知识复习 提问反馈	音频录播 随堂测验
40 ~ 60 分钟	知识掌握	讲解 3 ~ 5 个知识点	音频录播
30 ~ 50 分钟	知识巩固 应用训练	随堂测验 案例分析 开放问题	平台讨论 平台测验 平台作业

教学效果上，一方面，从知识掌握和课堂参与的角度进行衡量，并依据相应效果反馈灵活调整教学设计。由于教学设计中针对每个知识点设置了测验和练习，利用超星平台提供的统计数据分析学生任务点完成情况、测验完成时间、正确率等指标即可对每一次的教学效果进行反馈。例如，学生在超星平台进行"自身市场调查或用户研究经历及感悟"的讨论内容翔实，但也表现出一个特点：他们并不是课堂内回复，而是陆续回复。这便启发后续教学设计可继续采用这种形式的讨论，但注意不能作为课堂环节的一部分，而适合作为课后作业。另一方面，通过中期考核和期末考核予以体现。由于是实践性较强的课程，中期的作业设置为"市场调查方案设计"，综合考核学生对所有讲述的方法和理论的掌握程度，同时降低期末考核难度，采用线上考核的方式，重在考核知识点掌握。

（二）工作坊重视教学准备和临场感

《用户体验》是《市场调查与用户研究》课程的延续，通过外请讲师开展的工作坊，采用了"腾讯会议 App 直播 + 微信讨论"的集中授课形式开展。

在教学准备方面，由于已经开课一段时间，教学平台和微信群互动平台使用师生均已熟练，可作为集中授课的辅助工具。此阶段准备的重点在于外请教师熟悉直播平台操作和特点。考虑到直播稳定性、操作简易性尤其是学生熟悉性等要素，任课教师与外请教师协商后选定"腾讯会议 App"作为直播平台。开课前，一方面，提前通过超星平台发布工作坊开设时间、外请导师介绍、教学大纲等内容；另一方面，更重要的是通过超星平台和微信群收集学生关于教授内容的疑问或建议，将其与学生背景等信息提供给外请讲师。此外，还通过介绍课程的意义提高学生学习动机，保障现场教学互动积极性。

教学设计是工作坊教学准备的重点，关乎工作坊能否顺利开展。通过分别与学生和外请导师进行沟通，设定了如下教学模块的方案（如表 2 所示），遵循"知识讲解 + 小组实训 + 汇报点评"的授课思路。

表 2　　　　　　　　　　　《用户体验》整体教学模块设计

教学模块	教学目标	内容设计	开展形式
签到	增加仪式感和主动性	平台签到	平台发通知
模块 1	了解所学用户研究知识在公司中的应用	介绍工作职能、薪资、职业发展等内容	教师直播提问互动
模块 2	用户研究方法专项讲解	产品评估需求挖掘	教师直播提问互动
模块 3	研究方法应用实训	分小组完成一份独立的用户研究报告	课下分组完成
模块 4	教师对实训的点评指导	分小组汇报学生互评教师点评	直播平台学生汇报、学生教师点评
模块 5	学习反思巩固	报告完善课程反思	期末论文

教学开展过程中，线上工作坊的重点是体现"社会临场感"（social presence），它是指在利用媒体进行沟通的过程中，沟通双方能相互感受到对方存在的程度及与对方联系的感知程度（Short, Williams & Christie, 1976）。[1] 考虑到互联网带来的隔离影响了学生和老师、学生和学生间的沟通，难以建立学生和老师的信任感和亲密感;[2] 以及中国课堂中普遍存在着教师"一言堂"而学生沉默

---

[1]　SHORT, J., WILLIAMS, E., and CHRISTIE, B. The social psychology of telecommunications [M]. London：Wiley, 1976.

[2]　薛艳肖，徐润森. 互联网在线教学效果改善策略研究 [J]. 中国教育信息化, 2020, 13：20-25.

的现状，① 创立了"教师随机提问诱发群体思考和讨论"的方法，具体实施过程为：针对某一个开放性问题，教师随机让 1~3 名学生"开麦"回答，随后鼓励学生自由回答或质疑，或继续选择 1~3 名学生进行回答，以达到教师了解学生想法、引发学生不同视角的思考、增加课堂参与的效果。为了临场感的增加，不论讲课的教师，还是回答问题的学生均需要"开视频、开麦克"。

工作坊的教学效果一方面通过课堂表现进行衡量，另一方面通过每节课录屏课程平台回放量，以及期末考核来体现。通过上述准备和设计，线上工作坊取得了良好效果，不仅学生在课堂可以流利回答老师的提问，还能针对其他同学的提问进行补充或质疑，也能展开小组的简单在线讨论；此外，在期末提交的用户研究报告经过教师的点评、指导后，修改较为认真和到位，提交的课程反思反映出学生不仅表达了对工作坊的满意度，还认识到了自己的短板和努力的方向，甚至有些学生据此确立了职业规划。

（三）密集直播课需重视教学互动和抓住学生注意力

《市场调查方法》是下届小学期复课的实践课，基于上述两门课程的开展经验，采用腾讯会议 App 直播 + 超星平台课堂管理 + 微信群讨论的形式予以开展。

教学准备方面，由于整整一学期的课程已经让学生对网课轻车熟路，甚至已不同程度地产生了倦怠，教学方式本身很难引起新鲜感和兴趣。但是，作为小学期开设的课程，需要在 1 个月完成所有教学计划，几乎每天都要上课。因此，课前教学准备的重点应放在教学内容的设计上，以达到紧抓学生注意力和提升学习效果的目的。为此，需要从课程特点和学生学习心理的现状出发，认清其规律，最终设计思路如表 3 所示。

表3　　　　　　　　　《市场调查方法》一学期教学设计思路

总体设计思路	围绕"开展一项市场调查"展开所有知识讲解和实践训练
8 学时	市场调查基础知识讲解：绪论，开展流程、调查方案设计
4 学时	分小组汇报和讨论市场调查方案
18 学时	各类定量、定性市场调查方法精讲
调研环节	课下分组完成
2 学时	市场调查方案

---

① 时广军. 课堂场下的学生沉默：诱因与对策 [J]. 北京社会科学，2020（7）：110–118.

首先，作为实践课，必须每节课都要有线上"实践"环节，这既是实践课、方法课的应有之义，保证让学生体验到虽是线上课，实践部分并未"打折"，又可以提升学生的学习投入感和兴趣，保证其注意力一直"在线"。为此，教学设计时，从第一次课便公布本学期的实践目标——完成一项市场调查，并将其与每部分的教学内容相结合，逐步完善调查方案，直至正式开展。

其次，作为每天要上的课，为避免枯燥，提升学生专注力，必须重视线上互动。这需要每次课都通过针对每种市场调查方法设置合适的师生、生生互动环节。第一，在课程讲述中设置讨论问题。例如，在"市场调查绪论"一章中第一节课便设置了"你认为什么时候不适合进行市场调查？"的讨论问题，它可以通过随机点名结合自愿回答方式进行，这时学生基本能说出大部分答案，教师稍做补充即可；也可以通过提前分好的学习小组，在组长的主持下进行讨论。第二，采用案例分析和讨论。例如，对于"市场调查过程"这一章的内容，通过课下观看案例视频，第一节课针对提前布置的诸如"文中共进行了几次市场调查，分别是什么？""堪萨斯工程为什么失败"等问题分小组进行讨论，教师点评。第二节课再结合案例讲解涉及的知识。第三，采用学生表演的方式。例如，在讲解"深度访谈法"一章内容时，通过两组学生组队自拟主题进行"5分钟微型访谈表演"供所有学生观摩，然后针对"深度访谈法的流程如何设计？""刚刚的访谈哪些地方可以改进？"等问题进行分组讨论，通过讨论将知识点蕴含其中，教师予以点评、补充。

在教学开展环节，由于师生均无集中授课经验，需要依据学生的心理需求和教学效果随时调整互动方案。首先，针对学生早上的课程无法准时进入 App 的问题，采用课前 10 分钟微信群提醒 + 平台打卡的方式进行双重提醒。其次，针对课堂互动限于教师与某个被点名学生一对一互动的局限，发挥小组作用，在组长的带领下实现生生互动，甚至组组互动。再次，为了增加临场感，开始所有回答问题的学生均需开麦开视频，师生熟悉后，依据他们表达的实在不想开视频的心理需求，去掉这个限制，学生回答问题的积极性得到了提高。

教学效果的衡量一方面，可以通过直播过程中学生的问题回答判断知识掌握，通过直播中的问题讨论判断应用能力，还可以通过互动的积极性判断学习情绪和注意力情况；另一方面，通过市场调查方案的阶段作业、期末分组调查汇报完成情况查看；此外也可辅以课中和课下学生提问和意见反馈予以评估。

（四）线上教学小结及未来实施建议

疫情期间的线上教学对教师和学生都是一次全新的体验，经过一学期的锻炼，现已形成了独特的学习习惯，下一步在师生共同总结提炼相应经验、教训的基础上，应充分利用这种"学生随时随地学，教师随时随地教"的线上教学优势，常态化开展。

本人疫情期间的教学在"因课施教、以生为本"的教学指导原则下，顺利完成了3门课程的教学任务，针对课程实施过程的分析，以及以往线上教学的研究。①②③ 将线上教学划分为课前准备阶段、课中录播/直播阶段、第二课堂完成以及贯穿其中的课中教学管理和反思4个阶段用以指导未来教学的开展。每个阶段的教师和学生任务如图1所示。

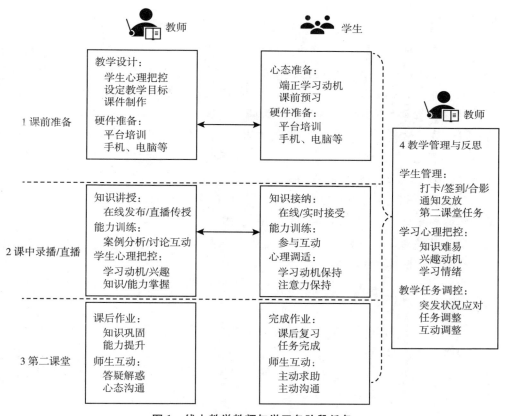

图1　线上教学教师与学习各阶段任务

①　郭虹. 新冠肺炎疫情下"服装结构设计"课程的在线教学 [J]. 纺织服装教育，2020，35（4）：343－346.

②　马琳，刘海燕. 基于云课堂混合式教学模式的探讨研究 [J]. 智库时代，2018（38）：183－184.

③　朱海波. 新型冠状病毒肺炎疫情防控期间在线教学的实践与思考 [J]. 陕西教育（高教），2020（7）：50－51.

以一线教师的视角，下一阶段若开展线上教育，应注意如下几个方面的问题：（1）重视硬件建设。线上教学易"掉线"，教学平台应加强突发情况的应急处理，并设置紧急联络员随时在线解疑，并做好师生突发状况预警和应对策略培训。（2）提升教师线上教学素养。可开展相应讲座、培训，让教师明晰线上和线下教学区别，掌握线上教学技巧，尤其是提升教学设计的能力。（3）重视学生线上学习心理，提升教学效果。对学生线上学习的真实心态开展问卷调查，并重点辅以访谈，总结规律，发现问题。

参考文献：

［1］教育部应对新型冠状病毒感染肺炎疫情工作领导小组办公室．关于在疫情防控期间做好普通高等学校在线教学组织与管理工作的指导意见［EB/OL］．（2020 - 02 - 04）．http：//www. moe. gov. cn/srcsite/A08/s7056/202002/t20200205_418138. html.

［2］杨海军、张惠萍，程鹏．新冠肺炎疫情期间高校在线教学探析［J］．中国多媒体与网络教学学报（上旬刊），2020（4）：194 - 196.

［3］郭虹．新冠肺炎疫情下"服装结构设计"课程的在线教学［J］．纺织服装教育，2020，35（4）：343 - 346.

［4］SHORT, J., WILLIAMS, E., and CHRISTIE, B. The social psychology of telecommunications［M］. London：Wiley, 1976.

［5］薛艳肖，徐润森．互联网在线教学效果改善策略研究［J］．中国教育信息化，2020（13）：20 - 25.

［6］时广军．课堂场下的学生沉默：诱因与对策［J］．北京社会科学，2020（7）：110 - 118.

［7］马琳，刘海燕．基于云课堂混合式教学模式的探讨研究［J］．智库时代，2018（38）：183 - 184.

［8］朱海波．新型冠状病毒肺炎疫情防控期间在线教学的实践与思考［J］．陕西教育（高教），2020（7）：50 - 51.

大学生财经素养通识教育课程在线授课的方法与效果

于泳红　孙　铃　张红川*

内容摘要： 财经素养教育是大学生通识教育的重要组成部分，但目前在国内高校中开设得并不普遍。《财商训练营》是一门以提升大学生财经素养为目标、具有较强实践性的通识教育在线课程。通过学科交叉的内容设计和丰富的在线教学活动，实现了培养学生树立合理财富观念、建立理性财经行为的教学目标。在未来的教学中，希望通过更深入的教研工作，进一步完善课程设置、提升教学效果。

关键词： 财经素养教育　在线教学　实践教学　通识教育

一、引言

我国公民对经济活动参与的广度和深度都与日俱增，公民的财经素养问题成为政府、研究者、银行业等关注的重要内容。辛自强等学者提出，财经素养（Financial Literacy）是指人们拥有的有助于个体应对财经事务、实现财经福祉的知识、能力和价值观的综合体。财经素养是新时代每人必备的生存技能和核心素养之一，是衡量创新创业人才的重要标尺。它可以帮助人们在各种财经事务中做出有效的决策，提高个人经济利益，并且促进社会的稳定高效运行。大学阶段是个体学习独立进行财务管理的重要阶段。因此，在大学生中开展财经素养教育是提升人才综合素养的重要方面，不仅关乎个人福祉，而且对个体财经行为和宏观经济发展都有重要影响。

财经素养教育既涉及财经知识的传授，也涉及个人行为的改变，内容涵盖了经济学、金融学、教育学、心理学等多个学科领域。到 2020 年，财经素养课程

＊ 作者简介：于泳红：中央财经大学社会与心理学院，副教授，硕士生导师。

孙铃：中央财经大学社会与心理学院，副教授，硕士生导师。

张红川：中央财经大学社会与心理学院，副教授，硕士生导师。

在高校的设置并不普遍，仅有几所高校依托经济学专业开设了试验性的专业选修课程，课程能够覆盖到的学生范围非常有限。自 2019 年以来，随着网络慕课的兴起，长江大学、山东财经大学等高校建设了财经教育类的网络课程，使得财经教育突破了校园的限制。然而从目前的选课人数来看，课程的普及程度仍然亟待提升，需要有更多的、不同专业领域的教师，投入到大学生财经素养课程的研究和开发中来，使财经素养教育能够覆盖到更多有需求的大学生。

中央财经大学财经素养教育研究和教学团队开发了在线通识课程《财商训练营》，于 2020 年 7 月夏季小学期完成了首轮授课。本课程以辛自强教授研究团队提出的基于多元人性观的三元结构财经素养为依据，设计了课程内容及教学方案，在学科交叉、面向实践和知行合一三方面进行了大学生财经素养教育的探索和尝试。

二、学科交叉的教学内容设计

三元结构的财经素养强调个体的财经素养包括财经知识、财经能力和财经价值观，因此，在进行本课程的教学内容设计时力争做到知识传授、能力培养和价值观塑造三位一体。

首先，将课程内容模块化。每个模块以某一财经领域的知识为主题，基于财经知识的领域划分并结合小学期的授课时数，本次课程内容由四个模块组成，分别是"收支平衡""储蓄与理财投资""借贷与风险防范""生涯规划与财富管理"。这些主题有助于大学生形成理性消费、防范信用与借贷风险、理性投资与形成长期财富规划和正确的财富观。

其次，静态的财经知识与动态的行为训练相结合。获得了财经知识并不一定能转化为财经能力，基于此，教学内容中针对每一主题安排了相应的财经行为活动，以提升学生的财经能力。收支平衡模块对应着"制作本学期预算表"活动；储蓄与理财投资模块对应着"给 20 年后的自己写封信"活动；借贷与风险防范模块对应着"制作大学生借贷指南海报"活动；生涯规划与财富管理模块对应着"制作生涯财富彩虹"活动。通过具体且有针对性的财经行为任务，让学生再一次将所学知识运用到实际活动之中，加深对知识的理解与运用。

再其次，新兴领域知识的拓展。大学生具有更高的认知水平和知识转化能力，因此在本课程中除了基础的财经知识以外，还结合每一模块的主题介绍了经济心理学这一新兴交叉学科的相关概念、理论或研究成果，拓展学生的学术视野。

最后，设置测评环节，让学生了解自己的财经人格。在四个模块中通过测评，让学生评估了自己的理性分析能力、风险偏好程度、经济自我控制点、创业潜能和财富价值观。人格是一个人稳定的行为特征和反应方式，在财经领域个体也有其自身特点，只有充分了解自己的财经人格特征，才能做到在进行财经活动时扬长避短。

为了使教学内容更加生动和丰富，采用案例引入每一模块的知识点，并充分整合利用校外资源，例如，Visa 公司的实用理财技巧网站，中国人民银行的金融消费者保护宣传材料，哔哩哔哩网站中的精彩演讲等。整个教学内容在知识点部分涉及了经济学、金融学、保险学、经济心理学等学科的知识，在教学内容的安排上运用了教育学、心理学的原理，充分体现了本课程教学内容多，学科交叉的特点。

三、面向实践的教学活动设计

美国教育家约翰·杜威（John Dewey）提出"做中学"的教育思想，提倡教学应通过活动从学生的经验出发，致力于培养学生的动手能力和创新能力。本课程作为通识课也设计了相应的实践活动来培养学生的财经能力。

（一）开展在线讨论

相比传统的课堂讨论，在线讨论进行得更深入。一方面，同学们把自己的想法转变成文字的过程，经过了深思熟虑，文字的组织和表达比口头表达更准确丰富。另一方面，在线讨论是网状结构的互动，参与课程的 200 位同学可以同时获得表达的机会，并且，一位同学抛出的观点可以引发其他所有同学的回应，这样的互动更为充分。并且，在线讨论的内容可以保留较长的时间，方便课堂参与者反复阅读和思考。在知识点讲解之后，设置 1 ~ 2 个讨论问题，引导学生结合现实开展讨论，通过学生彼此不同观点之间的火花碰撞，教师加以点评引导，促使学生获得更加理性的财经态度。例如：在收支平衡模块提出讨论问题："大学生是否应该主动去增加自己的被动收入？"大多数同学认为应该通过投资股票、基金等方式增加被动收入，但有同学却提出相反的看法"因为普通人在获取足量被动收入之前，往往需要长时间的付出。一定的被动收入意味着财务自由，我们仍需要奋斗争取临时性的主动收入而非时常妄图一劳永逸。财产继承，金融合约，出租物品收入，等等。"考虑到了被动收入的增加需要一定的财富积累，且一味追求被动收入会带来消极后果。同学们在讨论中看到了多种角度的不同观点，对知识的理解获得了深化和升华。

（二）与行业专家面对面

在常规的在线教学中穿插直播类型的专家讲座，能丰富课堂形式，给同学们多角度的信息来源，让同学们有机会在课堂内的知识与实践领域之间建立连接。在线教学打破了地理空间的限制，某种程度上来说，为学生与行业专家的互动提供了便利。行业专家有着丰富的领域知识和经验，课程中安排了两次行业专家在线讲座，分别是农行信贷部培训主管讲授的《浅谈个人信贷业务的理论与发展》和益保创始人讲授的《普惠保险领域的社会创业》。讲座让学生们认识到个人信用的重要性，在实际信贷选择中应该注意的问题，以及选择创业需要做好哪些准备和社会创业这一新领域。行业专家介绍了很多鲜活的案例，他们的现身说法比单纯的课堂概念讲授更加生动形象，学生的参与性也更高，同时为学生提供了与自己所感兴趣行业的专家近距离接触的机会。课程结束时已经有学生和讲座专家联系确定了具体的实践活动。

对于培养实践能力，在线教学既有局限也有优势。在线教学同样提供了丰富的教学活动选择。随着网络技术的发展完善，直播、论坛、短视频等形式都可以运用在教学过程中，以提升教学效果。

四、知行合一的教学效果评估

（一）教学过程中非常重视教学效果的评估

在财经素养教育过程中，教学效果体现在两个方面，一方面是让学生掌握必要的财经知识以及知识的运用，另一方面是培养学生形成正确的态度观念、培养良好的行为习惯。传统的财经素养教学更重视第一个方面，我们的教学过程中尝试运用经济心理学理论进行行为干预，在传授知识的基础上更重视学生在观念和行为上的改变。

利用在线教学所提供的条件，课程采用了心理测评和书写任务来帮助同学们更好地了解自己，改变不合理的观念，并养成行为习惯。课程中使用了风险态度、反直觉思维、经济控制点等方面的心理测评工具，帮助同学们更好地反思和了解自己的人格特征，找到适合自己的财经行为方式。在涉及储蓄行为的部分，结合研究进展，使用"给20年后的自己写信"的书写任务，帮助同学们意识到未来自我与现在的连续性，进而提升储蓄意识。

（二）教学效果的定量评估

在授课过程中，以财经素养的三元结构理论为基础，采用前后测研究设计，对同学们的理财价值观，自我控制行为和财务管理行为进行了评价。结果表明，与课程开始前相比，课程结束后，同学们在理财价值观、自我控制行为和财务管理行为方面都有显著提升。理财价值观的提升反映了同学们变得更加重视理财活动，更积极主动地学习理财知识。自我控制行为反映了同学们在财经行为方面的自我控制有所提升。财务管理行为从理性消费、有控制地借贷、储蓄投资三个方面考察了同学们在财经方面的行为表现，课程学习之后，这三方面的行为有所改善。如图1所示。

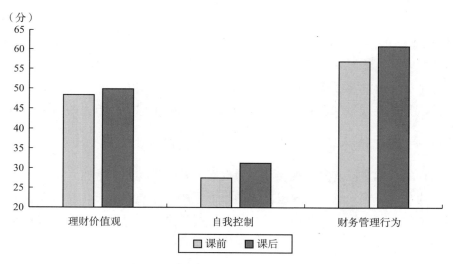

图1 课程对学生的观念与行为的影响

（三）教学效果的定性评估

在课程反馈环节，同学们表达了对心理测评和干预训练部分的兴趣和从中取得的收获。"让我对自己财富的管理更有计划，让我更合理地去花钱。提前制定预算，让我有计划地去存钱，投资，去理财。""本次课程让我了解了理财的重要性。让我养成了做预算的习惯。更加分清想要和需要，把每一分钱花在应该花的地方。而且学会了各种储蓄的技巧与方法，让存的钱有计划。在本次课中最重要的一点是做出了自己的财务规划，有了自己的财务目标。"从同学们的反馈中，可以看到，课程实现了最初设定的基本目标，帮助同学们建立了财务目标和规划的意识，使得同学们能够更积极主动地去提升个人的财经素养。

在课程中，每一位同学根据所学知识，设计了一份倡导大学生合理借贷的宣传资料，把吸收转化为表达，学以致用。很多同学做出了兼具知识性和趣味性，富有创意的宣传海报。在课程结束之后，教学团队希望能够通过网络媒体进行传播，把合理借贷的知识和观念传递给更多同学。这样，一方面能够更好地发挥课程的辐射作用，以点带面，促进更多没有参与课程的同学了解财经知识；另一方面让参与课程的同学学以致用，能够把学到的内容教授给更多人，进一步强化所学，获得积极的鼓励和成就感，真正把学到的知识融入自己的生活中。

五、总结

《财商训练营》是一门实践性较强的通识教育课程，重视知识的运用和行为习惯的改变。在线教学非常适合通识教育类课程，能够辐射更多学生，授课效率高。但是如何通过在线教学训练学生的实践能力，具有挑战性。总结起来，《财商训练营》的在线授课，在通识性和实践性方面做了以下几方面的尝试。

（一）通识性体现在课程内容面向所有大学生

课程的基本目标落实在观念和行为方面，希望帮助大学生树立正确的财富价值观，建立财务规划意识，养成良好的行为习惯，并能够结合自己的人格特点来做出理性的财务决策。这些内容是每一个人都需要经历和面对的问题，因此，财经素养类教育课程应该成为每一位大学生学习和了解的内容。

（二）通识性体现在授课内容是跨学科跨领域的

作为通识教育课程，课程所传授的知识和理论并不深奥，但是会涉及经济、金融、心理、教育等不同的领域。对于学生而言，所学习的并不是某一学科领域的知识，而是生活中会用到的财经知识，学习该课程不需要其他先修课程基础，因此，课程适用于每一个年级和专业的同学。对于老师而言，需要了解不同的学科背景，确保知识的准确性和连贯性，从跨学科的视角来完成课程的建设和设计。

（三）实践性体现在边学、边做、边反思的教学方式中

财经素养类课程的实践性比较特殊，由于是针对个人素养的课程，课程最重要的实践就是培养学生合理的观念和行为，这一目标完全能够通过在线教学来实现。在课程的每一个知识模块都设置了实践任务，让同学们思考、书写、交流。根据心理学的态度行为转变理论，以培养态度为先导，通过一些有设计的任务，促进从态度到行为的转变。

（四）实践性体现在邀请实践领域的专家加入教学团队

通过实践专家的现身说法，帮助同学们答疑解惑。从实践专家那里，同学们能够了解到知识运用的细节，以及某一个领域的最新发展状况和未来发展趋势。常规的课堂教学更倾向于讲授一般性、经典性的内容，实践专家带来了特殊性、前瞻性的知识，传统教学与实践专家教学的结合，让整体授课内容更全面更完整。

（五）教学中存在的局限与不足

首先，对学生实践任务的反馈不够详细具体。在未来的教学中，可以充分发挥助教的作用，采用在线授课，小组辅导的方式，能够给予学生比较有针对性的辅导，进一步提升教育教学效果。其次，对学生后续行为习惯的保持缺少监督和持续干预途径。从短期来看，课程教学取得了良好的效果。但是这一效果是否能够保持，有哪些方法能够促进效果的保持，这是需要进一步研究的问题。在未来的教学中需要开展有针对性的教学研究，探索持续提升教学效果的方式和途径。

财经素养教育是现代公民的必备素养，大学阶段作为一个人走向社会、经济独立的过渡时期，是进行财经素养教育的关键时期。目前财经素养教育在大学中的普及程度还非常低。《财商训练营》在线课程在建设通识类实践性财经素养在线开放课程方面进行了积极尝试。在此基础上，希望能够形成更为完善的课程体系和教学模式，帮助更多的大学生提升财经素养，在社会生活中获得更大的财经福祉。

参考文献：

[1] 辛自强，张红川，孙铃，于泳红，辛志勇．财经素养的内涵与三元结构[J]．心理技术与应用，2018（8）．

［2］郭畅，胡扬洋．"做中学"教学思想的理解之道与现实考察——基于中美比较的视角［J］．教师教育论坛，2019（4）．

［3］周梅，李养群，刘宁．疫情背景下的高校在线教学研究与实践［J］．计算机教育，2021（3）．

［4］杨娟．大学生财商教育途径与教学内容探讨［J］．教育教学论坛，2019（52）．

［5］C APREA，E WUTTKE，K BREUER，NK KOH，P DAVIES，B GREI-MEL – FUHRMANN，and JS LOPUS. International Handbook of Financial Literacy［M］. Singapore：Springer Science + Business Media，2016.

在线教学如何提升大学生获得感？

——基于疫情时期在线教学的行与思

简臻锐*

内容摘要：随着信息技术发展与新时代教学实践的需要，在线教学已成为一种新教学形态。在线教学应注重聚焦学生获得感的提升上，主要包括获得知识技能而产生的满足感，获得情感而产生的归属感，获得思想观念、价值观而产生的认同感，获得方法而产生的成就感和参与互动而产生的动力感。然而，在线教学的实践过程中，会产生知识技能方面存在供需矛盾、在线教学重理不重情、重教书忽略育人、教学时空碎片化、教学有交流但无实质互动等问题，导致学生获得感不足。通过处理好在线教学中道与术、情与理、变与化的关系来树立符合新时代在线教学所需的教学理念，通过优化在线教学环境、善用在线教学资源、巧用在线教学方法等做好教学设计，是教师充分发挥在线教学优势、提升大学生获得感的基本思路。

关键词：在线教学　获得感　教学形态

随着信息技术的发展，信息化、网络化、数字化、高科技化时代已成为人们重要的生活方式。与此同时，学校教学方式也因此得到创新。它一方面表现为以线下授课为主的传统教学方式因信息技术的发展而日益现代化、多样化；另一方面表现为一种有别于传统教学的新教学形态的产生——在线教学。在线教学即教师与学生依靠信息终端、教学平台等在互联网上实现教师的教与学生的学之间相互作用的教学实践活动。近几年，在线教学已经逐渐为人们提供了一种新的学习方式。特别是 2020 年新冠肺炎疫情的到来，在线教学的使用人数达到有史以来最大规模。对教师而言，在线教学已正式成为一种新的教学形态，它已经不是我

---

* 作者简介：简臻锐：中央财经大学马克思主义学院，副教授。

们愿不愿意、喜不喜欢的问题，而是一种不得不主动接受并需要努力适应、娴熟掌握的问题。作为一种新的教学形态，后疫情时代的在线教学始终要关注教学效果的增强，并聚焦到学生获得感的提升上。

一、在线教学应注重聚焦学生获得感的提升上

在线教学，"在线"是方式，实质是"教学"，是一种新时代下技术与教育相融合的特殊教育方式或教学形态。与传统的课程教学一样，遵循特定的教学纪律、按照特定的教学要求、通过各种教学方式完成相应的课程内容教授、并达到特定的任务，完成特定的课程目标，是在线教学的基本规定。在实际教学过程中，不管是相关教育部门，还是授课教师，或者学生，都十分重视教学效果及教学质量的提升上。对此，存在两种不同导向的评价。一种是以结果为导向，重视通过学生的成绩和学生的评教衡量教学的效果；另一种是以过程为导向，重视从学生上课的参与度、投入度、师生的互动程度来衡量教学的效果。这两种导向对教学质量的提升均有一定的效果，各有其合理性，但也存在一些不足。过度关注结果容易忽略教学过程中的体验，过于重视过程容易使师生在教学中失去特有的目标和动力。在线教学作为一种新的教学形态，如何避免陷入这两种导向，努力超越这两种导向，正确处理好它们之间的关系，做到真正提升教学质量，是值得深入探讨的问题。把重心聚焦到学生获得感的提升上是其中破解之道。

教师如何在教学中关注大学生的获得感？首先需要对大学生获得感的内涵有深入的了解。"获"是一种主动的行为，反映了大学生在教学过程中所具有的积极性、自主性、主动性，是其主体性的体现；"得"是一种结果，这种结果是客观存在的，即大学生在教学过程中通过积极主动而产生的客观获得；"感"是一种对客观获得的主观体验，即大学生在学习过程中或通过学习之后因获得而产生的主观感受。关于获得感的内涵，有研究者从"感"出发，将获得感定义为主体基于一定的获得而产生的一种心理感受，由于这种心理感受是在获得的基础上形成的，因而是积极的、正面的；[1] 是人们的利益得到维护和实现后而产生的一种实实在在的满足感和成就感。[2] 有研究者从"获得"出发，将获得感分为知识层

---

[1] 王易，茹奕蓓. 论思想政治教育获得感及其提升 [J]. 思想理论教育导刊，2019（3）：107–112.

[2] 田旭明. "让人民群众有更多获得感"的理论意涵与现实意蕴 [J]. 马克思主义研究，2018（4）：71–79.

面、情感层面、价值观层面和方法论层面的获得感。[①] 实际上，大学生获得感包含着客观结果与主观体验的双重含义，既表现为客观上的获得，这种获得与大学生内在需求紧密联系，包括知识层面的获得、情感层面的获得、价值观层面的获得、方法论层面的获得、课堂参与的活动；又表现为对获得产生的一种积极的主观体验，表现为满足感、归属感、认同感、成就感、动力感。

教师在关注大学生获得感时，要注重两个方面关系的处理：第一个是"获得"与"感"的关系上，既要重视让学生有"获得"，也要重视让学生有"感"。只关注学生的"获得"而没有注重将获得转化为"感"的教学是片面的教学、没有达到预期目标的教学，也就难以达到预期的教学效果。第二是"感"方面的积极与消极。一般而言，大学生因获得而产生的感是一种积极的、正面的。但是，由于获得的客观存在性，某些方面的"获得"而产生"感"有可能是消极、负面的。在教学过程中，如果让大学生因获得而产生的消极、负面感，则无助于教学的良性循环与有效的深入开展。教师在线上教学时应关注大学生以下几个方面积极的、正向的获得感，才能让教学具有针对性、有效性，教学效果才能够得以保证。

其一，获得知识技能而产生的满足感。获取知识和技能是大学生通过课程学习的重要内容之一，通过在线教学传授理论知识也是教师的主要任务。掌握符合现代化发展需求的专业知识、基本技能，在未来能够安身立命是大学生培养方案的目的之一。因此，重视引导学生在课程中求真知、悟真理、明事理，给足学生所需要的知识和技能，让其产生满足感，是在线教学的重要内容。其二，获得情感而产生的归属感。在线教学并非是师生之间单纯的知识传授，还包含着情感的交流。大学生有情感交流和情感表达的需要，这种情感交流表现其在教学过程中能感受到课堂的温度，收获到教师或其他学生的关怀，进而对教师、对同学甚至对课堂共同体产生归属感。其三，获得思想观念、价值观而产生的认同感。引导大学生树立正确的价值观，让其有明辨是非善恶的能力，应是教师的本职工作。通过课程学习养成社会共同认可的善恶标准、符合社会发展的规律的价值观，并因此产生自我认同和社会认同，是大学生成长成才必不可少的条件。其四，获得方法而产生的成就感。大学生在学习期间，应该有获得解答各种理论问题、实际应用问题的方法的能力，以在未来生存和发展中能够善于运用各种科学的方法解决历史、人生、现实等各种各样的问题。大学生通过掌握这些方法并加以运用会

① 代玉启，马静．大学生思想政治理论课获得感的基本结构与提升方式［J］．中国高等教育，2019（24）：36－38．

产生一定的成就感。其五，参与互动而产生的动力感。课堂并非教师单向的"话筒"，而是师生共同构建的舞台，积极的课堂参与和良性互动是师生内心的需求与渴望。大学生在课堂中能够积极参与到课堂讨论中去，并与其他主体实现真正互动，会增强其参与课堂教学的动力感。大学生的这五个方面获得感，是相互联系，具有整体性，缺少其中一方面都会影响教学效果，故应引起教师的重视。

二、在线教学在提升大学生获得感中存在的几个问题

在线教学在"停课不停学"的特殊期间，代替了传统的线下教学，保障了教学得以顺利进行，对大学生的获得感起到了一定的促进作用。然而，师生对在线教学的接触还处于初步阶段，受到传统线下教学模式的影响，尚未很好适应在线教学，也使得课程教学在提升大学生获得感的过程中存在以下一些问题。

（一）知识方面存在供需矛盾，知识获得感降低

在线教学因其"在线"而能够为教学提供十分丰富的资源，包括能够为大学生提供他们所需的各种知识与技能。然而，在实际教学过程中，丰富的在线资源如果未能被教师和学生很好的运用，不仅起不到预期的效果，还有可能降低大学生的获得感。其集中体现在教师所提供的知识、技能与学生所需求的、所期望的未能很好契合而产生供需矛盾。首先表现为知识有效供给不足。大多数教师对在线教学初步体验，尚未能很好利用在线教学中所具有的丰富资源，包括网络资源中丰富的电子书、电子文档、视频教学课程等。尽管有些教师通过在线教学给学生分享了丰富的学习资源，但由于对在线教学技术、模式等的不适应等原因而没有做好充分的课前准备、没有就所要分享的资源加以甄别、没有很好结合课程内容与教学目的，就会出现表面上资源丰富实际上有效供给不足的结果，这就容易导致学生产生知识饥渴的状态。其次表现为知识供给过剩。有些教师为了实现课程目的、完成课程任务、最大限度地通过在线教学为学生提供各种各样丰富的学习资源，但没有考虑学生的实际接受度，供给过多使学生接受不了，反而降低他们学习动力，获得感随之下降。

（二）在线教学重理不重情，情感获得感缺乏

在线教学是一种技术与教育相融合而产生的新教学形态。然而，这种新的教学形态容易被误解为是将传统线下教学照搬到线上，忽略了在线教学所具有"在

线"的特殊性，而导致情感表达和情感交流在此过程出现削弱、甚至缺失，进而降低大学生的情感获得感。一方面，重视理论讲授，忽略情感交流。一些教师认为在线教学是通过"互联网＋"与"终端"建构起来的师生关系，原有传统线下教学人与人的面对面交流，在线上则转化为人与机器之间的互动。面对没有情感的机器，教师在教学过程中往往会把重心放在理论知识讲授，忽略了情感表达与交流，认为只要把理论讲透彻，就能征服学生，情感表达可有可无。另一方面，教师虽有注重情感交流，但学生接受有限。一些教师尽管在线上教学过程中注重自身的情感表达，也重视与学生的情感交流，但由于在线教学的时空分离，其所具有的异步性与异时空性，容易导致情感互动不及时、交流不通畅，进而导致学生对其情感的表达接受有限，难以产生即时、有效的情感共鸣。

（三）在线教学重视教书忽略育人，价值获得感弱化

课程是高校立德树人的主要渠道，是教书与育人的结合，意味着课程教学应追求讲透真理的教书与价值引导的育人相结合，重视科学性与价值性相统一。然而在实际教学过程中，特别是在线教学中，由于教师与学生通过终端实现直接或间接的活动，导致教师往往会把教学放在知识的讲授上，忽略了价值引导在教学中的重要性。一方面，有些教师认为知识具有"价值中立性"，在教学过程中价值引导不应过多介入，只要将科学的知识传授给学生即可，没有必要考虑教学的价值引导性。特别是在线教学中，技术本身具有的工具性思维，难以融入价值性引导。这些实际上是割裂了教学的科学性与价值性之间的统一。另一方面，在线教学容易使教师只见知识不见人，做到了教书但忽略了育人。与传统线下教学相比，教师通过在线教学无法像学校教室上课一样，与学生在同一时空中互动、交流。与学生处于不同的空间甚至是时间里，教师就容易在线上教学过程中只看到了知识，而难以像在学校教室教学一样见到活生生的人。这也就容易忽略了处于"三观"重塑关键期的大学生对知识需求之外，还需要有价值引导。现实的情况是，多数教师在面临在线教学的初步体验时，往往认为在有限的时间和精力里能够把知识讲好、讲透就已算完成教学任务，没有更多的时间和精力去做好价值引导的教学设计。

（四）在线教学时空碎片化，方法论获得感不足

高校是培育大学成长成才的重要场所，意味着课程教学不仅要授学生以"鱼"，更要授学生以"渔"，才能让学生更加全面的发展。也就是说，不仅要教

会学生知识、技能，还要引导学生学会掌握知识的方法；不仅要教会学生掌握专业知识的方法，还要引导学生掌握正确分析事物、有自己独立思考、批判性思维等方法，包括运用马克思主义方法论的能力，如辩证分析、实事求是、群众路线、历史分析、社会基本矛盾分析方法等。总而言之，课程应教授学生认识科学、认识世界、认识社会、认识人生、认识自我等一系列方法论体系。然而，在线教学因其时间异步化和空间碎片化，导致学生在线上所学习和掌握的方法不够系统，有些方法比较"务虚"，未能在实践中亲自体验，而使得学生的成就感不足。其主要表现为，在线教学时间的异步和空间的碎片化，使得学生本可以通过在线下教学所掌握的方法却未能在线上得到顺利实现。比如在学校教学中，教师会以小组为单位引导学生结合课程所学走出校园开展主题实践活动，让学生在实践中习得相应的方法，但线上教学由于学生处于不同的地区且不能像在学校一样有统一的教学时间安排，难以开展实践活动，相应的方法也难以习得。空间的碎片化表现为在线教学发生于网络虚拟空间中，学生通过线上学习有可能受到其所在的周边环境所影响，产生"假学习"的状态，这一过程不仅错失知识的学习，而且错失方法的训练等。

（五）在线教学有交流但无互动，造成参与感低下、动力感不足

教学活动的顺利展开离不开师生的共同参与，特别是学生的主动参与。教学效果很大程度上取决于师生之间的正常交流与有效互动，取决于学生能否真正参与到教学的互动中去，并在此过程中有所收获以及有继续积极参与的动力。然而，在线教学实践过程中，师生需要从原来传统线下教学的"人——人"互动模式转向"人——机"互动模式，因"在线"技术变革而产生出一系列新的交流模式与互动方式，比如手机签到、线上提问、互动式讨论、主题式发言、弹幕等方式，这些方式某种程度上有助于在线教学师生交流与互动。然而，如果对这些方式运用不好或没有充分运用也会出现看起来有交流、实际上无互动的结果，进而导致学生参与感低下，动力感不足。一方面，源于错把线上交流当互动。交流是师生之间的普遍行为，一个眼神、一句话语都可以视为一种交流，而互动是师生之间彼此就某个理论问题或现实问题展开深入探讨，深入参与到对方的表达中去，在深层次上有所呼应与共鸣。一些教师认为只要用好上述这些新的在线交流方式就可以达到有效互动，前提是基于对学生的需求和期望有充分的了解。而实际情况往往是教师过度依赖这些交流形式而忽略交流内容，造成学生的互动感与参与感不强。另一方面，在线教学使得原来具有现场感的班级集体变成网络虚拟

感的学习集合体，虽然大家同处线上，但身处各地，缺少真实参与感，在无形中降低学生的互动感与动力感。

三、创新在线教学提升大学生获得感的基本思路

在线教学解决了疫情期间"停课不停学"所遇到的难题，并且在实践中推动了技术与教育在新时代背景下的融合，促进了"互联网＋"与教学的结合。对于教师而言，在线教学作为一种新的教学形态已成为不得不接受的现实。充分发挥在线教学优势、化解其对大学生获得感的提升所带来的一系列问题，教师可以从以下两方面进行。

（一）树立符合新时代在线教学所需的教学理念

思想指导行为，一门让学生有获得感的课程离不开好的教学思想与教学理念。教师应该顺应在线教学作为新时代发展的趋势，树立将传统线下教学与在线教学相融合的教学理念，从内心上真正意义接受在线教学的客观存在，对其开始深入探索并做到熟悉把握。与此同时，要结合大学生需求的多样性，将教学聚焦到大学生获得感的提升上，从以下三个方面树立符合新时代在线教学所需的教学理念。

1. 处理好在线教学中道与术的关系。

针对教学中只见知识不见人的情况，教师要重视处理好道与术的关系。道可以理解为一种理论体系，是一种眼光、大局观、战略，主要用于解决长远问题、系统问题和原理问题；术可以理解为实践操作，是一种技术、战术、方法，主要用于解决眼前问题、局部问题和技术问题。对在线教学而言，道主要涉及的是"培养什么人"的问题，即要培养德智体美劳全面发展的学生，将大学生培育成为符合新时代中国特色社会主义所需的时代新人的问题。术涉及如何培养人的问题，即如何充分利用好在线教学技术、结合教学方式方法提升教学效果的问题。教学过程中应该有道有术，道术结合，在探析如何培养人的教学技术、教学方法之前，一定要思考课堂是要培养什么样的人这个问题，否则会使教学失去方向与目标。

2. 处理好在线教学中情与理的关系。

针对在线教学中重理不重情的现象，教师要在教学中重视处理好情与理的关系。情即在线教学过程中教师要注重情感交流、与学生的情感互动，最终满足学

生的情感需求，让学生有情感归属；理即在线教学过程中教师要注重讲清楚理论、讲真的理论、把理论讲透彻，用理征服学生，让学生在理论知识上有满足感。大学生的获得感既包括知识方面的满足感，也包括情感方面的归属感。在教学中如果只重理不重情则会使师生之间产生一种冷冰冰的关系，成为单纯的知识传授与接受过程，不利于学生整体人格的培养。没有情感的教学，即使理论再透彻，也不一定能够打动人。因此，教师在教学中应该结合学生的情感需求，从学生日常生活中所关注的事情着手，利用一些能与学生产生情感共鸣的故事、案例，做到情理兼顾，以情感人、以理服人。

3. 处理好在线教学的变与化的关系。

针对知识供需矛盾的状况，教师要重视处理好变与化的关系。变即一种不稳定的状态，在线教学中的变具有丰富的内涵，包括学生思想与需求之变，教师教学内容与技能之变，教学环境之变等。对"在线"而言，这种变主要体现在在线教学内容、教学技术、方法等不断更新。化即转化、内化、外化、固化等，它需要一定的时间加以沉淀和吸收。对"在线教学"而言，化则体现在教师需要对教学内容和教学方式加以转化，重视学生对知识技能、思想观念的内化，并引导其逐渐外化为具体的行为。对教师而言，求新求变、充分了解并掌握不断变化的在线教学技术是必要的，但在求新求变的过程中也要重视学生对新思想、新事物、新技术的转化、内化与外化需要一个长期的过程。一方面引导学生求新求变，另一方面也要给学生留有充分的时间让其有"化"的过程。将变与化统一起来，遵循教学规律与学生成长规律，才能够有效提升学生的获得感。

（二）围绕大学生获得感的提升充分做好教学设计

好的教学需要有好的教学理念作为指导，同时也需要有良好的教学设计。教学设计是教学理念的具体落实与执行。一门好课需要精心设计与打磨，对于在线教学而言也是如此。好的教学设计不仅仅要对教学内容进行优化，还要注重教学的整体性，系统整合教学环境、教学主题、教学资源、教学方式等，使其实现良好搭配，环环相扣，进而提升教学效果。因此，在线教学创新应注重围绕大学生获得感的提升充分做好教学设计。

1. 优化在线教学环境。

教学环境影响着大学生对课程的理解、课程意义的赋予、对课程的兴趣，影响着整体教学效果，也影响着学生的获得感。针对在线教学空间碎片化等问题，教师在教学设计过程中要重视做好教学环境的三方面优化。第一个环境是教师在实施在线教学时所处的现实教学环境。与在校教学有固定的教室不同，教师在线上教学所处的环境里，一般没有讲台、没有黑板等教学设备，特别关键的是没有在场的学生。脱离教室的教学对教师而言，需要对自己所处的教学环境有一个重新的设计和优化，包括寻找一个没有任何干扰的、有助于自己线上教学的空间，才能让自身有更强的教学带入感，进而带动学生参与到教学中来。第二个环境是学生在学习过程中所处的现实学习环境。脱离学校和同学一起上课的环境，对学生而言，会有一种集体学习的缺失感和与教师面对面上课的现场感，这就需要学生在家进行线上学习时，为自己寻找一个安静的空间、营造良好的学习氛围来优化自己的学习环境，以便能够更好进入学习状态。第三个环境是师生共同"在场"的在线教学环境。这一环境优化需要有稳定的网络、良好的设备和可靠的教学技术支持平台。

2. 善用在线教学资源。

"在线"能够为教学提供丰富的网络教学资源，教师可以便捷地、随时随地向学生分享公众号的文章、电子资源、其他教学视频等，这是在线教学的一大优势。但这种优势需要充分运用好，才能产生良好的效果，避免让大学生在形式上获得丰富的资源，实质上却没有任何获得感。一方面，教师需要结合教材内容和教学目标，精心搜索、提前准备，为学生分享教学规定和需要的教学资源。教师在分享教学资源时既要求质，又要适量，让课程不缩水，也保证课程不灌水。另一方面，教师需要结合学生的实际需要分享有针对性的教学资源。有时候，教师的供给并非完全是学生所需，当学生所需在课堂中得不到满足时，就难以产生获得感。这意味着教师要做好调查，了解学生所需。此外，教师需要结合时代发展与社会需要分享与时俱进的教学资源，以弥补教材所没有更新的内容和学生感兴趣的内容。

3. 巧用在线教学方法。

在线教学因为其"在线"性而产生了一些有别于传统线下教学的方法。比如，线上的一些教学平台就有许多不同的教学方法。签到功能可以节省上课时间，弹幕功能有助于学生的个性化表达，即时性提问有助于让学生时刻保持在线状态，主题性发言可以让学生的思考有所聚焦和深入，互动性讨论有助于学生之间思想的交流与碰撞并激发他们参与的热情，分享其他慕课的教学资源能够让学生了解不同教师的课程内容，线上提交作业有助于教师批阅并及时反馈给学生。此外线上教学平台还有关于学生的具体学习情况、得分情况、讨论情况等统计分析，具有可视化和可量化，让教师对学生的学习有更好的掌握与了解，也对自己的教学情况有一定的了解和反馈，进而改进自己的教学方式。这些方法既包含教学内容呈现的方法，也包括教学管理的方法，还涉及教学评价的方法，等等。教师可根据学生的实际情况选择具有针对性的方法或者综合运用若干种方法，进而提升大学生的获得感。

整体上看，大学生获得感的提升，对教师而言，教师应该有付出感，结合在线教学的新教育形态围绕学生的新情况、新需求转变自身的教学理念、进行良好的教学设计，充分发挥其在在线教学的主导性作用。对学生自身而言，学生需要重视发挥自身主体性的作用，积极地、主动地、自主地去"获"才能"得"，根据自己需要将"得"转化为"感"。在线教学过程中，还要重视教育引导学生激活并充分发挥自身主体性作用，引导学生转变学习观念、引导学生开展深入性学习、引导学生提升信息素养。

参考文献：

［1］王易，茹奕蓓．论思想政治教育获得感及其提升［J］．思想理论教育导刊，2019（3）．

［2］田旭明．"让人民群众有更多获得感"的理论意涵与现实意蕴［J］．马克思主义研究，2018（4）．

［3］代玉启，马静．大学生思想政治理论课获得感的基本结构与提升方式［J］．中国高等教育，2019（24）．

战"疫"元素融入高校思想政治理论
课线上教学的学理分析

刘　礼*

内容摘要： 从新冠肺炎疫情发生、蔓延到防控，这本鲜活"教材"的诸多元素可以融入思政课的线上教学，有效增强思政课的理论性、现实性和针对性。疫情问题将人和自然的关系再次提上日程，社会主义生态文明是对西方资本主义文明形态的超越，有待打破近代以来西方工业文明主导的文化逻辑，树立社会主义文化自信，在教学方式中坚持价值性和知识性相统一。以疫情蔓延为现实关照，针对西方媒体肆意妖魔化中国的言论予以坚决反击，在马克思主义理论视角下回应新冠肺炎疫情所触发的相关社会现实问题，在教学内容上坚持政治性和学理性相统一。结合防控疫情的现实需要，批判单边主义和霸权主义的危害，在逆全球化现象层出不穷之际推动构建人类命运共同体，在教学活动中坚持建设性和批判性相统一。

关键词： 新冠肺炎疫情　思想政治理论课　线上教学　学理性

一、引言

全球新冠肺炎疫情"大流行"（pandemic）构成了第二次世界大战以来对人类生命安全最为严重的挑战，也对世界经济带来了 20 世纪"大萧条"以来最为剧烈的重创。全球肆虐的新冠肺炎疫情在深刻影响了人类社会经济生活秩序的同时，也悄然改变了传统的教学模式，将教学阵地从线下为主变成线上线下同时并存。教学形式的改变在带来教学技术挑战的同时，更在教学内容上提出了后疫情时代背景下的新要求，思想政治理论课更应该追踪前沿、与时俱进。中国在疫情

---

* 作者简介：刘礼：中央财经大学马克思主义学院，讲师。

防控中取得了令世人瞩目的伟大成绩，战"疫"斗争中涌现了可歌可泣的感人事迹。如何用好这本鲜活的"教科书"，在疫情防控的背景下落实新时代高校思想政治理论课立德树人的根本任务，可谓挑战与机遇并存。

针对疫情所触发的生态自然与人类社会的深层矛盾，高校思想政治理论课到底该如何引导学生进一步了解和掌握马克思主义的方法论武器，以透彻的学理分析回应与疫情相关的一系列社会现实问题；如何结合防控疫情的有力举措充分论证中国特色社会主义制度的优越性，用真理的强大力量引领学生对社会主义事业必然胜利的坚定信心；如何从学生面临疫情冲击时的心理活动和思想状态出发，增强亲和力以唤起学生实现中华民族伟大复兴的责任感和使命意识；如何针对疫情之下西方社会涌动而来的错误观点和舆论偏见予以有力回击，主动占领思想战线的话语高地……无疑都是高校思政课教学中亟待解答的理论与现实问题，就此，不妨回到思政课教学研究的学术前沿一览究竟。

二、新时代高校思想政治理论课教学研究的最新进展及发展趋势

习近平总书记在 2019 年学校思想政治理论课教师座谈会上的讲话中强调，推动思想政治理论课改革创新，要不断增强思政课的思想性、理论性和亲和力、针对性。[①] 这一总体要求明确了思政课的改革创新方向，可谓纲举目张。近年来围绕推进高校思政课改革创新这一方向，学术界见仁见智地从多个角度进行了不懈探索，大致可以从教学内容、教学方法、教学实效三个方面予以概括。

一是教学内容方面，有学者认为，从高校思想政治理论课的学科体系看，生态文明教育丰富了高校德育的内容。人类全球性的生态危机呼唤着生态文明，生态文明教育是时代赋予高校德育的历史重任。[②] 有学者强调要将习近平新时代中国特色社会主义经济思想融入高校思政课，从学科体系上理顺习近平新时代中国特色社会主义经济思想与马克思主义理论学科之间的关系，从而将其内容准确地融入思政课。[③] 有学者思考了如何将中华优秀传统文化融入高校思政课的问题，从而创新教学内容，实现马克思主义理论与中华优秀传统文化的有效衔接。[④] 有

---

① 习近平主持召开学校思想政治理论课教师座谈会强调：用新时代中国特色社会主义思想铸魂育人 贯彻党的教育方针落实立德树人根本任务 [N]. 人民日报，2019 - 3 - 19（01）.
② 王康. 高校思想政治理论课加强生态文明教育的思考 [J]. 思想理论教育导刊，2008（6）.
③ 黄婧. 习近平经济思想融入高校思政课的路径研究 [J]. 学理论，2019（12）.
④ 黄岩，朱杨莉. 中华优秀传统文化融入高校思政课的思考 [J]. 思想政治教育研究，2019（1）.

学者阐述了经典原著融入高校思想政治理论课的重要性并提出了相应原则，注重经典阅读的原典性与现实问题的导向性相结合。① 尤其是学校思想政治理论课教师座谈会召开以后，有学者强调了要抓牢改革创新的纲，以习近平新时代中国特色社会主义思想铸魂育人。②

二是教学方法层面，有学者提出要在建好和用好课堂教学的主渠道上下功夫，优化思想政治理论课"要坚持在改进中加强"的思想方法和教学过程。③ 有学者强调从思想政治理论课的性质和特点出发，教学过程中必须要把马克思主义的基本理论观点和现实问题紧密结合起来，以现实问题引出理论，用具体理论分析问题。问题的设计既要能兼顾和引导学生的兴趣，也要能融会贯通教学内容。④ 有学者重视传统文化的育人功能，探讨了如何将中华传统文化融入高校思政课教学之中的方式方法。⑤ 有学者在文化自信视域下探索高校思政课改革创新的着力点，认为高校思想政治理论课教学必须从整体阐释中国特色社会主义文化，凝聚社会主义核心价值观共识，中西比较彰显社会主义优越性，明晰中华民族伟大复兴的时代使命等方面着力，增强大学生的文化自信。⑥ 有学者注意到方法论元问题和方法的组合创新运用较为缺乏，由此提出了线上线下混合式教学模式、拉康主体间性视角下的师生合作教学方式和关键能力培育视角下的"三三制"教学模式。⑦ 有学者强调信息技术与思政课的融合极大创新了高校思政课教学方法和手段，同时也给高校思政课的主渠道主阵地功能带来了新的挑战，要通过牢守意识形态主导地位、合理协调工具理性和价值理性间的尺度和提升教师技术素养等方法提升融合有效性的基点。⑧

三是教学实效而言，有学者认为教学中具有问题针对性、重点突出性、难点

① 郑琼梅. 经典原著融入高校思想政治理论课的时代意蕴与原则把握［J］. 学校党建与思想教育，2020（3）.

② 狄涛. 牢牢抓住新时代学校思想政治理论课改革创新的纲　坚持不懈以习近平新时代中国特色社会主义思想铸魂育人［J］. 思想教育研究，2020（3）.

③ 顾海良. 高校思想政治理论课"要坚持在改进中加强"［J］. 思想理论教育导刊，2017（1）.

④ 顾钰民. 论高校思想政治理论课教学方法的研究［J］. 教学与研究，2007（5）.

⑤ 李静. 如何在高校"思政课"中加强中华传统文化教育［J］. 学理论，2018（10）.

⑥ 马超. 高校思想政治理论课增强大学生文化自信的教学着力点［J］. 思想理论教育导刊，2020（3）.

⑦ 张秀荣，张诗豪. 新时代高校思想政治理论课教学方法改革创新的动因与路径［J］. 学校党建与思想教育，2020（3）.

⑧ 马俊峰，刘殿君. 信息技术融入高校思想政治理论课的路径选择［J］. 思想政治教育研究，2020（1）.

深入性和手段多样性等方式是增强教学实效性的关键所在。① 有学者提出要重视高校思想政治理论课教学环境的研究，促进思政教育环境研究与高校思政课教学的结合，增强教学实效性。② 有学者探讨了提升高校思想政治理论课教学亲和力的问题，认为亲和不是迎合，教学要努力兼具理论魅力、实践魅力、话语魅力和人格魅力。③ 有学者提出推进思政课分层教学模式改革，结合本科生、研究生不同特点和专业背景，通过实施研究型、因材施教、教学相长、慕课混合式等一系列教学模式，强化价值塑造、能力培养与知识传授相结合的"三位一体"的育人理念，以提升思政课教学整体水平和质量。④ 有学者通过对习近平关于高校思想政治工作重要论述的梳理，指出亲和力和针对性是提高高校思想政治工作实效的关键所在，思想政治理论课要尤其注意避免形式化和表面化的问题。⑤ 有学者强调高校思政课的思想性、理论性和亲和力、针对性都离不开学理性，要以学理讲政治，将思政课的问题针对性寓于学理性，用贴近学生的话语增强思政课的亲和力。⑥ 有学者探讨了如何优化高校思政课的话语体系以提高课堂亲和力，主张将"显硬气""接地气""藏底气""富生气"的语言艺术应用到思政课教学中。⑦ 有学者则认为高校思政课课堂教学质量的提升，有赖于对理论力量、逻辑力量、情感理论和艺术力量这四种力量的掌控。⑧

足见，学界对于高校思想政治理论课的研究方兴未艾，高校思政课教学必须在内容上关切重大现实问题，在方法上灵活运用马克思主义理论，才能取得预期的教学实效，是学界的基本共识。新冠肺炎疫情"大流行"作为当前全球的现实焦点问题，结合此次疫情背景的思想政治理论课研究尚处于起步阶段。在屈指可数的文献中，与之直接关联的研究多集中在探讨疫情防控下高校思政课的线上教学策略，停留在如何把握直播时间、如何注意个人形象等技术层面的讨论，或是注重在线教学中教与学的关系构建问题，等等。事实上，疫情这本鲜活教材不仅对线上教学技术提出了挑战，而且对思政课线上教学内容提出了新的要求。这便

① 卢黎歌. 试论高校思想政治理论课教材体系向教学体系的转化 [J]. 教学与研究，2009 (11).
② 杨业华. 思想政治教育环境需要深化研究的若干理论问题 [J]. 马克思主义研究，2010 (6).
③ 白显良. 论高校思想政治理论课教学亲和力的逻辑生成 [J]. 思想理论教育导刊，2017 (4).
④ 王雯姝. 深入贯彻落实学校思想政治理论课教师座谈会重要讲话精神　大力推进新时代高校思想政治理论课改革创新 [J]. 思想教育研究，2020 (3).
⑤ 佘双好. 习近平关于高校思想政治工作重要论述的发展过程及基本观点探析 [J]. 思想政治教育研究，2020 (2).
⑥ 孙代尧. 以学理性增强高校思想政治理论课的实效性 [J]. 思想教育研究，2020 (4).
⑦ 蔡红生，魏倩倩. 优化高校思想政治理论课话语体系探赜 [J]. 学校党建与思想教育，2020 (4).
⑧ 洪岩. 掌控高校思想政治理论课课堂教学的四种力量 [J]. 思想理论教育导刊，2020 (3).

启示我们，有待结合疫情防控的现实背景进一步深化思政课的教学研究，将战"疫"元素充分融入高校思政课的教学之中，运用马克思主义理论视角回应疫情冲击下的社会现实问题，从而实现高校思政课从线上的教学技术性探讨深化到学理分析，在学界已取得的教改成果的基础上进一步探索深入人心讲好思政课的创新之策。

三、疫情"活教材"融入思政课线上教学的内容选取与路径分析

（一）客观认识疫情需要在高校思政课中加强生态文明教育，打破西方人类中心主义的认识论传统

文艺复兴以降人类中心主义逐步确立，工业文明的到来则引发了人与自然关系的高度紧张。新冠肺炎疫情作为国际持续关注的突发性公共卫生事件，其具体根源虽然至今不明，但毫无疑问是自然界对人类的一种灾难性的报复与惩罚。这便对人类自身的存在方式合理与否，人与大自然的关系和谐与否等问题，都提出了尖锐挑战。遭逢新冠肺炎疫情"大流行"的全球剧变，是自然界对人类的惩罚，以重创人类生命安全与经济社会秩序的方式将生态危机摆在了每个人的眼前。这就要求思想政治理论课必须在课堂上对这一严峻问题予以理论回答，也因此基于马克思主义的生态视角予以学理性的分析势在必行。

生态问题是工业文明引发的人与自然关系的高度紧张，生态危机根源于资本主义特有的生产方式之中，资本逻辑渗入人类社会生活的方方面面。马克思主义理论界就生态问题达成的共识是，资本主义生产方式是反生态的，社会主义制度具有生态正义的优越性，也只有社会主义才能从根本上消除生态危机，实现人与自然的和谐发展。由此，高校思想政治理论课应结合当下疫情全球横行的现实阐述生态危机，在疫情背景下加强社会主义生态文明教育。一要善于从我国传统文化资源中吸收有益生态思想，树立天人和谐的生态意识，走出西方人类中心主义的认知逻辑；二要注重对国外马克思主义尤其是生态马克思主义学派的研究，省思西方马克思主义有关生态问题的内容特点及其当代价值；三要深入系统地研究马克思主义经典作家关于人与自然问题的论述，尤其是深入资本主义生产过程阐述资本逻辑对生态的破坏性与危害性，推进新时代社会主义生态文明思想的研究进程，为高校思政课解答全球疫情暴发所凸显的生态危机问题奠定学理基础，增强思想性以实现思政课的路径创新。

（二）科学防控疫情需要发挥社会主义的制度优势，在特定的生产关系中具体地考察人与人的现实关系和身家性命问题

新冠肺炎疫情之所以被世卫组织界定为"大流行"，是因为其影响波及全球且在传染病中的严重程度最高。而疫情之所以能够波及全球，除了其传播性极强的特征之外，还与人口的国际化流动程度前所未有的加强密切相关，而人口的国际流动性前所未有地加快，指的则是人类交往已经成为世界历史性存在的客观现实。人类交往之所以成为世界历史性的存在，则是因为经济高度全球化的时代已经成为现实，这在根本上是资本全球化运动的必然结果。一百七十多年前马克思、恩格斯早在《共产党宣言》中指出："资产阶级，由于开拓了世界市场，使一切国家的生产和消费都成为世界性的了。"① 各民族国家之间的联系与依赖前所未有地加强，无论是物质生产还是精神生产都是如此，资本关系在全球范围里得以普遍确立。因此，疫情的暴发虽然与资本主义社会制度无关，但疫情之所以能在全球迅速蔓延，除了新冠病毒本身的传染性极强之外，还无疑与资本全球化运动带来的世界性普遍交往与国际人口高频次流动密切关联，这也带来了现代性问题中人与人关系的再反思。

人与人的关系并不是抽象的概念规定，而应该进入特定的生产关系具体地考察。马克思早在《关于费尔巴哈的提纲》中指出："人的本质不是单个人所固有的抽象物，在其现实性上，它是一切社会关系的总和。"② 疫情的发生不分国界与信仰之差，疫情的传播不分肤色与种族之别，但防控疫情的举措却因国别而异，承受疫情打击的能力也有强国与弱国之分，这在根本上便是由一个社会中占主导地位的生产关系性质决定的，因为生产关系决定了经济社会发展的目的。在以美国为首的西方资本主义国家，感染新冠肺炎得到医疗救治的机会就有富人与穷人之分，医疗公共资源已被高度市场化的运作机制充分稀释。在以中国为代表的社会主义国家，公费医疗制度则惠及任何一个感染新冠病毒的普通百姓，提供全民免费的新冠疫苗接种，能够不惜一切代价为人民群众的健康保驾护航。疫情冲击之下呈现出两种截然不同的人间世象，资本利益至上还是人的生命至上，实则是资本主义生产关系和社会主义生产关系的分水岭。在疫情防控背景下，中国发挥社会主义制度优势所争取到的国内有利防控局面，以及与此形成巨大反差的美国政府的防控不力，有必要在高校思政课场域中充分把握这一现实契机给出学

---

① 马克思恩格斯文集（第二卷）[M]. 北京：人民出版社，2009：35.

② 马克思恩格斯文集（第一卷）[M]. 北京：人民出版社，2009：501.

理性说明。从而拨开现象的云雾，在资本主义私有制这一生产关系的本质层面把握资本主义的实质面目。从而学理地说明只有坚持社会主义公有制主体地位，才能为人民群众的生命安全与身体健康提供根本的制度性保障，有序恢复国内经济生产与社会生活。这也对如何发挥社会主义的制度优越性提出了理论和现实的要求，也就需要在高校思想政治理论课堂上主动将这些重大的现实问题予以分析说明，增强理论性以实现思政课的路径创新。

（三）有效应对疫情需要有共同体意识和大局观，在个人主义、功利主义和自由主义思潮泛滥的时代境遇里弘扬集体主义精神和家国情怀的理想信念

应对疫情，自行居家隔离可以有效防止疫情扩散，这种高度自律不仅是对自己，也是对他人生命安全负责，是心系家国的体现。但在自由主义、个人主义思潮泛滥的社会背景下，西方社会出现的防控不力，除了政府不作为之外，很大程度上也与社会文化层面的价值取向有关。在抗击疫情需要全球守望相助的时刻，如何从防控疫情的现状出发诉诸集体主义价值自觉，如何从中西方防控疫情的不同局面分析深层次的制度之别，如何从应对疫情的现实需要出发推动构建人类命运共同体的进程，面临着理论与现实的双重挑战。疫情之下国际社会频频出现意识形态领域的暗流涌动和以美国为首的西方国家试图将疫情政治化的丑态，这就有必要将高校思政课置于战略高度积极回应这些重大现实问题。主动从马克思主义理论层面给出深刻回应，以此在文化软实力这一涉及价值观层面的深层角逐中占据国际高地，更好地推动构建人类命运共同体的现实进程。从而也将争取到西方社会内部的更多认可，发扬国际主义精神，努力为世界社会主义运动在全球的胜利取得广泛支持与群众基础。

面对百年未有之变局，新冠肺炎疫情既是对当今人类公共卫生安全的重大挑战，也是对资本主义占据世界主导格局这一现存秩序的剧烈冲击。疫情"大流行"所触发的系列问题，将世界百余年来以美国为首的资本主义霸权体系的弊病以空前尖锐的形式揭露出来。从唯物史观视野出发，全球化是资本逐利的必然结果，逆全球化现象则根源于资本逻辑所特有的悖论性，单边主义和霸权主义的盛行是帝国主义的一贯逻辑，客观上反映了跨国垄断集团和金融资本统治全球并支配着不平等国际秩序的现实。根据经济基础决定上层建筑的基本原理，个人主义、功利主义和自由主义思潮之所以泛滥于当下，从经济根源而言是私有制导致的，马克思主义的价值诉求是消除了私有制的共产主义，也因此对共产主义的追

求本身就是当下问题的破解之策。如何在这一根本立场上迎击这些错误思潮的挑战和来自西方社会的国际压力，任务艰巨。因此从学生的思想困惑与心理状况出发，增强亲和力以实现思政课的路径创新，已经势在必行。也要求我们从具体国情出发，不断将马克思主义中国化推进到时代发展的前沿。社会主义思想在古老中国的大地上落地生根绝非偶然，中华传统优秀文化资源中的许多思想成分如"士不可不弘毅""天下兴亡，匹夫有责"的使命感，是袪个人主义的文化传统，从中吸收有益成分，从而树立文化自信，以中华民族优秀的人文传统熏陶学生的心灵，从而培养健全人格，内圣外王，在高校思想政治理论教育实践中弘扬中华优秀文化，发展出中国特色社会主义文化，以文化的深沉持久之力形塑高校学生的人生价值观，增强针对性以实现思政课的路径创新，也是题中之意。

四、思政课线上教学用好疫情"活教材"的理论价值与现实意义

从疫情的暴发、蔓延到防控，这本教科书抛出的理论思考题可以归纳为三个方面：一是疫情发生所带来的关于人与自然的关系反思，二是疫情蔓延所引发的之于人与人的关系反思，三是疫情防控所彰显的人与自身、人与国家乃至国家与国家之间的关系反思。正是对这三大核心问题的回答中，呈现出了思政课线上教学用好疫情"活教材"的理论价值与现实意义：一是在马克思主义理论学科视角下回应新冠肺炎疫情所触发的相关社会现实问题，尤其是针对中西方不同疫情防控局面，将美国的防控不力和中国的战"疫"成效上升到社会制度层面加以比较，在社会发展形态高度予以成因分析，在教学内容上坚持政治性和学理性相统一；二是充分挖掘我国古代的生态思想资源以丰富社会主义生态文明教育，在中华优秀传统文化的根基中不断发展社会主义新文化，打破近代以来西方工业文明主导的文化逻辑，树立社会主义文化自信，在教学方式中坚持价值性和知识性相统一；三是主动占据意识形态领域斗争的前沿地带，旗帜鲜明地反对个人主义和自由主义等错误思潮，针对西方媒体肆意妖魔化中国的言论予以坚决反击，结合战疫的现实需要批判单边主义和霸权主义的危害，在全球化进程中逆全球化现象层出不穷之际推动构建人类命运共同体，在教学活动中坚持建设性和批判性相统一。

综上所述，本文提出在思政课线上教学内容中引入新冠肺炎疫情有关的哲学思考，重视渗透马克思主义生态观、生命观和价值观等有关经典原著的表述，通过经典原著的思想给养促进思政课教学从教材体系向教学体系转化，增强思政课

的思想性；在教学方法上根据疫情防控的具体现实提出中西方国家制度层面的差异等问题，重视中西方政治制度的比较分析和社会治理能力的深层解析，增强思政课的理论性；在教学实践中注重从学生的生活状况和思想困惑出发，结合疫情的隔离举措和应对方案，唤起学生对家国情怀和集体主义价值观的情感认同，增强思政课的亲和力；在现实观照中针对部分西方媒体恶意丑化中国的现象，力求透过现象看本质，强调打破西方主流新闻媒体的话语垄断，在国际舞台上讲好中国故事，增强思政课的针对性。由是进入马克思主义理论视域下探索这些问题的答案，最终实现思政课的路径创新。将社会主义制度优势和中国精神从疫情防控实践中予以证明，在理论上加以系统表述，从而充分用好疫情这本活教材，有效增强思政课线上教学的学理性，以更好地完成立德树人的根本任务。

参考文献：

[1] 习近平主持召开学校思想政治理论课教师座谈会强调：用新时代中国特色社会主义思想铸魂育人　贯彻党的教育方针落实立德树人根本任务 [N]. 人民日报，2019 – 3 – 19（01）.

[2] 王康. 高校思想政治理论课加强生态文明教育的思考 [J]. 思想理论教育导刊，2008（6）.

[3] 黄婧. 习近平经济思想融入高校思政课的路径研究 [J]. 学理论，2019（12）.

[4] 黄岩，朱杨莉. 中华优秀传统文化融入高校思政课的思考 [J]. 思想政治教育研究，2019（1）.

[5] 郑琼梅. 经典原著融入高校思想政治理论课的时代意蕴与原则把握 [J]. 学校党建与思想教育，2020（3）.

[6] 狄涛. 牢牢抓住新时代学校思想政治理论课改革创新的纲　坚持不懈以习近平新时代中国特色社会主义思想铸魂育人 [J]. 思想教育研究，2020（3）.

[7] 顾海良. 高校思想政治理论课"要坚持在改进中加强" [J]. 思想理论教育导刊，2017（1）.

[8] 顾钰民. 论高校思想政治理论课教学方法的研究 [J]. 教学与研究，2007（5）.

[9] 李静. 如何在高校"思政课"中加强中华传统文化教育 [J]. 学理论，2018（10）.

[10] 马超. 高校思想政治理论课增强大学生文化自信的教学着力点 [J].

思想理论教育导刊，2020（3）.

　　[11] 张秀荣，张诗豪. 新时代高校思想政治理论课教学方法改革创新的动因与路径 [J]. 学校党建与思想教育，2020（3）.

　　[12] 马俊峰，刘殷君. 信息技术融入高校思想政治理论课的路径选择 [J]. 思想政治教育研究，2020（1）.

　　[13] 卢黎歌. 试论高校思想政治理论课教材体系向教学体系的转化 [J]. 教学与研究，2009（11）.

　　[14] 杨业华. 思想政治教育环境需要深化研究的若干理论问题 [J]. 马克思主义研究，2010（6）.

　　[15] 白显良. 论高校思想政治理论课教学亲和力的逻辑生成 [J]. 思想理论教育导刊，2017（4）.

　　[16] 王雯姝. 深入贯彻落实学校思想政治理论课教师座谈会重要讲话精神　大力推进新时代高校思想政治理论课改革创新 [J]. 思想教育研究，2020（3）.

　　[17] 佘双好. 习近平关于高校思想政治工作重要论述的发展过程及基本观点探析 [J]. 思想政治教育研究，2020（2）.

　　[18] 孙代尧. 以学理性增强高校思想政治理论课的实效性 [J]. 思想教育研究，2020（4）.

　　[19] 蔡红生，魏倩倩. 优化高校思想政治理论课话语体系探赜 [J]. 学校党建与思想教育，2020（4）.

　　[20] 洪岩. 掌控高校思想政治理论课课堂教学的四种力量 [J]. 思想理论教育导刊，2020（3）.

　　[21] 马克思恩格斯文集（第二卷）[M]. 北京：人民出版社，2009.

　　[22] 马克思恩格斯文集（第一卷）[M]. 北京：人民出版社，2009.

利用在线课程辅助财经高校专门用途英语课程建设

师文杰*

内容摘要：目前国内大学英语课程改革由通用英语向专门用途、学术用途英语过渡，其过程中学校、教师、学生和教育管理机构对大学英语教学定位再思考，如财经类高校英语教学的重点转向了经济、管理相关学科专业英语和学术英语教学。本研究以财经类高校专门用途英语课程改革为例，结合 2020 年新冠肺炎疫情期间的线上学术英语教学实践，分析了财经类高校专门用途英语课程建设过程中面临的主要矛盾、改革过程中的核心问题，并探讨了借助在线课程的解决路径。

关键词：专门用途英语　学术英语　混合教学　在线课程

一、引言

专门用途英语是在 20 世纪 60 年代兴起的应用语言学、外语教学的新方向，其提出背景是将外语教学分为通用英语教学（english for general purposes，EGP）和专门用途英语（english for specific purposes，ESP）教学。专门用途英语教学设计理念是基于学习者学习需求的外语课程设置、教学材料编写、教学活动和课程考核。学术用途英语（english for academic purposes，EAP）在英语作为外语（english as a foreign language，EFL）教学范畴与职业用途英语（english for occupational purposes，EOP）同属于 ESP 的一个重要分支①。学术用途英语又可以分为通用学术英语（english for general academic purposes，EGAP）和专门学术英语（english for specific academic purposes，ESAP），通用学术英语教学目标是让学生

　＊　作者简介：师文杰：中央财经大学外国语学院，副教授。

　①　HUTCHINSON T. and WATERS A. English for Specific Purposes – A Learning – Centered Approach ［M］. Cambridge：Cambridge University Press，1987.

掌握学术英语的核心知识和技能，包括学术英语核心词汇、学术写作的语类风格、结构特点等；专门学术英语教学目标是让学习者在特定的学科领域里掌握该学科的核心词汇、基本原理和知识结构，以及学术写作的语域（register）风格和特点。

《国家中长期教育改革与发展规划纲要（2010～2020）》（以下简称《纲要》）①要求培养"具有国际视野、通晓国际规则、能够参与国际事务和国际竞争的国际化人才"。在解读、贯彻该《纲要》过程中，伴随学习者语言水平提高和需求多元化，专门用途英语和学术用途英语得到外语教学的重视，其理论和实证研究丰富了外语教学理论和实践②③④，国内学者对专门、学术用途英语研究进入快速发展阶段，对大学本科生和研究生英语改革向学术英语发展提出了倡议：减少通用英语（EGP）课程的比例，增加与专业结合更紧密的专门用途英语（ESP）和学术英语（EAP）课程，以适应更高层次的、国际化人才培养目标的需要。2020年新冠肺炎疫情暴发使得在线授课模式得到了空前广泛应用，关于英语课程在线授课效果研究陆续展开，在线课堂弥补了非在线课堂的空间和时间的同步性要求，丰富了大学英语课程体系和授课方式。但是通过网络平台授课的在线教学存在一些问题：如缺少团队作业和任务互动、缺乏小组团队成员之间有效沟通，由于技术不稳定、师生信息素养不高带来的教师和学生的焦虑以及授课效率低等问题。

二、财经高校 ESP 教学的主要矛盾

虽然近十年以学术英语和专门用途英语为核心的大学英语课程体系改革取得了一定成效，以财经类高校改革为例，本科阶段大学英语课程改革步伐加快，课程类型得到丰富，专业英语和学术英语取得一定进步，但是改革中内在矛盾依然存在，表现为以下几个方面。

（1）学校人才培养方案中的高度重视"国际化视野与国际沟通能力"的人才培养目标与实际教学中的英语课时量压缩和专业英语、学术语言可持续性习得

① 资料来源：中央政府门户网站，http://www.gov.cn/jrzg/2010-07/29/content_1667143.htm。
② 蔡基刚.学术英语再认识：学术英语或通用英语？[J].西安外国语大学学报，2019（1）.
③ 文秋芳.大学英语教学中通用英语与专用英语之争：问题与对策[J].外语与外语教学，2014（1）.
④ SHI, W. Exploring course design for a university-level ESP-based College English Program in University of Finance and Economics in China [J]. Journal of Teaching English for Specific and Academic Purposes 6, 2018（1）.

规律之间不一致；（2）通用英语课程体系的低要求、单一化课程设置与学生较高的预期学习效果和多元化、专业化的英语课程需求之间的矛盾；（3）现有英语教师队伍的知识结构以及对专业和学术英语教学的认识和实践与社会预期教学目标之间的差距；（4）传统线下授课主导的授课方式和有限的教师、课程资源无法满足学生对课程的需求，应该多渠道增加课程授课方式，采用线上与线下融合的混合式专门用途英语课程建设路径。

教育部和国家语言文字委员会 2018 年发布的《中国英语能力等级量表》（2018）① 对英语学习者的英语使用能力进行了系统的描述和分类，为不同水平的英语学习者提供了培养目标和语言能力要求，为统一中国英语学习者的语言能力提供了比较具体的描述。然而《中国英语能力等级量表》作为一项纲领性文件，没有建立针对具体学科和专业的语言能力描述量表，没有涉及关于语言交流能力中必不可少的话题知识（topical knowledge）的分量表。按照哈庆森和沃特斯（Hutchinson & Waters）对专门用途英语教学分类树状图，ESP 被分类为科技英语（english for science and technology）、商务（管理）、经济英语（english for business and economics）和社会科学英语（english for social sciences）。鉴于目前财经类高校以经济、管理和法学作为核心学科的现状，财经类高校应该围绕管理学（商学）、经济学和法学专业需求建立专门用途英语课程体系。

三、专门用途英语教学面临的问题与路径探讨

专门用途英语教学需要解决的核心问题是：谁是教学的主体？应该教授什么内容和如何教授、如何评价授课效果？

由于专业或学术英语课程设置针的跨学科特点，需要语言教师、专业课教师和该行业的从业者参与课程大纲的设计与教学、课程评估和测评环节。

教授的内容应该充分考虑到专业知识在课程中的比例，应该由专业课教师和语言教师共同实施。教学活动和场所应该不仅局限于课堂，采用学术活动模拟和案例教学，充分利用在线教学平台和优势，实施线上与线下混合式教学。语言教师应该积极参与专业课堂学习，与学生共同学习，提高专业知识在课堂中的比例。

目前解决具体问题的路径为：（1）识别并描述学生、教师、研究者和从业人员视角下的专业、学术英语需求现状；（2）调查不同学科、专业学生的专业英语

① 教育部考试中心. 中国英语能力等级量表［M］. 北京：高等教育出版社，2018.

和学术英语课程的开设和实施情况；（3）建设基于多方利益相关者需求分析的专业、学术英语发展路径和课程体系框架；（4）开发本土化、校本的专业、学术英语课程评价和学生考核体系。

鉴于此，本研究于 2018 年初步调查了语言学习内容需求，从在校本科生、研究生和毕业校友角度分析汇总。

根据表 1 计算排序公式，平均排名数值越小说明该选项内容需求度越大，因此从学习内容需求方面排名，前三位分别是与专业相关教学内容、与培养语言技能相关授课内容和与各类考试相关授课内容。

表 1 　　　　　　　　　学习内容调查（2016 级本科生）

英语课程学习内容调查 N = 572					
内容/排序	第 1 位	第 2 位	第 3 位	第 4 位	第 5 位	平均排名
英语考试	23.43%	18.88%	21.15%	19.76%	16.78%	2.88
专业有关	31.99%	24.48%	20.80%	13.11%	9.62%	2.44
听说读写译技能	28.15%	21.50%	20.63%	19.76%	9.97%	2.62
未来工作相关	8.92%	21.33%	23.95%	30.24%	15.56%	3.22
跨文化素养	7.52%	13.81%	13.46%	17.13%	48.08%	3.84

表 2 表明，参与调查的 2018 级研究生学习内容需求排名前三位的分别是专业相关授课内容、与语言技能培养和未来工作相关授课内容。

表 2 　　　　　　　　　学习内容调查（2018 级研究生）

英语课程学习内容调查 N = 235						
内容/排序	第 1 位	第 2 位	第 3 位	第 4 位	第 5 位	第 6 位	平均排名
英语考试	16.17%	16.17%	18.30%	25.53%	22.98%	0.85%	3.26
专业有关	35.32%	27.23%	20.00%	11.91%	5.53%	0.00%	2.25
听说读写译技能	25.96%	21.28%	25.11%	17.45%	10.21%	0.00%	2.65
未来工作相关	13.19%	27.23%	24.68%	25.11%	9.36%	0.43%	2.91
跨文化素养	8.94%	8.09%	11.91%	19.15%	49.36%	2.55%	4
其他	0.43%	0.00%	0.00%	0.85%	2.55%	96.17%	5.94

表3表明毕业生对学习内容需求排名前三位的分别是专业相关授课内容、语言技能培养和工作相关授课内容。调查结果表明，毕业生和在校研究生认同与专业相关的语言技能和与工作岗位相关的语言能力的重要性，而本科生认为与语言考试相关课程的重要性大于与工作相关的语言学习内容。三个群体均认同与专业学科知识相关的英语课程内容重要性。

表3　　　　　　　　　　**学习内容调查（2010届毕业生）**

			英语课程学习内容调查 N = 82			
内容/排序	第1位	第2位	第3位	第4位	第5位	第6位	平均排名
英语考试	13.41%	18.29%	25.61%	31.71%	8.54%	2.44%	3.11
专业有关	35.37%	31.71%	14.63%	15.85%	2.44%	0.00%	2.18
听说读写译技能	20.73%	32.93%	26.83%	14.63%	4.88%	0.00%	2.5
工作相关	24.39%	13.41%	17.07%	23.17%	20.73%	1.22%	3.06
跨文化素养	6.10%	2.44%	14.63%	13.41%	59.76%	3.66%	4.29
其他	0.00%	1.22%	1.22%	1.22%	3.66%	92.68%	5.85

四、专门用途英语课程教学建议：线上与线下混合教学

针对当前专门用途英语教学中学生多元化需求与课程开设不足之间的矛盾，提出如下建议：

（一）丰富ESP课程体系，充分融合线上学习与线下教学

（1）除了大纲规定的必修课之外，学校利用线上课程为学生开放选修课，包括学术英语、专业英语、语言技能英语和跨文化交际类英语课程，从而满足学生多元化需求；

（2）通过线上、线下模式举办语言为英语的学术活动和讲座，内容应该凸显通识人文教育，加强学生通才教育，让学生积极参与活动的组织、协调和主持等环节，创造更多使用英语交流机会，提高跨文化交流能力；

（3）通过线上、线下形式，学校与海（境）外学校或机构联合举办短期交流研习班，为学生提供海（境）外学术交流机会，为研究生提供海外访学交流机会，提升学生国际视野和学术交流能力；

（4）利用网络社交媒体，增加专业英语、学术英语使用场景和机会。如培养

单位组织学生创办该学科英文研究简报、社交媒体公众号，汇总国内外该学科的最新科研动态，让学生在这些活动中提高学术文献收集意识，提高英文学术阅读和写作能力。

（二）加大语言教师发展的支持力度、鼓励语言教师与专业课教师之间教学科研合作，为语言教师成长搭建平台

语言教师应该树立终身学习、跨学科学习意识，充分利用所在学校专业性特点和学科优势，结合自己教学科研兴趣与专长，积极参加专业学院（系部）线上与线下的学术、科研会议和交流活动，通过这些活动逐步了解不同专业学生、教师的学术英语需求，丰富语言教师的跨学科知识，展开有针对性的英语教学。

（三）充分利用网络资源与环境、开展线上线下混合式教学

2020 年春季学期，受疫情影响，全国各高校大学英语经历了一学期在线教学，教师基本熟悉了在线教学平台的教学环境，掌握了利用大数据带来的学习便利和资源共享。具备了进一步开展线上、线下混合式教学的基本条件。笔者从财经类专业资讯使用和课程设计方面分享如下。

1. 利用国际专业机构网络资源，为教师和学生提供优质、专业和实时的学习资源。

教授商务英语、财经英语或者学术英语等课程时，笔者推荐下列机构网站资源（如表 4 所示），在相关章节导入课堂，学生课后访问网站展开深度学习。从学生反馈得知，这些网络资源是获取最新专业资讯、行业发展动态的优质平台，是培养具有国际视野的财经类学生必读网站。

表4　　　　　　　　　　　　　国际专业机构网站示例

机构类别	机构名称	网站
全球经济、金融	世界银行	http：//www. worldbank. org/
	世界经济合作与发展组织	http：//www. oecd. org/
	国际货币基金组织	http：//www. imf. org/external/index. htm
	国际结算银行	https：//www. bis. org/
	环球银行金融电信协会	https：//www. swift. com/

机构类别	机构名称	网站
商业、专业	国际商会	https：//iccwbo.org/
	透明国际	https：//www.transparency.org.uk/
	世界知识产权组织	https：//www.wipo.int/portal/en/index.html
	国际劳工组织	https：//www.ilo.org/global/
	世界卫生组织	https：//www.who.int/about/what-we-do
行业、资讯	经济学人信息中心	http：//www.eiu.com/
	国际财务报告准则	https：//www.ifrs.org/
	联合国粮食及农业组织	http：//www.fao.org/statistics/en/
	皮尤研究中心	http：//pewresearch.org/

资料来源：作者整理。

首先，教师利用在线课程丰富专业知识。疫情发生之后，学术会议多在线、开放举行，教师可以参加直播会议、回放观看学习，扩大了 ESP 教师的学习空间和机会。其次，教师可以利用好网上慕课、微课等资源学习并了解所教授专门用途英语知识。

2. 利用在线平台功能、拓展授课和学习途径。

利用好教学平台签到、直播、通知、讨论和作业功能。签到功能示例如下，在上课签到时教师会要求学生输入本课程相关的词汇作为代码，如在学习财务报表时：Type income for accessing teacher camera view and sound, type outgoing for failed access。这样学生可以通过签到来巩固所学专业词汇。表 5 列出签到示例。

表 5 **学生线上课程签到和在线状态检查**

签到和检查（Check-in Typing）		
Modules	Typing	Functions
Accounting Basics	Accounting	for accessing my view and sound
	Auditing	for failed access to my view or sound
Corporate Finance	Bonds	for Ready for the class
	Loans	for Not Ready
Business Types	Private Company	for Ready for the class
	Public Company	for Not Ready

续表

签到和检查（Check-in Typing）		
Modules	Typing	Functions
Central banking	Bank of England	for Ready for the class
	the Federal Reserve	for Not Ready
Economic Cycles	Inflation	for Ready for the class
	Deflation	for Not Ready
Monetary Policy	Rate Hike	for accessing my view and sound
	Rate Cut	for failed access to my view or sound
Exchange Rate	Index Surge	for accessing my view and sound
	Plummet	for failed access to my view or sound
Research Methods	quantitative	for accessing my view and sound
	qualitative	for failed access to my view or sound
Writing Papers	Theoretical	for accessing my view and sound
	Empirical	for failed access to my view or sound
Fiscal Policy	loosened	for accessing my view and sound
	tightened	for failed access to my view or sound

同样，在结束课程打卡签到时，要求学生上传一句话音频总结单元内容，如在结束相关章节课程时要求学生用英文完成表6中的一项任务。

表6　　　线上课程下课前"一句话知识点回顾"（**Check-out Audio Reply**）

Modules	Tasks	Requirements
Paper Structure	What is the role of literature review	（1）in one audio clip
Central Banking	What are the main functions of PBoC	（2）well-organized
Monetary Policy	What monetary policies were adopted by China in response to COVID – 19	（3）using technical terms properly

教师可以在下课后审听学生录音，发现学生发音和专业术语使用错误，进行个性化反馈。在线平台强大功能之一是作业布置、回收、评阅和反馈功能，教师可以收集各种形式作业：文字、照片、语音、视频等形式。教师充分利用网络平

台作业功能，为学生布置多元化作业，强化了学习效果，得到了学生认可。例如有一项作业学生反映收效较好：制作一分钟专业话题视频。该作业要求学生利用和掌握知识点，阅读获取相关报道、学术文献素材，写出总结，再录制视频上传。该项作业的评分标准包括：内容（与知识点相关度）、语言规范（语音、语调、准确性、流利度）和肢体语言（手势语、面部表情、目光交流等）。示例参见表7。

表7　　　　　　　课后作业"一分钟视频"（One-minute Video Reply）

Modules	Tasks：To present	Requirements
Paper Structure	the abstract of a paper of interest in economics or business	(1) in one-minute video-clip
Central Banking	the main functions of Bank of England	(2) well-organized & clearly presented
Monetary Policy	a summary of one paper on monetary policy	(3) using technical terms properly
Fiscal Policy	a piece of news on fiscal policy	(4) using proper body language

3. 学生对线上授课与作业的评价。

《学术英语》结课后，笔者采用5分制里克特量表调查了课程满意度。表8表明，学生对该课程总体满意度（4.39）和教学活动（4.38）评分较高，对教材和网络资源评价最高（4.61），而学生对在线教学满意度评价最低（3.66）。后期访谈得知，线上教学过程中虽然教师和学生的时间付出高于线下教学，但是学习效率和效果不如线下教学，其中缺乏团队互动、设备和教学平台不稳定、授课和考核作业带来的焦虑均影响学习效果。

表8　　　　　　　对本学期学术英语线上教学评价 N = 70

课程在线教学与安排	最小值	最大值	平均值	标准差	中位数
总体满意度	3	5	4.39	0.609	5
教材和网络资源	2	5	4.61	0.75	4
仅安排在一学期	2	5	3.92	0.896	4
课堂活动	2	5	4.38	0.785	5
本学期在线教学	1	5	3.66	1.109	4

通过对课程在线作业调查，研究者发现学生对线上作业总体评价较高，表9

表明，学生对写作练习（4.36）和翻译作业（4.30）评价最高，对制作一分钟视频评价最低（4.06）。访谈得知，学生在线学习期间几乎每门课程均布置在线作业，《学术英语》作业中的"制作一分钟专业内容视频"难度最大，要求最高，完成作业耗时最多，所以学生评价较低。

表 9   学生对线上作业评价

基础指标 N = 70					
名称	最小值	最大值	平均值	标准差	中位数
写作	2	5	4.36	0.707	4
翻译	2	5	4.30	0.792	4
词汇朗读并录音	1	5	4.30	0.88	5
新闻听写	2	5	4.20	0.867	4
制作一分钟作业内容视频	1	5	4.06	0.968	4

该调查结果认同了在线教学的一些优点，同时也发现了在线教学在教授语言类课程中的缺点。

4. 利用线上平台、AI 等技术辅助教学，提高教师信息素养。

一些学者关于翻转课堂在学术写作中的有效利用[1]和网络环境下的学术英语教学[2]的研究提供了利用在线授课环境和现代教育技术提高教学效果的示例。但是近期大范围在线授课也暴露出一些问题[3]，如知识产权保护、网络信息安全、网络通信保障等问题。因此需要加强教师在信息技术素养、数字软件方面培训[4]。成功开展线上教学的一个关键因素为教师对信息技术的把握和熟练运用，而教师在信息技术方面应该向学生学习，因为在学生提交作业、课堂展示过程中展现了对软件的熟练运用，他们的视频拍摄、后期编辑、艺术创意等技能均好于大部分教师在该领域的技能；另外，学生在外语学习行为方面的另一个明显变化是利用多种网络资源，包括音视频网站和多种应用（App），例如词汇学习 App、英文报刊阅读 App 等。

---

[1] 李广伟，戈玲玲. 基于语料库的学术英语翻转课堂教学模式构建与应用研究 [J]. 外语界，2020 (3).

[2] 龙芸. 学术英语课程在大学英语应用提高阶段的定位研究——网络环境下的 EAP 课程实践 [J]. 外语界，2011 (5).

[3] 郭英剑. 疫情防控时期的线上教学：问题、对策与反思 [J]. 当代外语研究，2020 (1).

[4] 骆贤凤，马维娜，姚育红. "停课不停学"背景下大学英语在线教学实践研究：问题、措施与效果 [J]. 外语电化教学，2020 (3).

五、结束语

专业英语和学术英语课程建设需要学校、教师、学生和社会多方参与，充分了解学习者、教师和行业雇主的语言需求，利用线上线下混合教学环境的优势来丰富课程和满足多方需求。课程建设过程中语言教师为主体，加强教师信息素养和专业课知识拓展，围绕"教什么？如何教？如何评?"构建语言技能与人文素养结合、专业学习与学术素养融合的 ESP 课程体系，以培养出具有国际视野和良好跨文化沟通能力，能参与国际竞争和国际规则制定的复合型人才。

参考文献：

[1] 蔡基刚. 学术英语再认识：学术英语或通用英语？[J]. 西安外国语大学学报，2019（1）.

[2] 国家中长期教育改革和发展规划纲要（2010～2020 年）[EB/OL].（2010－07－29）. http：//www. gov. cn/jrzg/2010－07/29/content_1667143. htm.

[3] 郭英剑. 疫情防控时期的线上教学：问题、对策与反思 [J]. 当代外语研究，2020（1）.

[4] 教育部考试中心. 中国英语能力等级量表 [M]. 北京：高等教育出版社，2018.

[5] 李广伟，戈玲玲. 基于语料库的学术英语翻转课堂教学模式构建与应用研究 [J]. 外语界，2020（3）.

[6] 龙芸. 学术英语课程在大学英语应用提高阶段的定位研究—网络环境下的 EAP 课程实践 [J]. 外语界，2011（5）.

[7] 骆贤凤，马维娜，姚育红. "停课不停学"背景下大学英语在线教学实践研究：问题、措施与效果 [J]. 外语电化教学，2020（3）.

[8] 文秋芳. 大学英语教学中通用英语与专用英语之争：问题与对策 [J]. 外语与外语教学，2014（1）.

[9] HUTCHINSON T. and WATERS A. English for Specific Purposes－A Learning－Centered Approach [M]. Cambridge：Cambridge University Press，1987.

[10] SHI，W. Exploring course design for a university-level ESP－based College English Program in University of Finance and Economics in China [J]. Journal of Teaching English for Specific and Academic Purposes 6. 2018（1）.

疫情前后中央财经大学的预科汉语教学

胡　梦[*]

内容摘要： 中国政府奖学金来华留学生的预科汉语教学属于传统对外汉语教学，但又和一般的语言进修生有明显的差异。以往的预科教学是一种基于目的语环境的集中强化教学，具有强度大，时间短，要求高的特点。由于疫情的原因，目的语环境中的集中强化教学转变为线上预科教学，这种变化对预科汉语教学来说是一个巨大的挑战。本文探讨了疫情前后中央财经大学预科汉语教学的不同特点，并对疫情后的纯线上教学提出一些切实的建议。

关键词： 预科汉语　线上教学　汉语教学

一、引言

2020 年伊始一场突如其来的新冠肺炎疫情打乱了传统线下上课的节奏。由于疫情来势凶猛，同时国外的很多学生也不能回到中国，传统的线下课程只能转为线上教学。中央财经大学国际文化交流学院的中国政府奖学金来华留学预科生（下面也称为"公费来华留学预科生"）汉语教学也不例外。本文将简要探讨疫情前后预科汉语教学的特点，以及对未来一两年预科汉语可能出现的常态化线上教学做出一些展望。

二、疫情前预科汉语线下教学的概况及特点介绍

教育部在 2009 年 3 月 13 日发布了《教育部关于对中国政府奖学金本科来华留学生开展预科教育的通知》，并决定于 2010 年 9 月 1 日起，对中国政府奖学金

＊ 作者简介：胡梦：中央财经大学国际文化交流学院，预科部主任，预科教师。

本科来华留学生新生在进入专业学习前开始开展预科教育。公费来华留学预科生需要在一年以内达到一定的汉语水平才能正式进入本科院校进行专业学习。按照《来华留学生高等教育质量规范（试行）》的要求：以中文为专业教学语言的学科、专业，中文能力应当至少达到 HSK 4 级水平[①]。在 2013 年以前，公费来华留学本科生接受院校一般也要求至少达到 HSK 4 级水平。从 2013 年起，所有公费来华留学预科生开始进行预科生汉语结业考试，也称为"汉语综合统一考试"（王佶旻，黄理兵，郭树军，2016）。而目前的公费来华留学预科生大部分来中国进行预科学习的时候都是汉语零起点的学生。公费来华留学预科生的教学对象具有年龄小、自控差、学习动机不强的特点，而一年的预科教育的教学目标具有时间短、标准高的特点（翟艳，2018）。

整体而言，公费来华留学预科生能在一年时间内从汉语零基础达到超过 HSK4 级的水平，并且学习一部分与本科专业相关的专业课（经贸汉语、科技汉语、医学汉语等）和基础性课程（数理化），使学生达到教育部制定的公费来华留学预科生总体培养目标的标准：学生在汉语言知识和能力、相关专业知识以及跨文化交际能力等方面达到进入我国高等学校专业阶段学习的基本标准[②]。主要得益于以下三个方面。

（一）线下目的语环境中的集中强化教学

学界普遍认为，目的语环境对二语习得有着重要的促进作用。张崇富（1999）提出目的语语言环境一方面可以为学习者提供必要的语言输入并影响学习者的动机和态度，另一方面为学习者提供学习机会（包括正式和非正式）和反馈信息的场所。

从这种意义上来讲，预科汉语教学也是一种充分利用目的语环境的强化教学。

中央财经大学的预科生线下汉语教学，在课时方面，根据学生学习的状况，我们采取灵活机动的排课方式，周课时量在 32~40 节之间浮动。在排课模式上，我们采取白天分班教学，晚上集中大班自习＋辅导，以及周末课余时间学困生小班辅导的形式。在课型设置上，我们根据学生阶段性的需求和学习状况，采取灵

[①] 《来华留学生高等教育质量规范（试行）》要求：以中文为专业教学语言的学科、专业，中文能力应当至少达到 HSK 4 级水平。

[②] 《教育部关于对中国政府奖学金本科来华留学生开展预科教育的通知》：来华留学预科生总体培养目标的标准：使学生在汉语言知识和能力、相关专业知识，以及跨文化交际能力等方面达到进入我国高等学校专业阶段学习的基本标准。

活的方式适时进行调整。在教学评价上，我们采取每周测评的周考形式，及时发现学生的学习问题并及时查漏补缺。在教学中，我们十分强调听写背诵复习，布置预习作业等。

在目的语环境中，集中强化的教学模式保障了学生快速的语言习得。

（二）线下目的语环境下构建良好的学习氛围

为了突出目的语环境的优势，中央财经大学国际文化交流学院还经常组织学生在周末和课余时间参加文化体验活动，比如：观看功夫表演，参观长城，参加学校校庆活动，跳绳比赛等。除此之外，在目的语环境中我们还致力于为学生营造良好的学习环境，比如，每个班级有专门的教室，班主任会组织学生一同构建班级文化（设计板报，制定班规等）等。

在目的语环境中，良好的学习氛围让学生和教师以及学生和学生之间建立了良好的情感连接。学生会产生班级荣誉感和班级归属感，学生之间可以形成一对一互帮互助小组。这些都促进了预科生的语言习得。

（三）严宽有度的严密线下管理体系

翟艳指出（2018）中国政府奖学金预科生培养院校不约而同地把管理提高到保证教学质量的高度。例如多所预科院校设置的三级谈话制度，专门设置预科学院等。

中央财经大学国际文化交流学院在线下教学中也非常重视预科生的管理。

首先，严格执行考勤制度，每节课点名登记，对迟到病假事假旷课的学生第一时间在预科教师微信群进行反馈，并由班主任（如果未上课）和辅导员进行双向联系沟通，及时督促学生按时上课。其次，根据国家留学基金委对预科生的管理要求，学院制定了详细的综合测评扣分体系，从上课、作业、考试、生活学习纪律等多个维度对学生进行量化管理。再次，学院专门针对预科生制定了预科生行为规范。最后，对于学困生、学习态度不好的学生、生活出现问题的学生、心理出现波动的学生统一采取班主任＋辅导员、教学主任、院领导的三级谈话制度。

以上种种方式方法，对预科生良好的生活习惯和学习习惯的养成起到了很好的促进作用，进一步保障了预科生语言的学习效果。

三、疫情中预科汉语线上教学特点分析

2020 年春季学期由于疫情原因，中央财经大学所有课程一律采用线上教学

的方式。国际文化交流学院预科生的课程属于最早开始线上教学的课程之一。2月3号，所有预科生就开始了正常的线上学习。这种线上教学的方式持续了5个多月。我们采用的教学平台是已经非常成熟的美国在线会议软件平台Zoom，主要采取直播上课的方式，对于有巨大时差不能上课的学生采取发送录播课的形式。作业的布置和反馈主要利用微信和问卷星。在本学期的线上教学过程中，我们坚持做到了每周考试，周考通过问卷星进行。下面简单分析一下第二学期线上教学的特点。

（一）线上教学的优点

首先，线上教学形式新颖，初期教学效果良好。Zoom平台在分享屏幕时可以看到打开摄像头的学生，所有学生都可以实时连麦互动，由于师生之间已经经过上个学期线下课程的了解，互相之间比较熟悉。再加上大部分的留学生从来没有尝试过在线学习，在最初用Zoom进行直播课的时候，学生普遍表现比较兴奋，觉得这种上课形式有趣新鲜。所以学生的课堂参与度比较高，学习热情度高。在最开始几周，教学整体效果和线下区别不大。

其次，线上教学方便随时利用线上各种有利于教学的资源。由于师生之间缺少了面对面的直接交流，教师在解释一些词语时，跟线下相比，运用了更多直观的图片、视频进行辅助教学。而在线教学可以非常方便快速提取这些网络资源。

最后，在线教学作业形式更加丰富，重点知识可以反复复习。本学期线上教学的作业采取微信发送图片＋问卷星发布练习的形式。问卷星主要为线上作业，选择题居多，学生做完以后可以实时知道自己做的情况，并且保留自己的做题报告，并可以反复多次练习。教师通过问卷星查看学生作业完成情况也非常方便。微信发送作业照片的线下作业，主要练习汉字书写，作业包含字词、短语、句子、篇章等各种形式。线上线下双重作业形式对教学资源的利用达到了非常高的程度。

（二）线上教学的缺点

第一，课程课件教学资源的针对性存在问题。由于疫情突如其来，预科生的线上课程是匆忙上线的。选择完教学平台以后，直接将线下的教学资源搬到了线上。也就是说目前的一些教学资源并不是专门针对线上教学的。

第二，上课环境干扰性大。预科生有的在国外自己家里上课，有的学生在中国校内的寝室上课。上课的过程中时常出现受他人干扰的情况，比如，国外在家上课的学生会有家人时常进出上课的房间，住寝室的学生会受到室友的干扰等。

第三，预科生网络时差问题严重。中央财经大学预科生非洲学生居多。很多学生国家网络状况不好，会出现上课卡顿严重，上课掉线等诸多问题，有的学生甚至没有网络不能上课。还有一部分学生和中国的时差较大，有一部分学生不能正常上所有的直播课，有一部分学生长期晚上或凌晨上直播课。网络和时差的问题直接影响到了学生的学习效果。

第四，学生长期面对电脑屏幕，身体健康存在问题。由于下学期预科学生的学习任务量很大，所以课程的安排也比较多，留学生长时间面对屏幕，很多学生出现用眼不适的问题。长时间坐在电脑屏幕前，有些学生很容易出现疲乏、困倦等问题。

第五，教师传统线下教学方式受限。线下教学和线上教学区别还是比较大的。比如，在线课程教师肢体语言、动作教学受到了比较大的限制。师生不能直接进行眼神交流。线下一些诸如分组表演、分组讨论的课堂活动难以展开。

第六，在线评估的真实性存在问题。在开始两个月内，学生使用在线考试，在线考试选择题多。在最初的在线考试中，有的学生存在作弊现象，考试成绩水分很大。

四、中国后疫情初期预科汉语线上教学展望

目前，中国大部分地区的第一波疫情已经得到非常有效的控制，虽然有个别城市疫情出现一定程度的反弹，但是在 2020 年 9 月，大部分地区的学校基本实现了正常的复学。但是国外的疫情还十分不稳定，很多国家确诊人数还在大幅度增加，还有不少国家疫情依然处于大暴发阶段。由于国外的疫情没有得到有效控制，海外的预科生无法进入中国接受目的语环境的预科学习，2020～2021 学年的预科生汉语教学采用的是纯线上教学的形式，而这些学生大部分从未学习过汉语。对于完全零基础的预科生全部采取在线教学的方式很显然是一个巨大的挑战。

（一）全在线预科教学存在的问题

在目的语环境中，学生更容易对固定的班级、同学和教师产生情感上的依赖。而这种情感连接对于高强度的学习者能起到很好的促进作用。线下目的语环境中的集中管理模式也能从外部对学生进行很好的监督。

前面已经对一学期的线下集中教学＋一学期的线上教学出现的问题进行了讨论，下面简单讨论一下完全的线上教学遇到的一些问题。

首先，非目的语环境会导致班级学生和教师之间的情感连接变薄弱。学生自己在家学习缺乏浓厚的集体氛围，学生容易产生孤军奋战的情绪。如果学生自身内在学习动机不是特别强烈，那么比较容易放弃。

其次，非目的语环境学生接触汉语的机会会变少，那么相对于以往在目的语环境中学习的预科生，纯线上学习的预科生汉语的使用机会大大减少，在目的语环境中自然习得的机会几乎为零。

再其次，由于现实距离的影响，学校和教师对学生的监督效果会变差。比如，在线下，如果学生想偷懒旷课，相关教师管理人员可以马上找到该学生并督促其上课。但是在线上，管理老师只能通过网络进行联系。如果学生不回应，那么教师的监督作用就很有限。

最后，由于预科的结业考试有汉字考查要求，所以对于很多零基础的预科生，教师要从头开始进行在线汉字教学。由于是在线课程，教师没有办法实时观察到学生书写汉字的过程，教师对学生汉字书写规范性的指导性会变差。

（二）全在线预科教学的建议

想要在同等时间内（一学年两学期）让零基础的预科生通过在线学习达到《来华留学生高等教育质量规范（试行）》中提出的至少 HSK4 级水平的要求，并完成预科生专业基础课程的学习，我们需要从学生分配到学生教学再到学生管理做出一定的有针对性的调整。

1. 时差问题。

要将分散在全世界各地的学生集中在一起在网上进行教学，首先，要解决学生时差跨度大的问题。目前全国有 17 所公费来华留学预科生培养院校，每所学校的学生都由国家留学基金委相关部门进行统一分配。按照往年的情况，每所学校分配的学生的地区来源都是比较分散的，比如 2019～2020 年度中央财经大学的 58 名预科生的国家遍布五大洲，学生所在国与中国的时差从一小时到九小时不等。因此，笔者建议在今年的特殊情况下，国家留学基金委在分配学生时应尽量考虑学生所在国时差的集中性问题，这样更有利于每所院校安排本校的在线课程。其次，由于每所院校接收的专业有所不同，不可避免会出现在单一院校的预科生所在国时差无法集中的情况，那么，培养院校在分配班级时就应首先注意时差问题，在进行分班时要将时差作为一个重要的考虑因素。

2. 网络问题。

目前的公费来华留学预科生的生源国大多数是发展中国家，还有不少是特别贫困的国家。这些国家的网络情况比较差，网速快的网络比较贵。如果学生所在国存在网络问题，那么纯在线课程基本无法实现。因此，笔者认为，国家留学基金委本次在录取学生时要考虑到学生所在国的网络情况，确保将要参加在线课程的预科生可以解决网络问题。各培养院校在开课前也要和学生做好沟通，要让学生保证自己可以解决网络问题，并且承诺不会因为网络问题旷课，才能让该学生参加在线课程。

3. 情感互动问题。

郭成（2001）指出，教学总是在一定的社会环境中进行并不同程度地受到同伴、师长的影响，这就构成了教学的人际环境，主要包括同伴关系和师生关系。课堂上教学信息传递的有效性与师生关系的和谐呈正比，即"亲其师而信其道"。

在语言学习中情感因素同样起着重要的作用，那么完全的在线教学如何建立起师生和生生之间良好的情感连接呢？笔者认为可以通过建立虚拟社区的方式来实现。

首先，我们应建立一个虚拟学习社区并培养学生对这种虚拟学习社区的情感依恋。比如，建立班级微信群，以班级微信群为中心进行内容生产从而建立对虚拟社区的情感依恋。线下教学的班级微信群主要用于发布通知以及作业。而线上的班级微信群可以发挥更大的作用，比如微信群定点信息发送，可以包括作业、通知、视频、趣闻、练习等各种信息。还可以在微信群布置需要全体学生共同在微信群完成的作业，通过班级协作来建立联系，比如，在微信群玩接龙游戏、编对话、提交作业、分享笔记等。布置朋友圈日志作业，教师学生对朋友圈日志进行互评建立联系。

其次，我们可以通过"破冰"游戏来进行情感互动。在正式开始在线课程前设计一些交流互动来了解每一名学生的基本情况。在每一天的在线课程开始前两分钟设计一些活动游戏来了解每名学生今天的基本情况。通过破冰游戏了解到的学生的基本情况，在后面的课程中可以用来设计课堂中需要练习的例句。这样学生可以感受到自己被关注和被重视，能增加师生和学生之间的情感连接。破冰活动除了可以了解学生的基本情况，还可以预热课堂氛围，为接下来的教学做好准备。

4. 在线课程问题。

第一，在课程形式方面，传统的线下汉语课堂的基本教学步骤是复习、导入新课、语言点展示、语言点操练、语言总结及布置作业。由于纯在线课程没有目的语环境的优势，学生接触汉语的机会大幅减少。所以线上直播课应该将上课的重点放在操练上，尽可能在直播课过程中让学生开口练习汉语。因此，笔者建议在线课程的形式应调整为录播课＋直播课的形式。录播课主要是语言点的介绍和展示。直播课主要是语言点的操练和练习。除了录播＋直播的基本教学形式，为了增加学生的开口度，可以增加助教采用一对一在线交谈的方式促进汉语的使用。

第二，在教学前吸取本学期的经验教训，要求学生在一个固定的安静的场所进行学习。避免学习过程中被打扰。并将每节课的时长缩短，比如每30分钟休息5分钟的形式。在上课过程中还可以设计一些需要学生动手起身活动的课堂活动，缓解学生长期面对电脑屏幕出现的疲惫困倦问题。

第三，在教学过程中，课程内容上需要设计更多和学生自身相关的内容，增加学生的参与感。教学过程中互动形式要多样化，并且比线下课程互动要更加频繁，弥补肢体语言、眼神交流等方面的缺失。互动形式可以有打字、开麦回答、点人问答、当堂练习、练习反馈、问卷调查等多种形式。还可以结合一些技术手段来实现实时互动，比如"雨课堂"可以实现课堂弹幕，练习正确率反馈，课堂高频词云图等。除此之外，课堂活动要充分利用在线资源，设计丰富多彩的形式，比如，寻找适合学生水平的动画或影视作品，让学生自己写对话，进行配音练习。利用教学平台的白板进行你画我猜游戏等。由于每名学生都在自己国家上课，每名学生上课的环境都不一样，还可以充分利用每名学生所处的现实环境创造真实的教学资源，比如，直播介绍自己的房间，介绍自己的家人，介绍自己的玩具，介绍自己的宠物等。

第四，在作业布置方面，作业的形式可以更加丰富多彩。除了传统的练习本作业，我们还可以利用一些类似于"配音秀"的软件布置口语作业，利用"Quizlet"布置在线习题集，利用"问卷星"发布选择填空作业，布置拍视频的作业、网络日志作业、微信群作业、微信对话作业等。可以给学生介绍汉语语言类游戏，比如"fun fun mandarin"。还可以给学生推荐适合他们水平的中文歌和中文电影。力求在非直播课时间，学生在非目的语环境中尽可能增加接触汉语的机会，全方位地多接触汉语。对目的语环境的缺失做出最大限度的补偿。

第五，在考核方面。作业练习要及时反馈，增加互动和情感联系。班级和学校都要及时作阶段性总结和评优，增加学生的成就感和竞争意识。由于是全在线教学，总结和评优的频率应高于传统线下教学，力求增加集体感和凝聚力。为了避免抄袭，对于学生的考核内容，知识性内容应降低比重，而能力性内容要增加比重。

第六，在管理方面。任课教师和管理人员要更加紧密配合，实时沟通反映学生班级情况。在开学初管理人员要掌握学生的多种联系方式，比如注册微信号、国外的社交软件号，国外的电话号码，邮件，监护人的联系方式等。管理人员还要和学生家人建立联系，让学生家人配合起到监督学生学习的作用。

五、结语

中国政府奖学金来华留学预科生教育是一种基于目的语环境的集中强化教学，具有强度大，时间短，要求高的特点。由于疫情的影响，预科教育被迫转为线上教学，这对预科教学来说是一种全新的挑战。让五湖四海的学生在自己的国家通过一个学年的线上教学达到同目的语环境中的预科生同等的语言水平，不能只把以前的线下内容转移至线上，而应该从入学分配学生到考核，对整个过程都做出一定的调整和改变。

线上教学一定要利用好各种线上资源，从繁杂的在线资源中选择出适合学生的资源，配合教学的不同环节充分使用。弥补线上语言环境缺失的劣势，充分发挥在线资源的优势，对学生进行语境补偿。

一年的预科学习除了学习语言和基础专业知识，目的语环境还可以帮助学生快速适应跨文化交际障碍，为本科学习打好坚实的基础。那么全在线预科教学在跨文化交际方面是否应该专门增加相应的课程和活动来弥补非目的语环境的不足呢？这也是一个有待继续研究和考查的问题。

参考文献：

[1] 王佶旻，黄理兵，郭树军．来华留学预科教育"汉语综合统一考试"的总体设计与质量分析 [J]．语言教学与研究，2016（2）：53－58.

[2] 翟艳．汉语预科教育模式的建构 [J]．国际汉语教学研究，2018，19（3）：12－16.

[3] 张崇富．语言环境与第二语言获得 [J]．世界汉语教学，1999（3）：84－90.

[4] 郭成．试论课堂教学环境及其设计的策略 [J]．西南师范大学学报（人文社会科学版），2001，27（2）.

［5］赵欣，周密，于玲玲等．基于情感依恋视角的虚拟社区持续使用模型构建——超越认知判断范式［J］．预测，2012（5）：14－20．

［6］赵金铭．汉语预科教育再认识［J］．国际汉语教学研究，2016（2）：18－25．

［7］国家教育委员会．关于加强外国留学生科技汉语教学的通知［Z］．教外综［1986］551 号．

［8］教育部．教育部关于对中国政府奖学金本科来华留学生开展预科教育的通知［Z］．教外来［2009］20 号．

关于线上教学三个核心问题的探讨

高　言*

内容摘要： 2020 年上半年，由于新冠肺炎疫情，大多数高校都采取了线上教学的教学模式。本文基于作者线上教学的多门课程的相关经验，从"线上教学有何特点""如何尽可能地保证线上教学（至少）达到与线下教学同样的教学效果""线上教学适合什么样的课程"三个核心问题出发，进行了有针对性的探讨。

关键词： 学习范式　线上教学

一、引言

自 21 世纪开始，欧美国家的高等教育界便开始探索推动大学向"学习范式"转型的实践。"学习范式"指的是通过教师革新教学方法，促进学生在教师和同伴的积极互动中进行学习，把学生看作是学习过程的主体，对自己的学习负责，着力培养学生的问题解决能力、批判性思维能力和反思能力[1][2][3]。这与前英国国家学术奖理事会（CNAA）对高等教育课程的认识"促进学生的智力和想象力、理解力和判断力，解决问题的能力及良好的社会交往能力、整合知识的能力以及在更广阔的视野中去认知自己所在研究领域的能力"不谋而合[4][5]。可以说，向

---

* 作者简介：高言：中央财经大学金融学院，副教授。

[1] 陆昉. 推进课程共享与教学改革　全面提升大学教学质量 [J]. 中国大学教学，2014（1）：8–12.

[2] 大卫·帕尔菲曼. 高等教育何以为"高"——牛津导师制教学反思 [M]. 北京：北京大学出版社，2011：201–202.

[3] 刘海燕. 向"学习范式"转型：本科教育的整体性变革 [J]. 高等教育研究，2017（1）：38：48–54.

[4] VELETSIANOS, G., and SHEPHERDSON, P. A systematic analysis and synthesis of the empirical MOOC literature published in 2013 – 2015 [J]. International Review of Research in Open& Distance Learning，2016（2）：198–221.

[5] SERGIS, S., SAMPSON, D. G., and PELLICCIONE, L. Investigating the impact of flipped classroom on student's learning experiences：a self-determination theory approach [J]. Computers in Human Behavior，2018（78）：368–378.

"学习范式"转型是国际高等教育改革的共同趋势。我国的高等教育发展也认识到了这一趋势。2015 年，国务院印发了《统筹推进世界一流大学和一流学科建设总体方案》，以推动和实现我国从高等教育大国向高等教育强国的理论实践。而中国要建设一流的本科教育，必须向"学习范式"转型，使学生"学会学习"和"教会学生学习"成为提升中国大学本科教育质量的关键。

从技术手段上来看，随着"互联网＋"学习时代的到来，国内外的在线教育蓬勃发展，在线教育资源与配套学习平台可以为学生的自主学习提供支持性环境，更有力于促进高等教育"学习范式"的实践。特别是 2020 年上半年，由于新冠肺炎疫情，各大高校开始开展线上教学，更是发展与探讨"学习范式"的一次机遇和挑战。作为投身于线上教学的教师中的一员，我承担了计量经济学和行为金融学 2 门课程的 3 个本科课堂，并分担了行为金融学 1 个研究生课堂的教学工作。基于以上的线上教学经验，我提炼了线上教学的三个核心问题来进行探讨。

二、线上教学的三个核心问题

第一个问题是：线上教学有何特点？线上教学与线下教学有很多不同，我认为以下三点对教学过程与效果的影响最为显著。（1）线上授课过程的稳定性受到授课平台、学生人数和网络等因素的影响。（2）线上教学无法看到学生的即时反馈，教师无法即时进行对应的互动。教师线下教学时是看着学生的脸进行授课的，学生对授课内容的第一反应会呈现在其表情上。讲得精彩的地方，学生们会会心一笑；讲得晦涩的地方，学生们会眉头紧锁。这时，教师就会对知识点进行不同角度的阐释与说明；讲得有争议的地方，学生们会流露出疑问的神情。这时，教师会通过反问的方式了解学生的想法。而目前的线上授课是无法做到这一点的。（3）线上授课给予学生更加灵活的学习选择。学生在学习时间、时长上有一定的灵活性和自主性。有些学生会由于各种主客观的原因拖延学习时间，不能及时完成学习任务。

线上教学的以上三个特点实质反映了它与线下教学相比较在教学过程中的不足。那么，进行线上教学，我们需要尽量克服以上困难，来保障其与线下教学的效果相当。所以，接下来的第二个问题是：如何尽可能地保证线上教学（至少）达到与线下教学同样的教学效果？我认为以下三个方面至关重要。

（一）精心营造课堂氛围

线下教学对学生的自律性要求很高，这对大多数学生来说是一个挑战。教师需要协助学生逐步培养和强化其学习的自律性与自主性，我认为课堂氛围的打造非常重要。线上教学需要营造与线下教学类似的严谨认真的教学环境，让学生身临其境，从潜意识上知道自己不是在看电影、打游戏，而是要进入课堂进行学习。换句话说，课堂需要仪式感。我认为课堂氛围的营造可以从以下两个方面着手。第一个方面是明确课堂规则。线下课堂有明确的课堂纪律，线上课堂也不例外。课堂规则中需要让学生明确地知道课程进行中可以做什么，不可以做什么。当然，我们不能像线下课堂那样要求学生不吃东西、不看手机。这种要求是无效的，因为我们无法监管。但是，我们可以让学生知道需不需要签到，迟到了怎么办。再比如什么时间提问。有些学生一听不懂马上在班级群里提问，这样一是不利于培养学生独立思考的能力，二是会打扰正在听课的同学。那么，我们就可以根据课程性质在课堂规则中明确提问时间。规则的制定可以保证课堂正常的教学秩序，确保教学任务按计划进行。

营造课堂氛围的第二个方面是充分准备确保课堂正常运行，并从细节入手合理设计授课进程。为了降低平台系统和网络不稳定可能带来的风险，我采取的主要方式是提前录制教学视频。这种方式虽然会耗费大量的时间与精力，但的确是确保课堂正常运行的最有效的方式。录课本身与现场授课有很大的不同。教学视频对学生注意力的吸引时长有限（一般 6～15 分钟），我们需要把每节课的授课内容按照知识点进行有逻辑地切割，并思考如何在有限的时间内既把知识点讲清楚，又能够最大程度吸引学生的关注度，给其留下深刻的印象。这本身不仅需要我们自身对讲授的内容了如指掌，还需要揣摩学生学习时的动态和心理活动。这就需要教师们通过不断学习来积累经验，中国大学 MOOC 网、网易云课堂、哔哩哔哩等网站都有很多课程资源，可供老师们参考与学习。有了以知识点为单位的录课视频之后，我们还需要考虑如何设计课堂的节奏，将其系统地整合起来。教师需要思考：每节课需要讲授多少个知识点，这些知识点分为几个小节讲授，小节与小节之间如何连接？什么时候应该插入一个小练习，引导学生基于知识点进行延伸性的思考；什么时候应该让学生喘口气，休息调整一下。清晰的课堂设计会引导学生有目的地学习录课视频，有序地思考授课内容，并通过小练习自我检验，强化学习效果。图 1 和图 2 是我在进行课堂设计时的两个例子，供老师们交流和指正。

大家好，欢迎来到5月6日的计量经济学课堂～本次课我们开始学习计量建模中最最最重要的一类问题——随机解释变量问题或者叫内生性问题，请大家按照录课的顺序依次学习～

1、首先，我们来了解随机解释变量问题（内生性问题）的基本概念及经济金融中常见的来源

> ▶ 视频：概念1.flv 31.12 MB　　　👁 ▭ 插入对象 ✕
> ↧ 展开　☐防拖拽　☐防窗口切换　☑允许倍速　观看 90% ▾ 遍　☑原位播放　☑任务点　☐弹幕

2、内生性问题的常见来源之一——解释变量的测量误差～

> ▶ 视频：概念2.flv 18.3 MB　　　👁 ▭ 插入对象 ✕
> ↧ 展开　☐防拖拽　☐防窗口切换　☑允许倍速　观看 90% ▾ 遍　☑原位播放　☑任务点　☐弹幕

以上对应的课件为：

> 📄 文档：内生性问题的概念.pdf 291.94 KB　　　　　　✕
> ↧ 展开　　　　　　☐任务点　☑原位播放　☑允许下载

请大家结合上一章（经典单方程模型基础）的内容，思考一下随机解释变量问题（内生解释变量与随机误差项同期相关）会给结构参数的统计特性带来什么样的后果呢？

> 📝 章节测验：内生性问题的后果　　　　　　　　✕
> ✎编辑　☑任务点

请移步4.12节，解锁以上问题答案～

图1　计量经济学课堂设计图例

大家好，欢迎来到3月2日的行为金融学课堂，上节课大家的分析我都看过了，很欣喜地看到大家基于市场观察的开放式思考，行为金融本身就是一门开放式的学科，我们需要的是从不同的角度分析经济金融现象，特别是传统金融学解释不了的市场异象。如果大家能够在传统金融的基础上，借助行为金融的相关理论去思考和理解市场，并学着为自己的观点寻找恰当的证据，那么，我们这门课的目的就达到了。而这项思维的训练是贯穿于课程始终的。

上节课让大家寻找套利例子时，大家的市场观察力都很好，有同学提供了我国银行间市场和交易所市场债券上套利机会；有同学提到了郁金香泡沫，有同学提到了A股与H股间的价差；有同学提到了封闭式基金之谜，有同学提到了高频交易……这些都是很好的用来讨论套利的例子，感兴趣的同学可以作为自己大作业的选题，也欢迎大家在讨论区继续留言讨论～

下面，请大家看看相关学者是如何分析上节课我们看到的三个案例，并为自己的分析寻找证据的吧～当然，他们的观点未必全面，你们的观点很可能会提供恰当的补充，欢迎大家看后在讨论区留言继续讨论～

案例1：预计时长：10分钟

图2　行为金融学课堂设计图例

（二）引导学生系统地梳理学科结构和课程框架、建立知识点之间、章节之间的联系，建立新学课程与学生已有知识和经验之间的连接，建立理论知识与生活实践之间的连接，逐步培养学生融会贯通和解决问题的能力

线上授课给予学生更多的灵活学习的选择权。很多学生习惯用碎片化的时间来学习线上碎片化的知识点。这就带来一个问题，学生们可能每个知识点都听明白了，但是知识点与知识点之间有何关联并不清楚；学习完一门课程之后，这门课程在说什么，其在整个学科中的位置是什么，基本的学科结构和知识框架也不知道。这样，学生就无法将所学课程与自己已有的知识体系相关联，在遇到实际问题时，很难想到调用课程中学习过的理论来分析和解决问题。这类问题其实在线上教学和线下教学中都会存在，但在线上教学中会尤为凸显，并且我认为这是很多线上课程有所缺陷的地方，极其需要专业教师的引导和个性化的帮助。教师可以从以下几点入手：（1）重视第一节课的课程导论和最后一节课的课程总结。在课程导论中，教师可依据自身的学科背景梳理课程所属学科的发展脉络、研究内容与目的、研究方法和工具，并给予学生可深入学习的参考资料。在最后一节课的课程总结中，教师可将课程各个章节的知识点串联起来，以框架图或思维导图的形式给予学生课程的基本结构。（2）重视每节课的课前回顾和下课前几分钟的课程总结。每节课的课前回顾和课程总结可以帮助学生在头脑中重温课堂的重要知识点并建立知识点之间、章节之间的逻辑联系。（3）巧用课程大作业。教师都希望自己讲授的课程能使学生学有所用。那么，怎么将课堂上的知识点与生活或工作实践联系在一起？我认为知识或技能的应用不是老师讲出来的，是学生自己实践出来的。学生需要经过自己动脑思考、动手操作才会知道实践中会遇到什么问题。有了问题才会回过头来想老师上课时讲过哪些理论可以帮助他们解决问题。这样，理论与实践之间的连接才会被打通。而这一过程可以通过精心设计课程大作业的选题、评分标准等具体要求来引导学生完成。并且，大作业发布的时间最好在学期期初，这样学生会有一学期的时间来思考、分析和解决问题。当遇到已学知识不能解决当前问题时，学生还会对接下来将要学到的知识充满期待。比如，学生们在完成我布置的计量经济学大作业时，会发觉数据的搜集与整理也不是一件容易的事情；在计量的建模过程中，会发现理论模型与现实数据间的差距，会遇到层出不穷的问题需要从理论中寻找解决方案。很多学生在完成大作业后，会自发地将自己的感受总结出来。有个学生写道："纸上得来终觉浅，绝知

此事要躬行"。

（三）尽心尽力打通学生的反馈渠道，并有针对性地完善课程设计

线上教学无法看到学生的即时反馈，学生的延时和滞后反馈就显得尤为重要。我个人总结的较为有效的反馈渠道有以下几种：（1）每次课堂结束前10分钟，随堂开设问题贴。问题贴的征集时间截止至下次上课前。在此期间学生们思考的问题都可以留言反馈。鼓励学生们自问自答、相互解答和头脑风暴，以此了解其关注的问题及思考过程。教师在下次上课前统一解答，引导思考。图3是我用到的问题贴的示例，供老师们交流和指正。同时，针对某些同学个性化的较为紧急的问题，开放私信随时解答。（2）通过课后习题给予学生个性化的关注。课后习题的抽查有助于教师较为及时地了解每位同学对课程内容的理解程度，以此有重点地关注与联系理解出现偏差或学习进度有拖延的学生，给予适时的指导和帮助。另外，及时发放课程通知，告知学生课程的进度安排也有助于提醒同学们根据自己的情况合理安排课程学习的规划，跟上学习进度。（3）利用后台数据，掌握学生情况，适时调整课程进度和安排。学生学习情况的记录是线上教学的优势所在。例如超星平台会提供每位学生对录课内容的观看数据，如观看时间和时长等。通过浏览这些数据，教师可以分析哪些内容会吸引同学们提前学习，哪些内容不容易理解会让有些同学反复学习，并将这些分析反馈到后续的教学内容的设计中。同时，基于这些数据也可以对课程学习进度拖延的同学给予适时关注。

以上三个方面是我在上学期的教学实践中总结的较为有效的尽量保证线上教学效果的小方法。然而，即使应用相同的方法，对于不同课程，线上教学的效果也有所差异。这就引出我要谈的第三个问题：线上教学的适应性。对于我所教授的两门课程：行为金融学是针对大三下的学生的专业选修课，学生们的绩点压力较小，选课更多的是基于自己的兴趣。而课程本身也是一门开放性的经济学类课程，主要培养的是学生多元化的思维方式和逻辑论证的能力，其中涉及的数学分析工具是学生们之前学过的，比如计量经济学。对于学生来说，课程的难度不大。而计量经济学是针对大二下的学生的专业必修课，学生们有较大的绩点压力。课程本身会涉及基本理论的数学证明以及相关软件的实际操作，从理论到实践的转化对于初学者来说并不是一件简单的事情，需要反复思考及练习。对于学生来说，课程是有一定难度的。那么，这两门课程相比较，从期末考试的成绩来

图3 课程问题贴设置图例

看，行为金融学的线上教学的整体效果要好于计量经济学，甚至比往届线下教学（之前的线下教学也是开卷考试）的效果还要好。而计量经济学的成绩分级化比较明显，对于自律性好的学生，线上教学的效果与线下的没有差异；而对于自律性一般的学生，还是会有掉队的现象。从提问和课程大作业来看，对于大部分同学来说，两门课程的线上教学效果都不亚于线下教学效果。似乎学生在线上讨论问题更容易放开思路，问题贴中很多有趣的问题会给我的授课带来启发，同学们相互讨论和头脑风暴似的留言也给我留下了深刻的印象。很多同学的课程大作业都令我眼前一亮。总体来说，我认为线上教学比较适合学生根据自己兴趣选择、在教师的引导下通过开放式讨论进行学习的课程；而对于较为基础的必修课，特别是涉及理论知识较多，对初学者有一定难度、需要其较强的自律性勤加练习的课程，线上教学的效果会出现较为明显的分级化现象。对于这类课程，线下教学过程中教师面对面的即时关注和教室里团队学习的氛围至关重要。

以上是我对线上教学的一些思索和体会，供老师们交流和指正。

参考文献：

［1］陆昉．推进课程共享与教学改革　全面提升大学教学质量［J］．中国大学教学，2014（1）：8－12．

［2］大卫·帕尔菲曼．高等教育何以为"高"——牛津导师制教学反思［M］．北京：北京大学出版社，2011：201－202．

［3］刘海燕．向"学习范式"转型：本科教育的整体性变革［J］．高等教育研究，2017（1）：38，48－54．

［4］VELETSIANOS, G., and SHEPHERDSON, P. A systematic analysis and synthesis of the empirical MOOC literature published in 2013－2015［J］. International Review of Research in Open& Distance Learning, 2016（2）：198－221．

［5］SERGIS, S., SAMPSON, D. G., and PELLICCIONE, L. Investigating the impact of flipped classroom on student's learning experiences：a self-determination theory approach［J］. Computers in Human Behavior, 2018（78）：368－378．

线上教学的形与魂

王汀汀*

内容摘要： 线上教学不仅仅是教学手段和教学方式的改变，还需要围绕学生学习能力提升进行系统的设计。线上教学是教学的外在之形式，而内容建设则是教学的灵魂。在组织线上教学的过程中，教师需要组合丰富而全面的课程资源，匹配各类平台与技术工具，在新环境下设计适合的教学方案。同时，要基于在线学习的特点开展教学，为学生学习目标的达成和学习能力的提升提供有效支撑。最后，考虑到线上教学扁平化的特点，还有必要提炼并总结出课程的"精神"，适当地引入课堂思政元素，提升教书育人的效果。

关键词： 线上教学 形式 内容 MOOC 课堂思政

由于新冠肺炎疫情的影响，教育部要求各高校在保障师生健康安全的基础上做好"停课不停教、停课不停学"的工作。2020 年春季学期，按照学校部署，我所讲授的多门课程均采用了线上教学的方式。从线下教学模式转变为完全的线上教学，对于我这样长期习惯于传统课堂教学的学校"老兵"来说，挑战不可谓不大。但同样正是疫情下看似"被迫"的线上体验，让我深刻地体会到技术变革给高校教学带来的巨大影响，也为我提供了一个重新审视课程建设和课堂教学的机会。

一、在线教学的前期尝试

我主讲的《公司金融》是金融学专业本科学习阶段的一门专业核心课，课程本身承担着为学生后续深造打好专业基础并培养学生实践能力的责任。课程提倡

---

* 作者简介：王汀汀：中央财经大学金融学院，教授，硕士生导师。

理论与实务的结合，将金融理论应用于公司层次的决策，是理论与实践相结合的课程。课程融中外现代公司财务理论和实务为一体，以市场经济作为研究的基础环境，探讨市场经济条件下公司资金融通和运用的理论、方法和策略。通过课程的学习，我们希望学生能够融会贯通，从微观角度理解金融学，形成正确的金融决策逻辑，掌握基本的金融决策方法，利用金融学的思维对某些金融决策问题做出理性选择。

2004 年开始，《公司金融》课程的前身《公司理财》正式纳入金融学专业本科生培养方案，成为专业核心课程。《公司金融》定位为典型的线下课程，但在教学组织方面，我们的课程团队结合本课程特点，充分挖掘线下课堂教学优势，同时突破线下教学的约束，探索互联网时代线下教学模式创新，丰富教学手段、创新教学方法，引入多样化的教学资源，提升教学效果。2019 年 12 月，我们的《公司金融》MOOC 在爱课程网推出，在 2020 年春季学期之前，课程已经完整开设完 2 轮，累计选课人数超过 13000 人，这也为后续开展线上教学积累了一定的教学资源和经验。

同时，我一直参与学校网络学院的双学位项目，也是另一种形式的在线教学体验。中央财经大学网络教育学院从 2006 年起推出本科生金融学双学位，公司金融作为专业核心课程，也是双学位结业综合考试科目之一。双学位的教学模式也可以理解为一种形式的在线教学，主要采用提前录制＋学生自学＋线下串讲的方式。

由于学生比较多元化，学习时间不固定，因此 MOOC 和网络教学都以学生自学为主，与强调互动性、遵循着严格教学安排的纯线上教学还存在一定区别。

二、线上教学的体会

在这一学期的教学工作中，综合考虑平台的稳定性和课程现有的资源，我主要选择了 MOOC 教学方法和录播式教学方法。

在此之前，我们已经在爱课程网上推出 MOOC，经过一轮完整的教学，逐渐趋于成熟，在线的课程资源基本满足完整的课程教学要求。在疫情期间的本科《公司金融》教学中，主要用"线上＋线下"的混合模式实施教学。首先，按照教学大纲要求和教学计划进度安排，在平台上布置任务，要求学生课前预习，学习 MOOC 课程资源；其次，在正常教学时间，按照排课时间，利用视频直播平台开展线上教学活动，主要包括难点讲解、例题分析、随堂作业和测试等；最后，结合学生的作业和测试情况，针对存在的普遍性问题，在微信群中进行线上答疑和讨论。

在研究生课程的教学中，我主要采用了录播式教学方法。在课前安排学生观看提前录制好的视频，然后按照排课时间利用视频直播平台开展线上课堂互动教学活动。我录制的视频基本采用的是"PPT + 声音"这种最为简单的方式，通过设置学习任务的方式，跟踪学生在线学习的情况。

除了我采用的两种简单的在线教学方法之外，还有很多老师采用了直播 + 互动的方式，这种方式进行实时直播授课，学生则在线实时听课，线上课堂时长与排课时间一致，让学生有与线下学习更为一致的体验，与老师的互动性更强。

不同的在线教学方式，依赖于不同的平台和教学技术手段，有不同的教学资源呈现形式，在师生互动方面也有较大的差异。不管采用何种方式，线上教学都不是线下课堂的简单迁移，有效的在线教学需要配合丰富的课程资源，需要采取不同的组织策略和教学设计，还需要选择不同的方法和手段。

经过一学期的实践，虽然顺利地完成了教学任务，但在"做中学"的过程，还是难免仓促。反思这一学期线上教学的经历，有两点体会。

（一）充分挖掘线上教学的优势

如何让课程更符合在线教学的形式，并获得较好的教学效果，这是线上教学需要注重的外在之"形"。在这方面，需要深入挖掘线上教学的潜力，才能更好地发挥其在教学中的优势。

相对于线下课堂，线上教学具有更明显的灵活性。对学生而言，可以在允许的范围内自由地选择学习的时间，特别是可以较为完整地再现大部分的教学过程，有利于学生复习巩固。对教师而言，在线教学的方式，也提高了教学的自由度，在线平台提供了与教室课堂不同但更为丰富的教学内容展现方式，能够较为方便地在不同资源之间切换。在线教学的课堂互动性，也有利于教师根据学生反馈及时调整教学方案。

同时，线上教学也为教学管理和教学的优化提供了数据和技术支持。整个教学过程都可以留痕，学生反馈（包括教学过程中学生的提问及时机、课堂提问中学生的反应速度和准确度）在平台上都有完整清晰的记录，如果能够在课后对相关数据进行分析，有助于发现问题，做出针对性的调整。

（二）不断提升在线教学的能力

在刚开始尝试在线教学的过程中，还有一些遗憾，特别是在线教学的能力有待提升。首先，由于长期习惯于线下课堂教学，特别是在大班教学中较多还是采用"讲授式"教学，在课堂上比较强调知识体系的系统和完整性，给学生留下的思考空间较少，启发式、讨论式的教学方法运用不多。其次，在面对线上教学的全新教学环境时，还不能很快适应，线上教学过程中还习惯于从原有的线下教学角度去思考和处理教学问题。

线上教学已经成为高校教学中不可或缺的部分，在智慧课堂的建设中也具有重要的作用。因此，在未来还需要不断提升自己在线教学的素养，努力掌握较新的教学技术，在此基础上，结合课程特点设计适合课程的在线教学方案。

三、线上教学的内容建设

内容建设是在线课程教学的核心和灵魂，在线教学既要有符合线上教学的外在形式，也要专注于课程内容的建设，精心设计课程内容、积累课程资源。

在课程内容设计上，要防止结构的固化、知识点老化、教学手段僵化，同时需要保持开放的心态，将课程置于培养方案的大框架中，与其他课程配合与衔接。当然，我们也要认识到课程体系的建设是一个庞大的系统工程，既要慢工细活，对每一个知识点精雕细刻，千锤百炼；又要提高效率，满足在线教学的时效性要求。

在内容建设方面，《公司金融》课程在十多年的建设过程中有一些积累，也形成了自己的特色，也正是因为注重平时的积累，所以在这次线上教学过程中，我们才能比较从容地应对各种挑战。我们团队在课程内容建设方面，有以下体会。

（一）重视线下与线上结合

虽然我们的定位是一门线下课程，但是在线下课程的教学中，我们并不局限于线下，一方面探讨线下课程与线上教学方式的结合，另一方面基于在线教育的发展趋势，结合线下教学的经验与体会，开发适合多元化教学模式的教学内容与知识点展示方法。

（二）模块化教学设计

在互联网和智能终端普及的大环境下，课程模块化是一种较好的方法。模块化教学是指以课程模块为单位，集中开展相关的理论知识、实践经验、操作技能以及活动方式同步一体化的教学。模块化教学强调学生在教学过程中的主体地位，鼓励学生以自主构建的方式进行学习、主动探索，发现并分析问题，制订解决计划，独立解决问题。而教师主要为课程设计丰富的教学资源并创设真实的学习情境，适时与学生进行沟通互动。

模块化教学包括课程内容模块化、教学过程模块化和课程考核模块化。

课程内容模块化就是按要求把课程内容划分为相互联系又相互独立的若干模块，每个模块具有特定的教学目标及独立、完整的教学内容。《公司金融》课程围绕公司理财的三个环节形成了五个主要模块，分别是：导论与公司理财基础、资本预算、长期筹资与资本结构、股利政策、公司理财专题。导论部分介绍现代企业制度、财务管理的环节和目标、财务行为的记录和分析、财务管理理论发展等内容。基础部分包括财务现金流与财务预测、时间价值和分离定理。资本预算部分介绍项目现金流分析以及资本预算方法。长期筹资部分介绍金融市场、金融机构、企业融资方式。资本结构部分介绍以 MM 定理为代表的资本结构理论，以及资本结构的实证分析。股利政策部分包括股利与股利政策的类型和特点、股利政策相关理论。公司理财专题部分，主要介绍期权及其在公司理财中的应用，内容包括期权与公司筹资、期权与公司投资、期权与公司价值分析。

教学过程模块化就是在课程内容模块化的基础上，进一步把课程模块细化为若干知识点，便于课程资源建设与教学过程的实施。目前，我们把课程 5 个模块分解为 9 章的内容，24 小节，75 个知识点。每个知识点凝练成 10 ~ 20 分钟的讲授内容，并配合例题、案例、习题、讨论的扩展资源。在模块化教学的大框架下，我们针对不同模块的特点，采用不同的教学方法和教学技术，设计了案例讨论、小组作业、课外实践等环节。

目前《公司金融》课程已经基本完成了课程内容模块化、教学过程模块化，并且在现有的本科生教学考评制度的框架内探讨课程考核模块化和课程评价模块化的适用性，并进行一些尝试。

（三）小微知识点的开发

结合课程特点，我们还设计了若干趣味性的知识点，比如"如何与代理人共乘一条船""生活中的时间价值""赚钱多还是收益率高？""价值创造与社会责任""原始人的消费与投资"等专题。这些专题也能够在线上教学中提高学生学习兴趣，启发学生进一步思考。

（四）重视资源库与教材建设

在课程内容建设方面，我们也积极推动课程资源库建设和教材建设。随着公司理财理论发展与实践的推进，课程也要持续推进资源库的建设，包括题库、案例库和研究前沿与热点专题。在教材建设方面，我们于 2014 年推出本科《公司理财》教材①。教材在编写时明确了面向本科生教学的定位。在结构安排、内容取舍、体例设计方面都力图反映这一点，从而符合本科教学的要求，体现本科教学的特点。具体而言，考虑到金融类专业学生的专业课程较多，本教材在内容设计上尽量减少与相关课程（如金融市场学，投资银行学）的交叉，并保证公司理财整体框架的完整性。同时，考虑到本科生学习的特点，教材增加了例题、作业和案例的比重，并在主要章节设置专题栏目，引导学生对相关问题进行深入思考。我们结合教学中发现的问题以及反馈不断改进教材，2019 年 8 月推出第三版，以更好地满足教学的需要。

四、在线上教学过程中提炼课程的"精神"

线上学习具有非常明显的扁平化特点，所有的教学资料都于在线平台上集中呈现，并且完整地显示出课程本身的逻辑与结构。在这个过程中，如果能够提炼并总结出课程的"精神"，适当地引入课堂思政元素，将有助于学生用更高阶的视野理解课程知识体系，也能在一定程度上提升教书育人的效果。

结合对课程的理解，为了提高课程的吸引力，我把课程的宗旨凝练为三句话：理解微观主体金融决策的目标和逻辑、揭示现代企业价值增值的来源和过程、探讨市场经济财富分配的原则和机制。同时，围绕"价值"这一核心概念，在课程中引入了"价值观"这一思政元素。

我们都知道，企业是社会经济的基本细胞，公司是企业的基本形态，公司金融关注企业各种微观金融活动。从宏观角度看，公司资金运动与整个社会的金融运行相关联，是整个社会金融的细胞和组成要素。从微观角度看，公司金融着眼于企业资金流运动的规律，对企业资金运动进行统筹规划和管理。在市场经济条件下，公司金融在企业管理中的地位越来越重要。首先，从经济主体关系看，企业诸多利益主体关系都通过企业财务关系得到体现。公司金融揭示了公司股东、债权人、管理层、员工、供应商、消费者和政府等利益关系人之间的对立与统一关系，以及在公司价值最大化目标下各利益主体关系的权衡与协调。其次，企业的生存和发展需要充分利用市场机会，包括利用各种财务工具、低成本地筹集资

---

① 《公司理财》教材由杜惠芬、王汀汀编写，东北财经大学出版社出版。

金，把有限的资源投向收益最大的领域，在获取最大收益的同时控制企业的风险，创造出最大的企业价值。最后，公司的收益分配关系和制度反映了现代企业管理的思想、文化和价值观念。公司是社会金融系统中最具活力的微观金融细胞，公司金融不仅映射和影响着企业资金运动的结构关系和运用效率，也与整体金融系统资金运动融合在一起。

公司构成了现代经济主体，公司的力量已渗透到人们工作和生活的方方面面。全球化日渐加速的今天，一个不争的事实是：数百家乃至数十家跨国公司正左右着世界的经济运行。① 而在历史上，很多公司都成为对经济、社会和人类思想等层面产生过深远影响的推动力量。因此，公司的"价值"观，会深刻地影响经济发展的水平、质量和方向。因此，将价值作为公司金融课程的主线具有可行性。在线上教学期间，我也对这个问题进行了系统的思考，围绕"价值"这一概念，梳理企业"价值观"的基本要素，并基于"价值观"这一主线，在各个主要模块的教学中探讨公司理财行为的优化标准。

金融理论和实践的快速发展，各种教育资源的出现，各种教学手段的创新，以及同学们对更高质量课程的渴望，为我们提出了不断进步的要求。经过这一轮在线教学的尝试，不论是师生还是教学管理，都开始接受并适应这种较新的教学方式。在未来的教学中，我们必须重视在线教学。随着教学理念的不断变迁，以及教学技术手段的不断进步，在线教学会成为高校教学改革中的重要内容。当然，不同的课程采用在线教学的形式和依赖在线教学的程度会有所不同，但不管如何，建设一门好的课程，应该有与时俱进的教学方法，也要有扎实的课程内容和资源，形神兼备才能成就一门好课，才能更好地完成教书育人的任务。

参考文献：

［1］邬大光．大学人才培养须走出自己的路［N］．光明日报，2018－6－19．

［2］邬大光，沈忠华．我国高校开展在线教学的理性思考——基于6所本科高校的实证调查［J］．教育科学，2020（4）．

［3］沈宏兴，郝大魁，江婧婧．"停课不停学"时期在线教学实践与疫后在线教学改革的思考——以上海交通大学为例［J］．现代教育技术，2020（5）．

［4］杜惠芬．公司理财［M］．大连：东北财经大学出版社，2019：序言．

---

① 杜惠芬．公司理财［M］．大连：东北财经大学出版社，2019：序言．

"立德树人"视角下高校精细化在线教学管理路径探析

王　哲[*]

内容摘要： 高校精细化在线教学管理是指在教学管理过程中，注重教学管理流程细致化、实施程序系统化、管理责任明确化，追求教学管理过程科学性、严谨性和高效性的教学管理理念和管理模式。在新时代，特别是全民战"疫"的特殊时期，高校推进精细化在线教学管理是贯彻新时代高校思想政治工作"立德树人"人才培养理念的现实需要，是疫情期间在线教学过程中实现"三全育人"要求的有力保障。高校应将"立德树人"理念融入精细化在线教学管理之中，加强教学过程管理和教学绩效考核，以此促进思政工作更好地贯彻教育教学管理的全过程，实现"三全育人"的效果。

关键词： 立德树人　精细化管理　在线教学　三全育人

一、引言

习近平总书记在全国高校思想政治工作会议上强调，高校思想政治工作关系高校培养什么样的人、如何培养人以及为谁培养人这个根本问题。要坚持把立德树人作为中心环节，把思想政治工作贯穿教育教学全过程，实现全程育人、全方位育人，努力开创我国高等教育事业发展新局面[①]。这就要求在新时代，高校要紧紧围绕"立德树人"的根本任务，全面统筹育人资源，强化基础、突出重点、建立规范、落实责任，一体化构建内容完善、标准健全、运行

---

* 作者简介：王哲：中央财经大学马克思主义学院，助理研究员，办公室主任。

① 习近平．把思想政治工作贯穿教育教学全过程［EB/OL］．（2016 – 12 – 08）．http：//www.xinhuanet.com//politics/2016 – 12/08/c_1120082577.htm.

科学、保障有力、成效显著的高校思想政治工作体系，形成"三全育人"格局。着力培养德智体美劳全面发展的社会主义建设者和接班人，着力培养担当民族复兴大任的时代新人。精细化在线教学管理正是顺应新时代高校思想政治工作"立德树人"和"三全育人"的要求，适应当前全球战"疫"、在线教学的形势，融合西方现代化管理理念，在高校教学管理中的一种改革创新。它立足于学生本位，全面、细致地关注各项教学管理工作的开展，对教学管理的每个环节实行全面质量控制，对于维护教学秩序、提升教学质量、全力保障"立德树人"人才培养目标，实现将思政工作贯穿在线教学全过程的目的具有重要而深远的意义。

二、精细化在线教学管理的内涵

精细化管理理论起源于弗雷德里克·温斯洛·泰勒（Fredrick Winslow Taylor）的"科学管理理论"和爱德华兹·戴明（W. Edwards. Deming）的"为质量而管理"理论，最早在日本丰田汽车公司得以实践运用。它不是一种具体的管理模式或管理方法，而是一种企业管理理念。"精细化管理"以"精、准、细、严"为基本原则，通过规则的系统化、工作过程的流程化、工作环节的标准化、考核评价的细微化，使管理工作精确高效有序地进行，最终获得精品的结果，即把复杂的事情简单化，把简单的事情流程化，把流程化的事情定量化，把定量的事情信息化。高校虽与企业不同，但高校管理也是对教师、学生、各项行政事务的管理，也存在着组织管理的各个要素。因此，将精细化管理方法引入高校在线教学管理工作中，提升线上教学管理的实效性，是新形势下国家大力发展教育事业和高校去行政化的必然趋势和要求。

高校精细化在线教学管理，更加注重线上教学管理流程细致化、实施程序系统化、管理责任明确化，强调教学运行的过程管理，追求教学管理过程的科学性、严谨性和高效性，保证每一个环节都要精细化，每一个步骤具有实效性，将小事做好、做精、做细，并将教学管理推上制度化之路。精细化在线教学管理能够有效克服教学管理过程中的随意性和无序性，促进在线教学管理效率的有效提升，促使学校形成严谨的学风、教风，最终实现教学质量和人才培养质量的有效提升。

精细化在线教学管理，具体包括以下三点内涵。

（一）精

"精"是最佳、最优，追求最好，也是精致、精湛，力求高质量。在教学管理中，"精"是指首先在高校全体师生心中，树立精益求精的精细化理念，并将这一理念贯穿到日常教学管理的各项工作之中；其次，将教学管理目标和相关责任具体化、明确化，并围绕教学管理目标，精心设计每一个计划，精细拆解每一个工作任务，各相关部门和工作人员实现精密配合，人尽其责，实现教学管理目标精、教学管理队伍精、教学方式方法精的效果。

2009年，北京大学率先提出以"精致化"理念推进大学生思想政治教育工作的做法，在教育过程中结合了"科学管理"和"人本管理"的优势，根据每一个学生特点，深入细致地开展工作，注重发挥学生个人的主体性和主动性，对于提升学生素质、促进全面发展大有裨益，有利于形成"人人成才"的良好局面，取得了较好的成效。这正是"精"的体现。

（二）细

"细"是指把工作做细，把管理做细，注重细节。它并非越细越好，而是要求分轻重主次，抓住核心内容与关键部位，并且可操作、可掌控，做到细而不杂不繁。精细化在线教学管理中的"细"，要求在线教学管理覆盖教学工作的每一个环节，将线上教学规则系统化和细致化；把线上教学管理工作做细做实，教学管理的各单元精确、高效、协调和持续运行，实现流程的有效衔接和规则细、分工细、流程细的目的。

（三）化

"化"，强调在线教学管理要树立规则意识，注重在线教学管理制度化、程序化、数据化和信息化。精细化在线教学管理，首先需要健全在线教学管理制度、规范和奖惩机制，作为学校开展各项工作的依据和标准，并作为奖惩的有效标准和约束条件；其次，在线管理的各项工作与环节均有一定的办事流程和程序，做到岗位职责明确，工作内容清晰，各环节权责到人，各流程紧密衔接，有效提升管理效率；最后，精细化在线教学管理需要以现代化信息技术和数据为支持，教务管理人员要熟练掌握线上后台管理、数据分析技能，通过线上师生互动、教学资源数量、学生成绩管理等数据进行分析研判，实时监控，为教学提供服务支撑，并做到工作精准到位，精确到人。

三、疫情期间高校实施精细化在线教学管理的必要性

（一）精细化在线教学管理是实现线上"立德树人"培养目标的重要途径

习近平总书记强调，"要把立德树人融入思想道德教育、文化知识教育、社会实践教育各环节，贯穿基础教育、职业教育、高等教育各领域，学科体系、教学体系、教材体系、管理体系要围绕这个目标来设计，教师要围绕这个目标来教，学生要围绕这个目标来学。凡是不利于实现这个目标的做法都要坚决改过来。"党的十八大报告把立德树人作为教育的根本任务，教育就要培养德智体美全面发展的社会主义建设者和接班人。因此，高校教育的核心工作均要围绕"立德树人"这一目标展开。立德树人不只是单纯的知识传授，而是传授知识、培养能力和提高素质的人才培养综合目标，这就要求构建一个教书育人、管理育人、服务育人、环境育人"四位一体"的协调系统为之服务①。特别是在全民战"疫"期间，高校实行在线教学，改变了传统的课堂授课模式。如何在线上教学和日常教学管理中融入"立德树人"人才培养目标是个重要而艰巨的任务和亟待解决的问题。通过精细化在线教学管理，通过将"立德树人"人才培养目标层层分解、细化成一个个子目标，融入具体的精细化在线教学管理文件之中，并通过在线教学管理制度加以保障，将"立德树人"润物细无声地融入教学目标设定、教学计划执行、教师授课、教学管理部门学业辅导等各环节之中，可以有效地推动教学的全过程精细化管理，最终促进"立德树人"人才培养目标的顺利实现。

（二）精细化在线教学管理是实现线上"三全育人"的重要载体

习近平总书记强调，要把思想政治工作贯穿教育教学全过程，实现全程育人、全方位育人，努力开创我国高等教育事业发展新局面。中共中央国务院《关于进一步加强和改进大学生思想政治教育的意见》亦指出：要把思想政治教育融入大学生专业学习的各个环节，渗透到教学、科研和社会服务各个方面。精细化在线教学管理强调在线教学运行的过程管理和教学相关各部门、各环节的紧密配

---

① 陈超．立德树人视域下管理育人的内涵厘定与实践路径［J］．思想理论教育导刊，2016（3）：140－142.

合，通过明确责任，实现教学环节的环环相扣，使在线教学管理可以更好地服务学生，加强对学生远程教育指导工作的过程性和实效性，从而将思政工作贯穿在线教学全过程，成为全方位育人、全员育人的重要载体。

（三）精细化在线教学管理是提升线上教学质量的有力保障

精细化在线教学管理对于线上教学质量的提升具有十分重要的作用。首先，教学管理是一项由一系列目标有机结合的系统工程。精细化在线教学管理以人才培养目标为导向，以教学制度为保障，使得高校在线教学管理目标清晰、权责分明，线上教学实现全过程管理和绩效考核与反馈，一切与线上教学相关的活动都按照有序、有效的方式进行，降低了在线教学管理的随意性和无序性，从而增强了教学管理的效率和效益，促进了教学质量的提升，做到"管理育人"。其次，精细化在线教学管理营造出一种"精、准、细、严"的严谨风气，为师生创造了良好的线上育人环境和学习氛围，做到"环境育人"。最后，精细化在线教学管理能够充分保障线上教学管理的各个环节有序开展，充分调动起学生的积极性，使学生能更好地参与到在线教学中来，逐渐培养学生的自我管理意识，使学生能够更主动地利用网络搜索、拓展知识、加强与老师的线上互动，实现提升教学质量的效果。

四、"立德树人"视角下高校精细化在线教学管理路径

（一）融入"立德树人"理念，提升"管理育人"效果

国无德不兴，人无德不立。一个国家要培养人才，既要育智，更要育人。党的十八大以来，以习近平同志为核心的党中央高瞻远瞩，高度重视培养社会主义建设者和接班人，坚持把立德树人作为中心环节，实现全程育人、全方位育人，努力开创了我国教育事业发展新局面。[①] 在疫情期间，云端教学的开展，教学质量和教学管理效率的提升更应该因时而变，与时俱进，将立德树人理念与精细化教学管理理念相融合，以"精细化在线教学管理"推动"立德树人"理念的贯彻。同时，改变传统的粗放式教学管理模式，积极探索、创新精细化在线教学管

---

① 中华人民共和国教育部. 中国教育的根本任务——党的十八大以来教育改革发展成就述评·立德树人篇［EB/OL］.（2017 – 10 – 11）. http：//www. moe. gov. cn/jyb_xwfb/moe_2082/zl_2017n/2017_zl48/201710/t20171011_316063. html.

理方式，提高高校教学管理效率和效果，更好地实现"管理育人"效果。在推动"立德树人"理念融入精细化在线教学管理的过程中，高校应从顶层设计、制度规范、教育培训三方面做出努力。

首先，学校领导应加强顶层设计，以"立德树人"人才培养目标为一切工作的核心，将这一人才培养目标以"精、准、细、严"的精细化在线教学管理标准细化、拆解成一个个精细化的子目标和教学管理的各个环节，充分重视并积极推动精细化在线教学管理相关文件的起草与落实，营造全校精细化在线教学管理的氛围，使全体教职工在思想上充分认识到精细化在线教学管理的重要性，自觉地在工作中用精细化在线教学管理的原则严格要求自己，积极践行精细化在线教学管理的各项要求。顶层设计是"立德树人"人才培养理念与精细化在线教学管理理念有机结合的有力保障。

其次，学校教学管理部门要加强在线教学管理制度的完善与落实。"立德树人"理念和精细化在线教学管理目标的落实需要学校各项教学制度和规范提供保障和依据。因此，教学管理部门应围绕"立德树人"人才培养目标和精细化在线教学管理目标，拆解在线教学的相关流程和工作内容，不断完善在线教学的各项制度。

最后，学校应加强对教学管理人员"立德树人"理念和精细化在线教学理念的教育培训，通过专家指导、专业培训、专题讲座等形式，使教学管理人员深入理解"立德树人"人才培养理念和精细化在线教学管理的内涵及各项线上管理工作的操作流程，促进在线教学管理专业化和精细化，全方位推动"管理育人"。

（二）加强精细化在线教学过程管理，开创"三全育人"局面

"立德树人"是一项系统工程，需要调动校内各方面的资源和力量形成合力，整合内部各种资源，形成全员、全程、全方位育人的优势。实现"立德树人"，离不开学校内部"教书育人、管理育人、服务育人"的有机结合。精细化在线教学管理强调对线上教学的全过程管理，整合了学校、教务处、学院、教研室主任、教务秘书、任课教师、学生等众多责任个体的力量，涵盖了包括学校制订人才培养方案及各项教学文件，教学处教学计划下达、线上教学课题申报、在线教学秩序的维护，教务秘书对教学计划进行落实、课程安排、线上教学检查，以及教师线上授课、在线考试等在线教学管理环节。正顺应了"立德树人"的要求，可以有力推动线上"立德树人"理念的贯彻，实现"三全育人"的效果。具体实践过程中，精细化在线教学管理要注意以下两个方面：

首先，应明确工作内容和岗位职责。教学管理，不仅仅是学校教务处或教务秘书进行的与教学相关的管理。高校应编制工作和岗位说明书，设定工作准入门槛，明确与教学相关的责任个体各自的工作内容及岗位职责。唯有做到权责明确、分工明确，才能使教学相关责任个体各司其职，实现精细化在线教学管理与监控，并以此作为云端教学过程中教职工绩效考核、薪资分配、培训、晋升的依据。

其次，应梳理工作流程，实施过程管理。高校在线教学管理内容虽然繁杂，但对于常规事务，如人才培养方案的制订、教学计划落实、课程安排、选课、调课、教学检查等环节，学校应进行梳理，确立基本的在线工作流程，绘制工作流程图并设计工作检查的各个环节，明确责任人，以此实现线上教学管理可以精准对接岗位、精准对接学生，减少工作的随意性，使教学管理更为顺畅和规范。

通过对在线教学管理过程的各个环节明晰责任，全程控制，可以有效促进授课教师、教学管理各职能部门、各教学管理人员在线对在校大学生的学业指导，提升学生在线学习的积极性和参与度，从而形成环环相扣的线上教育有机链条，更好地将思想政治教育贯穿在线教育教学的全过程之中，实现"过程育人"的良好效果。

（三）加强精细化在线教学绩效考核，促进育人效果反馈

首先，建立精细化在线教学绩效考核机制。高校应紧密围绕"立德树人"的人才培养理念和精细化在线教学管理的目标，确定实现该目标的关键绩效指标，建立结合本校特色的精细化教学绩效考核机制，推动高校管理工作流程的规范化、制度化。精细化在线教学绩效考核不是对于结果的考核，而是对于精细化在线教学管理全过程的质量监控，包括从最初确定考核目标和标准，到对管理过程的监控，再到对教学管理各责任个体绩效结果的考核的全过程。对于教学管理人员、授课教师、学生等重要责任个体，其绩效考核的内容和指标是有所区分的。针对授课教师，应强调在线教学过程中的师德师风、教学质量、教学规范、教学效果等指标，考查教师是否能在云端课堂的教学中融入"立德树人"理念，是否将思想政治教育贯穿在线教学过程始终，使学生在获取知识的同时得到德性的滋养；对于教学管理人员，要强调在线教学管理工作中对于学校制度和政策落实的实效性、管理流程规范化等指标，考查教学管理人员是否将思想教育工作贯穿于在线教学管理和服务之中，把学生思想政治教育融入学生的日常管理和事务性服

务之中，精准地了解学生的需求，积极帮助学生解决在线学习中的困难；对于学生，则应强调在线教学的参与度和学习效果等内容。通过加大监督力度，促进管理、教学的有机结合，创造平等和谐高效的在线教学管理平台和师生发展环境。在绩效考核的方式上，应采取教学督导组专家评教、领导评教、教师自评与学生评教相结合的方式，全方面、多元化地对在线教学管理的绩效进行考核，以此更全面地反映出教学管理中存在的问题。

其次，促进在线教学绩效考核的反馈与改进工作。绩效考核的最终目的是促进绩效改进。因此，高校应高度重视精细化在线教学的绩效考核结果，加强对绩效考核的反馈与改进。一方面，要充分发挥教学督导组和教学指导委员会的作用，加强对绩效考核中存在的问题进行跟进、监督，促进在线教学过程中出现的问题及时得到改进。另一方面，要不断完善在线教学绩效考核体系，细化绩效管理指标，对于不合理的标准要及时修订，落实专业课教师、专职学生思想政治教育工作者、教学辅助人员的育德职责的考核标准，并与职称职务晋升、评奖评优结合，从而将育德目标渗透到各个部门和各个环节的精细化在线教学管理之中，通过目标分解，把"教书育人、管理育人、服务育人"落到实处。

面对着这场席卷全球的新冠肺炎疫情的严峻考验以及云端教学、线上教学常态化的现实要求，高校唯有创新教育教学理念，将"立德树人"人才培养目标与精细化在线教学管理理念有机融合，才能更好地促进思政教育贯穿高校在线教学的全过程，实现全员、全过程、全方位育人的格局，为社会培养出德智体美全面发展的社会主义建设者和接班人、担当民族复兴大任的时代新人。教学管理工作者，更要坚守教育阵地，筑牢思想防线，把抗击疫情作为学生教育的生动教材，引导学生与抗击疫情主战场同舟共济，感受和体会社会主义制度优越性，以此落实立德树人、铸魂育人的艰巨任务。

参考文献：

［1］陈超. 立德树人视域下管理育人的内涵厘定与实践路径［J］. 思想理论教育导刊，2016（3）：140 – 142.

［2］骆郁廷，郭莉."立德树人"的实现路径及有效机制［J］. 思想教育研究，2013（7）：45 – 49.

［3］陈晓晖，胡冉冉. 基于精细化管理理念的大学生思想政治教育实效性探析［J］. 教育探索，2016（4）：96 – 99.

［4］王哲．浅谈中国高校精细化教学管理之构建［J］．教育理论与实践，2019（21）：41－43.

［5］中华人民共和国教育部．中国教育的根本任务——党的十八大以来教育改革发展成就述评·立德树人篇［EB/OL］．（2017－10－11）.http：//www. moe. gov. cn/jyb_xwfb/moe_2082/zl_2017n/2017_zl48/201710/t20171011_316063. html.

专业课程与思政元素有机融合思路下
推进线上课程思政建设的思考

何召鹏*

内容摘要：课程思政的根本目标是培养合格的社会主义建设者和接班人，使其既具有对社会主义的认同感，又具有扎实的专业理论技能，参与社会主义实践。这要求课程思政必须实现专业课程与思政元素的有机融合，在这一基本思路的指导下，本文探寻了线上课程思政的两大实现路径，一是通过与专业课程有机融合挖掘思政元素；二是探寻与课程思政相适应的教学方式方法。最终实现线上教学中专业课程教学与思想政治教育相互促进与良性互动。

关键词：课程思政　基本思路　思政元素　实现路径

一、引言

课堂教学是育人的主渠道、主阵地，高校所有课程都具有育人功能，所有教师都负有育人职责。课程思政把专业课教学与思政教育结合在一起，实现"知识传授"和"价值引领"有机统一，使专业课程与思想政治理论课同向同行，形成协同效应。随着线上教学的广泛开展，研究线上教学课程思政的基本思路和实现途径具有重要的现实意义。

笔者认为，最大程度发挥课程思政育人效果的关键是实现专业课程与思政元素的有机融合，包括思政元素与专业基础理论的有机融合、与专业热点问题的有机融合以及与学生专业兴趣的有机融合，最终实现专业课程教学与思政教育相互促进。在两者的良性互动中，提升当代大学生对中国特色社会主义的认同感和参与度，培养合格的社会主义建设者和接班人。

---

* 作者简介：何召鹏：中央财经大学经济学院，副教授，硕士生导师。

二、课程思政的根本目标要求实现专业课程与思政元素的有机融合

工作目标决定工作思路和工作方法，工作思路和方法要从根本上服务于工作目标。开展课程思政首先需要明确根本目标是什么。习近平总书记在全国高校思想政治工作会议上明确指出，"高校思想政治工作关系高校培养什么样的人、如何培养人以及为谁培养人这个根本问题""我国高等教育肩负着培养德智体美全面发展的社会主义事业建设者和接班人的重大任务"①。可以看出，高校开展课程思政的根本目标是培养合格的社会主义建设者和接班人。一切工作必须紧紧围绕这一根本目标展开。

通过对根本目标的分解，明确基本的工作思路。笔者认为，合格的社会主义建设者和接班人必须具备如下两方面的素质。一方面，坚定的社会主义理想，能够为社会主义建设奋斗和牺牲；另一方面，扎实的理论功底，能够为社会主义的建设提供专业知识和技能。要使大学生具备以上两方面的素质，简单而言，必不可少的需要做到以下两点：一是增进青年学生对于中国特色社会主义的认同感，内化于心；二是促进青年学生更多地参与到中国特色社会主义的建设中来，积极发挥自身的主观能动性，外化于行。

笔者将这两个方面概括为：认同感目标和参与度目标。这两个目标要求课程思政的建设必须实现专业课程与思政元素的有机融合，在专业课程与思政元素相互促进的过程中，一方面使当代大学生增进对国家的认同感，另一方面提升参与社会经济发展的能力。

三、促进专业课程与思政元素有机融合是课程思政建设的关键

课程思政的关键是专业课程中，加入思政素材、与专业课有机融合，实现"知识传授"和"价值引领"有机统一，满足"思想价值引领贯穿教育教学全过程"的要求。因为以专业技能知识为载体加强大学生思想政治教育，比纯粹"为思政而思政"更有说服力和感染力，可以最大限度发挥课堂主渠道的育人功能。

思政教育与专业课学习，两者不是对立的，而是统一的，相互影响、相互促进的关系。打个比方说，"思政就像一把'盐'，融进专业教育的'汤'，'汤'

---

①　习近平谈治国理政（第二卷）［M］.北京：外文出版社，2017.

在变得更可口的同时，也能真正让学生获益，达到育人功效"。一方面，专业课程所传授的专业知识能够为思政教学提供理论素材，有助于学生从更加深刻的理论视角理解思政教学所要传递的观念，激发青年学生学习的积极性。另一方面，思想政治教育中的元素，能够起到价值传递和思想引领的作用，也为专业课程保持正确的政治方向提供思想保障，为学生正确解读和运用专业课理论提供科学方向。这是理解课程思政的关键。

四、以专业课程与思政元素有机融合的思路挖掘思政元素的方法

要实现专业课程与思政元素的有机融合，提升课程思政的教学效果，可以从如下三个方面挖掘思政元素。

（一）与专业基础理论相结合挖掘思政元素

专业课程中的相关理论是挖掘思政元素最丰富的宝藏，这也是课程思政最大的创新之处。尤其是哲学社会科学类的课程，本身就是科学理论与意识形态的统一，因此，专业课理论中必然能够找到适合做思政的内容。

举例而言，《政治经济学》中在讲到公有制理论的时候，强调在社会主义国家，只有全体劳动者共同占有生产资料，实现公有制，才能从根本上消灭剥削、消除两极分化，实现共同富裕。也才能从根本上符合社会化大生产的要求，解放和发展生产力。[①] 而这一理论就可以用来解释我国社会主义初级阶段为什么要以公有制为主体，为什么要发挥国有经济的主导作用，为什么要强调做强做优做大国有企业。结合公有制理论能够让同学们更加深刻地认识社会主义的国有企业的本质，也能够更加深刻地认识社会主义所有制特征，并自觉抵制错误思想的侵蚀。这是课程思政的优势。

（二）与专业热点问题相结合挖掘思政元素

建立在专业课的理论基础之上，选择热点现实问题作为切入点，能够有效激发学生学习的积极性，同时起到引导学生正确认识现实问题的作用。

比如在抗击疫情的过程中，社会主义制度"集中力量办大事"的优势充分发挥出来，这些热点思政元素都可以结合专业课程的理论进行讲授，通过比较分析

---

① 逄锦聚等．政治经济学（第六版）［M］．北京：高等教育出版社，2018．

不同经济制度的国家在抗击疫情方面的差异，并深入地分析社会主义公有制的内在属性和特点，使学生通过疫情既能够更好地理解社会主义制度的优越性，又能够更好地弄懂理论知识。

应当注意到，融入思政元素要以学生关注的、鲜活的现实问题为切入点，以课堂讲授的知识理论为出发点，因势利导，鼓励学生个人或团队做延伸性学习或研究。结合专业热点问题，引导学生思考和探究国计民生中迫切需要解决的问题，做到"思政"与专业相长，达到事半功倍的育人效果。

（三）与学生专业兴趣相结合挖掘思政元素

做课程思政要一切从实际出发，而当代大学生的认知能力和思想状况是最大的实际。课程思政的主要参与者是大学生，因此，课程思政元素的选择还需要紧密结合当代大学生的专业兴趣，有针对性地设计思政教育。

比如财经类大学生在就业的时候热衷于选择金融行业，平时也比较关注金融财经问题。这就要求财经类课程在选择思政元素的时候，能够偏向于金融问题。比如当前我国强调金融要服务实体经济，那么在课程中讲授虚拟经济与实体经济关系与金融问题的时候就需要讲清楚金融投机活动过度发展的危害，虚拟经济可能会产生的副作用。使同学们即使到了金融岗位工作，也能够正确认识金融与实体经济的关系，认识过度投机的危害，在社会主义经济建设中为国家的长远发展贡献力量。

总之，做好高校课程思政工作，必须要用好课堂教学这个主渠道，不断提升思想政治教育亲和力和针对性，通过专业课程与思政元素有机融合的思路建设课程思政，有利于满足学生成长发展需求和期待，有利于实现培养合格的社会主义建设者和接班人这一根本目标。

参考文献：

［1］高德毅，宗爱东．从思政课程到课程思政：从战略高度构建高校思想政治教育课程体系［J］．中国高等教育，2017（1）：43－46.

［2］高燕．课程思政建设的关键问题与解决路径［J］．中国高等教育，2017（Z3）：13－16.

［3］虞丽娟．从"思政课程"走向"课程思政"［N］．光明日报，2017－07－20.

［4］成桂英．推动"课程思政"教学改革的三个着力点［J］．思想理论教育

导刊，2018，237（9）：69－72.

　　［5］崔金刚，吴淑杰，李景奎．课程思政在实际教学中的应用研究［J］．黑龙江教育（理论与实践），2019（5）：10－11.

　　［6］高燕．课程思政建设的关键问题与解决路径［J］．中国高等教育，2017（Z3）：13－16.

　　［7］樊丽萍．"课程思政"尝试"将盐溶在汤里"［N］．文汇报，2018－01－17（1）.

　　［8］崔金刚，吴淑杰，李景奎．课程思政在实际教学中的应用研究［J］．黑龙江教育（理论与实践），2019（5）：10－11.

　　［9］刘淑慧．"互联网＋课程思政"模式建构的理论研究［J］．中国高等教育，2017（Z3）：15－17.

　　［10］邱伟光．课程思政的价值意蕴与生成路径［J］．思想理论教育，2017（7）：12－16.

　　［11］习近平谈治国理政（第二卷）［M］．北京：外文出版社，2017.

　　［12］逄锦聚等．政治经济学（第六版）［M］．北京：高等教育出版社，2018.

线上精准施教的探索与实践

——以《线性代数》课程为例

尹 钊*

内容摘要：在新冠肺炎疫情的背景下，为保证课堂教学计划的顺利实施，线上教学逐渐成为各大高校实施课堂教学的主要手段之一。本文主要从线上教学的发展现状、线上教学在"线性代数"课程上的应用展开讨论，阐述了应用大数据分析手段、利用微信平台，构建学生特色总结线上作品库等精准教学探索实践，并根据本人的教学体会提出了线上、线下教学双线交叉并行的探索方向，为未来多元化教学模式的发展提供了参考。

关键词：线上教学 精准施教 大数据 微信平台 特色总结

一、引言

突如其来的新冠肺炎疫情，阻挡了大家如期返校的脚步，但是阻止不了师生共抗疫情的决心和信心，"停课不停教、停课不停学"。课堂转至线上，屏幕隔绝不了爱和知识的传递，教师和同学们在网络课堂相遇交流，在线上课堂中实施精准教学。受这场波及全球的疫情影响，学生们未能回到校园学习，但学习的任务仍在，学习的热情不减。教师克服困难提前录好的教学视频，正以另一种方式传递着知识与人文素养。同学们端坐在电脑前观看视频，可以根据自己的理解能力调整学习进度，可以随时向教师提出问题。尽管可能有网络硬件设备的困难，有长时间端坐的疲惫，但同学们不改在学校认真学习的态度，认真而自律，践行着"停课不停学"的精神。

---

* 作者简介：尹钊：中央财经大学统计与数学学院，教授，硕士生导师。

二、线上教学发展现状

2020 年 1 月 7 日，教育部公布了关于 2020 年春季学期延期返校的通知，并发出了"停课不停学"的倡议，新冠肺炎疫情这一重大公共卫生事件的暴发使得线上教学平台发展迅速，"互联网＋"的教学模式也在这次疫情中通过学校、教师、学生的使用和反馈得到极大的推进和发展。而早在新冠肺炎疫情暴发之前，就已有多家公司推出了线上教学平台，例如 MOOC、网易公开课、腾讯课堂、超星学习通等。

目前这类线上教学平台的发展情况主要呈现出以下几类特征。

第一，从客户群体的角度分析，这类平台的主要受众的年龄范围集中在 20～40 岁之间，目标客户主要是大学生或已不在学校学习的社会人士。第二，从平台内容来看，这些平台提供的主要是各类名校名师的精品录播和直播课程，以满足用户多元化的学习需求。此外还有一些平台签约教师的独家课程，以保证用户群体的稳定性。第三，从教学模式来看，线上教学为主要手段，很少或几乎没有与线下教学相结合，且过度依赖手机、平板电脑等电子产品载体，教学模式比较单一。

此外，线上教学模式主要通过弹幕、留言等接受学生反馈，弹幕在一定程度上保证了教师接受反馈的即时性。但是，会对教师的教学进程产生干扰，教师在上课期间不得不随时关注弹幕内容以解答学生疑问，这就会破坏教师思维的连贯性，影响教师的内容输出。

三、线性代数线上精准教学理念

现代大学课堂，应充分贯彻"以学生为中心"的教学理念。线性代数作为一门工、理、农、经济、金融等多专业类别的基础课程，能够为学生今后的学习奠定数学基础，能够培养学生的抽象思维、逻辑推理、归纳总结等多方面的能力，是高等教育中起到奠基石作用的一门重要学科。现代社会互联网，大数据手段的丰富，使得教学课堂更加灵活、立体、多场景、多体验。这使得精准识别学生课程需求和吸收效果进一步成为可能。

因此，后疫情时代线性代数课堂的升级，不再只停留在升级教学工具，而是更关注对于学生群体的精准识别，对课程内容的精准投放，对课堂全程的精准掌控等多方位的升级。作为教师，应当综合线上线下教学的优点长处、取长补短，制订更有针对性的教学方案，全方位做到精准施教，对症下药。

四、线上精准教学在"线性代数"课程中的应用

（一）大数据精准分析贯穿教学全过程

1. 课前精准准备。

课前通过开展线上问卷调查，实施精准授课，因人施教。数据分析给出学生结构特征，帮助教师详细掌握学生情况，制订教学计划，使教学具有针对性，提升线上教学效果。

本学期教授的班级共包含两个，在正式线上教学开始之前，通过设计线上调查问卷，了解学生们的一些基本情况，并结合直观、快捷、可视化的数据分析，分析学生的文理科分布状况。如表 1 所示，其中文科生的学生一共有 28 人，占总体（72 人）的 38.9%，而理科生共有 44 人，占 61.1%。因此，在制订教学方案时，要注意兼顾这些学生的思维习惯和知识基础。

表 1　　　　　　　　　　学生文理科分布状况

选项	总计（人）	比例（%）
文科生	28	38.90
理科生	44	61.10

大学公共课的课堂容量体系通常较大，教师很难全面了解每个学生的详细情况，而这往往会使上课效果有所减损。利用线上问卷进行预调查，大大节省了教师或学校工作人员调查学生状况的工作量，较为成熟的数据分析程序也能给出一目了然的课堂结构特征。近些年线上问卷在课堂教学中的应用已十分普遍，问卷软件和小程序的熟练应用对教师详细掌握学生情况，制订教学计划帮助巨大。线上问卷这一手段，帮助大学公共课课堂更具有针对性，从而进一步提升课堂效果。这即是借助线上精准问卷分析，推动精准授课、因人施教的进程。

2. 课中精准掌控。

传统授课时，把课后练习融入课堂小测验中一直是我的教学特色，每次的随机测验能够检验学生课下学习效果，提高学生的自觉性。这次的线上教学，利用

平台数据统计分析功能，快速准确地反映问题。对每一道测试题、每个选项都进行统计分析，详细和快速地掌握学生对每一节课知识点的学习情况，精确定位正确率较低的题目，调整教学重点。并且对学生学习情况进行筛选分析，有针对性地精准定位没有完成学习任务点的学生，精准掌握每一个学生的学习进程，针对不同学生、不同题目错误率进行敦促和提醒，真正做到因材施教和精准施教。

3. 课后精准反馈。

课后的课程进度统计可以实时把握完成任务点落后的学生并有针对性地督促且了解情况，课后作业题的正确率分析帮助老师了解学生对当天课程的掌握情况，有针对性地对于学生普遍薄弱的知识点进行及时的巩固和深入讲解。此外，对于学生自身来说，线上课程平台得到的针对个人的完成情况和正确率的反馈能让学生一目了然地评估自己的学习效果，对于其学习的薄弱环节可以及时采取询问同学、请教老师、收集相应的习题进行自主练习等措施。

同时，课后练习会及时更新讲评，时常发布问卷倾听学生们的反馈和心声。课程质量丝毫不减，课程形式更加丰富多样。一个章节结束，学生们会有充足的时间整理所学的知识，检验自己的学习成果。这些都会增加学生们的成就感和继续学习的动力，这也是学习的魅力所在。

（二）微信平台助力精准施教

1. 建立微信群及时交流互动。

线上教学伊始，作为社交平台的微信客户端，帮助教师和学生实现了线下真实感到线上虚拟化的顺利过渡。在线上教学的第一周，面对行列式是"线性代数"课程内容里基础性的章节，让学生们顺利掌握这门课程的基础概念和内容，是教学过程中的重要任务。

每节课结束之后，学生们在微信群里争先提出自己的问题，在教师答疑的过程中提出自己的观点，互相交流，讨论热烈。传统课堂上教师课后答疑可以面对面照顾到少数有疑问的同学。

线上教学中，同学们在微信平台提出自己的问题，教师统一解答，学生之间相互交流，使得有相同疑问的学生都可以学习、分享自己的体会，巩固了对知识的掌握和理解。充分利用微信平台，精确定位学生学习过程中的疑问和思考，做到精确解答，广泛辐射。

2. 建立"动态"微信群对每一位同学精准把脉。

为了精准施教，教师建立了线性代数"动态"微信群，有针对性检测和督导学生及时完成任务点，同学完成之后就可以退出"动态群"，随进随出，对课堂测验没有达标的同学进行有针对性的辅导答疑和督促。微信动态群的建立，规范学生学习习惯，同时还在很大程度上避免了教学资源的浪费，提高教学质量和教学效率。

（三）建立学生线上特色总结作品库

每学习完一个章节，让学生对自己的学习情况进行阶段性总结和归纳，也是实施精准教学的重要尝试。特色总结的方式和题材均没有限制，学生们有的利用软件制作思维导图，将自己的学习成果进行梳理；有的在白纸上绘制出各种有趣的图案并结合自己所学；还有的同学会整理出一篇短文以记录自己的学习思考。通过学生们将自己的总结上传到作品库，实现资源共享，博采众长，也激发了学生的创作意愿，还推动了学科融合，作品的形式丰富多样，思想碰撞出的火花绚丽多彩。

通过构建线上特色总结作品库，学生们之间相互交流，汲取他人的学习体会，分析自己不足之处，激励学生不断学习、不断进步，博采众长，总结分享，抛开枯燥数据刻画，反映出学生个人的学习特点，是个性化教学的体现，帮助教师了解学生的个性和特点，有针对性地采取不同方式进行沟通，极大地拉近了师生间的距离。

五、线上精准教学的启示

实体化课堂最大的优点即是教师在课堂上能够观察到学生此时此刻的微表情，方便教师们及时对所讲解知识内容进行调节，同时面对面的沟通和借助肢体语言的表达使得教师这一形象更加丰满立体，能够让同学们切实感受到老师的状态和对自己的关注。这也是线上教学目前仍存在的短板。在今后利用线上平台布置学习任务时，如何尽可能让学生体验到"沉浸化学习"仍是我们需要探索的问题。

（一）教学对象精准识别

线性代数目前是绝大多数理工科和部分人文社科学生在大一或大二年级的基础课，尽管有较广的覆盖面，但因教授对象的不同学生的吸收程度和课堂的完成度仍有极大差异。因此，对于教学对象的精准识别，在线下课程上已经有了阶段性成果，而线下融合线上教学过程中，如何改进精准识别的策略，使识别类别细分到不同基础、不同专业、不同生源的学生，仍是我们需要继续探索的方向。考虑到线上教学的灵活性，可以尝试开发多层次线性代数线上教学课程。例如，设置初、中、高级课程，初级课程针对线性代数基础知识进行普及，通俗易懂；中级课程实用案例分析，收纳多种线性代数实用案例，针对课程重难点展开分析讨论；高级课程，结合 Python、Matlab、R 语言等程序软件应用，培养学生数学建模等基础。

（二）教学任务实施精确识别

要针对金融、统计、会计、保险、精算等不同专业的财经问题，因需施教，将数学知识与具体财经问题精准结合起来，围绕具体财经问题编制综合课程，将财经案例与线性代数课程应用结合，坚持分类施教，因人因需施教。

（三）教学对象和教学任务实施精确管理

强调教师全程深度参与与学生小组讨论精准对接，学生积极参与学习过程，实现教学过程的精准管理。在解决具体财经问题中，掌握高等代数知识，领会正确的逻辑思维方法，培养学生自我主动学习能力。从传统的以教师为中心逐步向以学生为中心转型，发挥学生的主观能动性，在传授知识的同时，重点培养学生们的学习能力，使师生双方"教"与"学"精准结合。以教师全程深度参与与学生小组讨论的精准对接，代替传统课堂一人讲、众人听的灌输式讲授；以学生自主探究代替死记硬背，以塑造学生的独立自主性、培养大学生创新能力和理解获取新知识、有效运用知识、解决新问题的能力为教学目标，培养卓越拔尖创新财经人才。补短板、精准发力、创新驱动，这是当前舆论界流行的几个热词，其实就是有力有序有效推进改革的重要思想指针。

六、结束语

后疫情时代，线上教学开始在教育舞台上占据一席之地，线上课堂结合大数据手段的应用为课堂教学的开展提出了新的发展方向，它极大地节省了教育资源，缩短了物理距离，为教育模式的拓展提供了更多参考和反馈。通过线上教学，大洋彼岸的名师可以出现在电脑屏幕上为世界各地的学生讲一堂生动且不失高度的公开课，这极大程度上推进了全球教育资源的共享，拓展了学生的发散性思维，助力教师实现教学方式的博采众长。

不可否认的是，疫情的暴发同时也对线上教学提出了更多的考验。从教师的角度来看，云课堂使得教师对于课堂的掌控能力下降，相较于站在讲台上对学生状态的一目了然，云课堂中教师无法捕捉学生的听课状态，无法有针对性地提醒学生，及时调整讲课节奏。而对学生来说，各自守着电脑屏幕学习会丢失线下课堂的氛围感和参与感，这是对学生自觉性的很大考验，没有同桌同学的奋笔疾书，没有老师的目光关注，全靠自己的信念和求知欲支撑长时间的专注，或许在这一程度上，教育的意义将大打折扣[5]。

单一的线上教学或者线下教学或许已无法满足当今时代因材施教的更高要求，目前构建线上线下融合教学平台正是我们需要并且正在持续探索的方向。如何更有效地使用互联网教学手段实现教育资源的高效利用，如何将线下课堂零距离的氛围感营造得更加真实，这都是课堂上"云"，线上、线下教学同时需要发力的方向。

参考文献：

［1］中华人民共和国教育部．教育部关于 2020 年春季学期延期开学的通知［EB/OL］．（2020 － 01 － 27）．http：//www. moe. gov. cn/jyb_xwfb/gzdt_gzdt/s5987/202001/t20200127_416672. html.

［2］中华人民共和国教育部．教育部：利用网络平台"停课不停学"［EB/OL］．（2020 － 01 － 29）．http：//www. moe. gov. cn/jyb _ xwfb/gzdt _ gzdt/s5987/202001/t20200129_416993. html.

［3］赵秀红，王家源．在实践中创造高校在线教学新高峰［N］．中国教育报，2020 － 05 － 15（1）.

［4］刘丹阳，仪秀琴，孙妍．疫情背景下在线教育经历与思考［J］．合作经济与科技，2021（5）：106 － 107.

［5］李国转，姚亮．"停课不停学"期间线上教学的问题探讨与对策研究［J］．黑龙江教师发展学院学报，2021（3）：45 － 48.

疫情下的在线教学实践

——以设计类学科为例

王　昭[*]

内容摘要：针对新冠肺炎疫情期间各高校积极响应教育部"停课不停学"的号召，高校全面开展网络教学工作。在教学平台选择、在线课程建设、教育教学实践等方面面临诸多挑战。本文以疫情期间设计类学科在线教学实践为例，结合课程的教学的特点，梳理和分析在线教学中遇到的问题，并在实践中寻求解决方案，以期为设计类学科的线上教学提供参考。

关键词：在线教育　设计教育　形式感　感性塑造

一、引言

近年来高校一直在进行着教育、教学改革，改革的目的是更好地适应当代的教育需要，培养出社会有用之才。2020 年席卷全球的疫情加速了这场改革，高校不得不打破传统的教学方法，迎接这场"意外"的挑战，通过在线教学的方式实现"停课不停学"。目前，在线教学这种新的授课方式对师生来说还有诸多问题需要解决，除在短时间内快速地掌握和适应新的教学方式外，还要处理网络授课过程中的各种突发事件与技术问题。这场疫情下的教学改革对于实践性较强的设计类学科影响尤甚，相较于理论式的学习，设计类学科还需结合大量的实践操作和示范指导。我们需要对工具、方法、教学理念等诸多方面进行调整，以适应这种新的教学形式。

---

* 作者简介：王昭：中央财经大学文化与传媒学院，讲师。

二、教学中的挑战与新适应

《论语·卫灵公》中，子贡问为仁。子曰："工欲善其事，必先利其器。居是邦也，事其大夫之贤者，友其士之仁者"。强调了要想使工作做好，事先准备好工具。而设计类学科完成设计任务，工具至关重要。这所提出的工具可以从狭义与广义上进行区分。狭义的工具指设计过程中所使用的软件、绘画工具等。而广义的工具指附以完成设计行为的外部环境，如生产厂商、技术公司等。在此形式之下，教师需要转变教学思路，协调一切资源进行相关的教学。学生也需摆脱工具的依赖，利用身边一切可利用的资源进行设计创作。

（一）摆脱工具依赖，利用新资源进行创作

在课程《平面设计基础》中，工具学习与设计思维训练是课程的核心，在以往教学过程中，两方面的内容处在同等重要的位置，并行学习。但疫情原因导致部分同学设计工具受到了极大的限制，工作电脑等设备在学校，而家庭电脑无法满足性能的要求，运行不了相关的设计软件。遇到这种情况，教师需要转变教学思路，重新定义疫情下的教学方式，整合课程内容，将设计思维训练作为该在线课程的核心，弱化工具在课程中的重要度，尽可能地利用现有资源完成教学任务，学生在条件允许后重新观看教师录制的网课进行软件学习。

传统课堂教学过程中推荐使用专业软件作为艺术创作工具，但是疫情期间部分同学只能使用平板电脑和手机中的图片处理软件进行设计创作，如：美图秀秀、UUPOOP、在线 PS 工具等。虽然这些软件在功能上与专业设计工具相比逊色不少，但也有很多值得研究的地方，同时可以让学生们把焦点集中在设计创意上，尽可能地降低由于工具的不足带给学生的影响。在进行《数字影音设计》的课程教学中，我设计了新的教学方案，不再局限于用专业摄影设备进行拍摄、创作，而是利用手机、相机等多种触手可及的工具并配以当今较流行的视频剪辑App，如快剪、抖音等进行影片创作，实现了教学上的新突破。

（二）暂停外部支撑，重拾创作本真

所谓设计，指的是把一种设计、规划、设想、问题解决的方法，通过视觉的方式传达出来的活动过程。它包含了三个核心内容，即：构思的形成；设计的方式；设计后的具体应用。而在本段中我们所探讨的更强调第三点：设计后的具体

应用。在社会分工越来越精细的今天，多数设计师只是将设计稿完成后交于专业机构进行方案的实施，但在实施过程中设计者并没有参与到作品从概念转化为产品的过程，这莫不是一种遗憾。疫情期间，无论是产品设计、包装设计、还是交互设计，同学们不得不面对厂商无法生产，开发者无法接单等情况。当设计师无法依靠外部力量进行设计实现时，就需靠自己完成产品从概念到实现的全过程。教师和同学们相互协作，利用一切可利用的资源，通过纯手工制作、对已有产品再创造、利用在线交互设计软件编辑器等方式完成作品。在毕业创作设计过程中，孙思凡通过购买原材料，自己翻模浇筑的方式创作出一系列的关于"可回收垃圾"的装置作品，并自学 Arduino 完成作品的互动设计（见图1）。姜雨菲通过自学在线 H5 编辑器软件，完成了毕业创作中交互设计的制作，作品一经推出就获得了极大的关注（见图2）。

工业化大生产为我们带来了丰富的物质生活，但也使我们在无形中越发依赖外部力量的支持。近乎丧失"巧手"的现象让许多纯手工工艺产品深受大众追捧，本学期开设的设计课程仿佛回到了威廉·莫里斯主导的工艺美术运动时期，实现了当代手工艺的回归。工业制成品固然规整、商品感十足，却不利于学生在学习过程中积累设计经验。我们承认社会化大生产对社会的推进作用，但针对教学我认为理论与实践相结合至关重要。在今后的课程设计中，我也会尽可能增加浸入式体验环节，培养学生脱离外力的支持也可独立完成设计作品的能力。

图1　孙思凡毕业设计作品

图 2　姜雨菲毕业设计作品

三、教学中的形式感

所谓"形式感"就是人们对于形式的感觉，从作用上说，就是抽象的形式所具有的感染力。人类对事物的认知和感觉的形成是长期历史经验积累的结果，我们对于形式认识的能力是和人类本身的发展紧密相关的，使人们具有了从一种现象的多种因素中，只由某一因素的激发就可以感受到或联想到其他因素的存在，从而认识全体的能力。而在线教学过程中，我们把这种"形式感"定义为师生对教学已有的认知及形成的相关习惯。线下教学中，上课时间的恒定，课堂规则的束缚，对自身形象关注等都已经成为师生课堂活动中默认的规则。而在线教学打破了规则，以前的一句玩笑话"一秒到课堂"成为可能。但同时也可能伴随着"吃喝听课""床铺课堂""褴褛形象"等现象的出现，暴露出在线教学过程中的问题。

（一）现场感

在线教学过程中，会发现同学们的听课方式较为随意，这是因为缺乏现场感对人的约束造成的。当人们处于一定的环境之中，必然会通过一系列的行为来适应环境，所以在线教学塑造课堂的现场感至关重要，在一定程度上会影响教师的授课和学生的听课感受。教学活动中的现场感就是师生出现在同一空间中所塑造出的，摄像头开启是塑造现场感的重要方式之一，整洁的形象、舒适的着装、正式的学习环境可以使学生真正地融入课堂的学习。尤其是设计类课程中需要进行同步操作，如果没有全神贯注，一步错过可能会导致接下来所有步骤都无法完成。并且设计课程中讨论的部分颇多，如果无法专注地聆听其他同学的汇报，可能也会错过对自己有所帮助的重要信息。

但在教学过程中会发现，学生们并不愿意开启摄像头融入到现场中，在实践中可以通过以下方法来引导学生开启摄像头。第一，在线教学中强调调动学生的自主学习，可以通过提前布置线上讨论或者其他的教学活动，引导学生主动开启摄像头。因为在探讨时不仅是聆听对方的语音、语调，还需要观察对方的肢体语言及面部表情来确定演讲者所要表达的真实含义。这样可使师生融入现场教学活动中的同时，避免造成沟通中的误解。开启摄像头所形成的现场环境不仅可以让方案的讨论更加深入，还可以让学生注意自身的形象，使他们在线上学习中也可以体验到和线下教学同样的仪式感。

第二，在线教学过程中，教师应该主动开启摄像头进行教学，即使是需要学生自己观摩的录课内容，在开始前也应主动开启摄像头与全体同学进行沟通后再进行自主学习。教师通过"露脸"可以拉近与同学之间的距离，塑造现场感的同时使同学们感受到教学的形式感。虽然许多课程为录课形式，教师们也可通过其他手段，将自己的授课的现场视频置入到屏幕中，使同学们可以跟着教师同步的学习。

（二）秩序感

贡布里希在《秩序感——装饰艺术的心理研究》中提到，有机体在为生存而进行斗争中产生了秩序感，这并不是因为它们的环境在总体上是有序的，而是因为视觉活动是需要框架的，以作为从规则中划分出偏差的参照。秩序感是建立在人类的生物与社会属性之间的一种活动。而教学正是人类传授知识而组织的有序的活动。塑造完美的线上教学体验需要我们把线下教学的秩序移植到线上教学中，使同学们感受到无差别的教学体验。

教师在线上课堂教学中应严肃课堂纪律，课前点名记出勤，多与同学语音、视频交流，及时批改作业，这些都可以强化课堂的严肃性，使同学们在内心形成对课程本该有的秩序感。在这些课程活动中，及时反馈至关重要。交互设计中对及时反馈定义为，当用户进行任何的操作时，都应给予相应的反馈，即使用户操作错误，也应该让他们了解如何避免这样的错误再次发生。在线教学的及时反馈包含了按时回复学生的问题及按时批改作业，及时的反馈使同学们形成对课程的学习节奏。若学生们提交的作业或留言未得到老师及时的反馈可能会导致在学习过程中的倦怠。在线教学使师生由实体互动环境转变为在虚拟互动环境，网络成为连接学生与教师的纽带，我们需要运用好网络媒介使同学们感受到无差别的教学，形成同线下教学同样的秩序感。

四、教学中感性的塑造

线上教学使师生的心理、感知都产生了巨大的变化。我们可以将整个教学活动分为理性与感性两个部分。教学活动本身定义为理性，更加强调教学内容，具有一定的逻辑、层级、要求等。并且经过教师们日久的更新，课程内容极为丰富，已形成优质的理性内容。将除教学内容外其他提升教学活动的行为定义为感性，强调在教学过程中的人文关怀、情感沟通、环境塑造等。不同的教学方式对"感性"提出不同的要求，在线教学活动形成了新的教学方式，必然需要新的"感性"来适应，这需要师生共同努力，在实践中不断完善这一内容。而在这场疫情下的感性塑造使原有教师对集体的关注转变为教师对个体的关注，也重新定义了师生关系。

（一）向个体关注的转变

传统的班级授课制是原有重要的教学组织形式。课堂教学的最显著特点，就是固定化和确切化，即班级人数确定，时间和地点固定，教师依照学校教学目标、课程表、教材和教学程序按部就班地展开教学活动。但班级制的授课方式在强调集体进度的同时，有时会忽略到个体的差异性，比如在设计学科的工具教学中，每名学生学习的吸收力各不相同，但由于每节课都有固定的教学目标就必然导致学得快的同学与学得慢的同学都会产生不同的学习倦怠感。教师只能适应班级的平均学习速度。在线教学的方式从学生的实际出发，同学们可以根据自己的学习进度完成相应的教学活动。

现有所有的教学活动都会在网络中"留痕"，学生通过反复观看教学录屏视频实现知识的巩固复习。尤其是在讲解作业环节，线下教学过程中通过学生上台演讲，教师直接点评的方式讨论设计方案，但有时讨论的内容未被完全记载，造成信息遗漏。在线教学也可以通过截屏、拍照、录屏等方法完整记录教师的点评过程，使在线教学真正做到了针对个体的教学。

（二）师生关系的重新定义

在线教学过程中，我们不仅要考虑教学质量对于学生的影响，还要考虑如何在疫情影响下与学生保持密切联系。不同于传统的课堂教学模式，线上教学打破了师生原有的交流方式，通过钉钉、腾讯会议、学习通、微信群等网络平台进行线上交流。虽然互联网将全国各地乃至世界人民建立连接，但这种连接又使人与人之间变得陌生且疏离。微信朋友圈点赞、节日的祝福留言并不会使我们的真实关系变得亲密。我们需重新定义网络社群的作用，尤其是在疫情下的网络社群给我们的生活和工作带来新的挑战和契机。比如一对一的单独讨论，可随时发起的群聊，这些都有利于师生、同学之间及时沟通，答疑解惑，同样有利于师生、同学之间在情感上建立信任和依靠，为学习氛围的营造奠定了良好的基础。

五、结语

在线教学对于所有的教学参与者来说都是一次巨大的挑战。虽然实施过程中受制于家庭网络、电脑配置、教学环境等诸多因素的限制，但因疫情影响而推广的网课为我们探索新型授课方式提供了更多的可能性。今后，将会有更多新型的授课形式应用到教学中，促进高等教育教学方式的进一步的变革，并将构筑新型的课堂形式。

参考文献：

[1] 王受之. 世界现代设计史，2002（9）：12.

[2] 詹建俊. 形式感的探求 [J]. 美术研究，1980（4）：12 – 15.

[3] 唐钰沣，闫岩. 秩序感在商业海报中的应用探究 [J]. 大众文艺，2020（10）：115 – 116.

[4] 刘振天，刘强. 在线教学如何助力高校课堂革命？——疫情之下大规模在线教学行动的理性认知 [J]. 华东师范大学学报（教育科学版），2020，38（7）：31 – 41.

学 生 篇

大学线上考核的三个维度

——以疫情期间金融学本科教学为例

韩易凯*

内容摘要：受疫情影响，全国高校的教学模式由线下转变为线上，这对于师生双方而言都是不小的挑战。面对学生和教师的目标偏差，需要一定的考核手段进行修正。本文以一财经院校大三金融学本科 2020 年春季线上五门课程为例，将大学线上考核分为三个维度进行了叙述和分析，即课堂教学中的签到和互动，知识检测中的作业和测验，以及创造转化中的论文和展示，并分别从动静两个形态进行讨论，阐述了各自的功能和意义。

关键词：疫情危机　线上教学　课程考核

一、线上教学课程概况

2020 年的疫情使得大学生不能返校，这促使了线上教育的发展。线上教学客观上降低了时间和空间的成本，加强了教育资源共享，这场线上教学的大型试验让更多人看到高校开展线上教育的必要性和优势，同时也暴露一些问题：对于学生，如何用最少的时间获得最高的分数是学生的努力方向，难免产生一些急功近利的心态；同样，如何用最少的时间让学生掌握更多的知识是教师的教学目标。有效学习和有效教学的目标不一致导致了教学效果达不到预期目标，需要必要的措施进行引导和调整。辛纳和托伦利（Cinar & Torenli, 2010）指出，当学生进行线上学习时，需要结构化的教育课程和系统的定期指导。而营造良好的学习环境更有利于学生对知识的掌握和技能的提升。根据学习的动机理论，内在动机源于兴趣、自我要求、学习自主性等，而外在动机源于教师行为（例如教学热

---

* 作者简介：韩易凯：中央财经大学金融发展研究院，金融学专业本科生。

情和认真态度)、教学过程、师生互动等(Selvi, 2010)。课程如何教?学生如何学?考试如何考?这些都成为亟待解决的问题。

表1列出了一财经院校大三金融学本科2020年春季线上五门课程的具体情况和教学模式,所有课程均建立了微信群,方便教师进行答疑互动和发布通知,避免出现信息不对称和学生"掉队"的情况。根据教务处的建议,三门课程选择超星进行全程"语音录播+课件切换"授课,这一类课程依赖于教材,体系化较强,在超星依次放入教学视频可以将课程的逻辑性更好地呈现出来。两门课程采用超星和腾讯会议的混合式教学,以类似于讲座的形式开展,突出主题性和思维的发散性,强调师生互动,激发思维的碰撞。由于课程设置的相对独立型,五门课程中只有经济思想史少量引用了其他优秀教师的网络课程资料。

表1   **课程概况**

课程代码	课程名称	教学平台	形式
3510022	金融衍生工具	超星、微信群	录播
3510028	风险管理	超星、微信群	录播
3510033	经济思想史	超星、微信群、腾讯会议	录播、直播
3510048	行为金融学	超星、微信群	录播
3510049	公司治理	超星、微信群、腾讯会议	录播、直播

教育学习过程的演变依赖于整合新的教学策略,以改善教学方法和增加灵活性(Alebaikan & Troudi, 2010)。为了使学生能够集中精力,教师应分解教学内容,使学生更轻松地进行在线学习(Bao, 2020),防止教学内容变得索然无味,减低学生的学习兴趣(Negiri, 2013)。伍利(Woolley, 2015)发现,当学生认为知识可掌控时,在线教育活动有助于学生获得更好的成绩,也能更有效参与在线学习并完成教师分配的任务。在表2中,全部老师都将考核比重分散到了4至5项,这个区间比较合适,因为比重过少分散可能会导致评价的不全面和不充分,而比重过度分散会加重同学们的负担,这种安排与奥耶多顿(Oyedotun, 2020)的建议相吻合。奥耶多顿(Oyedotun, 2020)认为,考核比重及时间表的安排需要顾及老师和学生两个方面,需要松紧有度。可以发现,线上教学中"签到"和"测验"成为教师们青睐的考核方式。对于大比重考核,有四门课程选择了超星发布期末试卷,一门课程采用"论文"的形式结课。根据实际情况统计,将期末试卷与"测验"合并为一类,可以得到简化的线上考核模型。

如表 3 所示，线上多维的考核方式，可以分为三个维度进行讨论，而每个维度又可以对应两种形态，对于同一维度，动态考核要难于静态考核。在线上教学的过程中，建议三个维度都要涉及，而对于形态要根据课程性质和学生情况进行选择。

表 2 考核比重 单位：%

课程名称	签到	互动	视频	作业	测验	展示	论文	期末
金融衍生工具	10	—	15	20	15	—	—	40
风险管理	10	—	—	—	20	—	30	40
经济思想史①	2	—	—	8	40	—	50	—
行为金融学	20	—	—	—	20	10	10	40
公司治理	35	5	—	—	20	—	—	40

表 3 考核模型

维度	静态	动态
课堂教学	签到	互动
知识检测	作业 *	测验
创造转化	论文	展示

注：＊狭义上，"作业"指课后练习或思考题，不包含论文和展示。

二、线上考核的三个维度

（一）签到与互动

"签到"是学生出勤的代理量，在一定程度上反映了学习态度。但同时签到仅仅能代表学生按时登录网课平台，而是否真正投入学习还需要学生自觉，即签到是学习的"有偏估计"。表 4 反映了四种对应关系，学习与签到、未学习与未签到的组合是无偏的，而剩余两种有偏情况则用"互动"的方式进行解决。

---

① 由两位老师在前后半个学期分别授课，基于各 50% 的比重进行了修正加和。

表4   签到与学习

项目	签到	未签到
学习	真实反映	马虎大意
未学习	偷懒行为	放弃自我

"互动"是指在微信群或腾讯会议等平台内提问、讨论、作答，具有一定的数量和质量的可量化考核项。教师依序上传教学视频或逐节讲解，然后进行课程互动。互动会对学生造成一定的压力和紧张感，从而产生学习的动力，同时学生可以从他人的想法和错误中学习，分享自己的经验，创造丰富的知识资源（Salter et al.，2001）。为了培养大学生批判性思考的能力，教师需要向学生提出大量有价值的问题，提问的方式、时间和次数是教师需要考虑的要素；教师需要创造各种情境，培养学生提问和解决问题的技能（Aizikovitsh – Udi & Star，2011）。当然，互动需要一定的提问技巧，本文将这一互动机制归纳为"课堂互动模型"。互动的模式要根据学生的反应进行调整，面对活跃的课堂可以使用较为主动的答疑型互动，而面对较为安静的课堂可以使用较为被动的提问式互动，如图1所示。

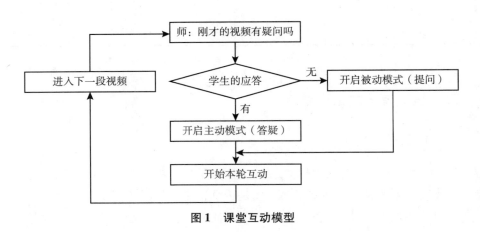

图1　课堂互动模型

如前所述，为了防止"马虎大意"的学生忘记签到，除了提醒外，还可以鼓励他们多多参与课堂互动，为自己提供在线"证据"；另外，如果在提问的环节出现签到但无应答的情况，教师可以视作"偷懒行为"扣除相应的出勤分。

（二）作业与测验

作业是在较长时间通过课后练习来巩固知识，达到举一反三的效果，且有的问题需要查找大量材料才能得到最后的答案；而测验具有一定时效性，要在较短时间内呈现出知识的掌握情况，需要建立在坚实的基础上才能顺利完成。二者都建立在题目之上，在命题过程中，把握不同题型的比重可以让考试更加多元化。五门科目题型分布情况如表5所示：

表5　　　　　　　　　　　　　　　　题型比重　　　　　　　　　　　单位：%

课程名称	客观题			主观题			主观占比
	单选	多选	判断	计算	名词	论述	
金融衍生工具	60	—	—	40	—	—	40
风险管理	75	—	—	15	—	10	25
经济思想史*	24	28	28	—	—	20	20
行为金融学	—	—	20	—	30	50	80
公司治理	30	—	—	—	20	50	70

注：＊经济思想史采用的是期中考试，其余科目为期末考试。

可以看出，不同学科展现出了不同的题型分布特点。衍生工具、风险管理等定量学科单选题较多，且大多为计算型单选题；经济思想史较为注重对于知识的重现，所以客观题总体比重最大；行为金融和公司治理两门课程以主观题的形式呈现较多，因为两门课的叙述性理论较多，更加看重学生对于某一问题的看法和解释。

教师要根据所授学科的特点，合理分配各部分题型比重。同时，由于网络的便捷性，教师应当保证试题的原创性，避免部分学生通过检索直接得到答案。

（三）展示与论文

"展示"是根据学生小组合作对某一课题报告和答辩的情况进行打分。教师要求基于本学期各单元内容，选取一个有关主题进行研究，撰写研究成果，并在规定时间内用PPT的形式将内容展示到腾讯会议中。"论文"与之类似，以学术探究的一般流程对议题进行讨论，必要时需要进行实证分析。课堂展示可以锻炼学生表达自我、团队合作、时间控制等多方面能力，而写论文不仅可以让学生对本学科知识进行融会贯通，还可以挖掘相关研究方向的最新学术动态、培养学术兴趣，为毕业论文做准备。

实际操作中，教师需要注意以下几个要点：第一，在学生自由选题和创作的过程中，教师要对开题把好关，避免题目过大、过老，避免撞题。第二，教师对于学生的成果要积极做出评价，不足之处要及时指出，此外，评语的撰写对于学生的发展有益。第三，由于网络的不稳定因素，学生答辩尽量采用先展示后提问的方法，不从中间打断。第四，注意成果的学术不端检测。

三、总结与评价

本文以五门课程的教学为例，阐述了线上课程考核的基本模式，以课堂教学为基础，以知识检测为手段，以创造转化为目标，搭建了"三个维度、六个指标"的考核框架，在教育教学活动中具有一定的指导意义和实践价值。

课堂教学是知识传递的最基本渠道。好的课堂教学可以促进这种传递，学生爱听、能想、会说，教学质量随之产生。在线上教学的过程中，"签到"与"互动"分别从静态和动态两个方面推动课堂教学。互动要根据不同的学生群体进行调整，在一定程度上能修正签到带来的出勤估计偏差。

知识检测是对课堂教学效果的反映，可以对阶段性学习成果进行诊断评价，督促学生跟上进度学习，而不是通过期末突击来冲击高分。"作业"和"测验"在其中扮演着不同的角色。作业周期较长，部分需要深入探究，属于"厚积"阶段；而测验对学生更具有挑战性，属于"薄发"阶段。

创造转化是对课堂教学的外延，大学生更加需要具备这样的素质。"展示"与"论文"就是知识创造转化的具体体现，是前面两个维度的升华，学生可以获得更多技能的锻炼。展示鼓励学生表达，论文锻炼学生的专业写作能力。

线上教学势必将面临更多挑战，本文提出的考核模型并不能完全覆盖所有的情况，教师在教育教学活动中，需因地制宜、实事求是，加强与学生的沟通交流，与学生交心，让学生与老师同路而行，教学相长。

参考文献：

[1] MURAT CINAR, NURCANTORENLI. Redesign online courses with student expectations: a case study with a new infrastructure [J]. Procedia – Social and Behavioral Sciences, 2010, 9.

［2］ KIYMETSELVI. Motivating factors in online courses ［J］. Procedia – Social and Behavioral Sciences，2010，2（2）.

［3］ REEMALEBAIKAN，SALAHTROUDI. Online discussion in blended courses at Saudi Universities ［J］. Procedia – Social and Behavioral Sciences，2010，2（2）.

［4］ VARVARA A. NEGRII. Psychological Problems of Learning Resistance ［J］. Procedia – Social and Behavioral Sciences，2013，86.

［5］ WEI BAO. COVID – 19 and online teaching in higher education：A case study of Peking University ［J］. Human Behavior and Emerging Technologies，2020，2（2）.

［6］ WOOLLEY D J. Which Helps Accounting Students Learn More：Traditional Homework，Online Homework，or Clickers? ［J］. Academy of Educational Leadership Journal，2015，19.

［7］ TEMITAYO DEBORAH OYEDOTUN. Sudden change of pedagogy in education driven by COVID – 19：Perspectives and evaluation from a developing country ［J］. Research in Globalization，2020，2.

［8］ GRAEME SALTER，PHIL NANLOHY，STEVE HANSEN. Online Discussion Groups：Strategies to Enhance Participation and Collaboration ［EB/OL］. https：//www. herdsa. org. au/system/files/SalterG_083_LC. pdf，2001.

［9］ EINAVAIZIKOVITSH – UDI，JON STAR. The skill of asking good questions in mathematics teaching ［J］. Procedia – Social and Behavioral Sciences，2011，15.

浅谈高校线上教育体验与思考

胡艺璇*

内容摘要： 2020 年新冠肺炎疫情在全国全面暴发，各高校面临巨大的教学压力和挑战。在这种情况下，各高校普遍选择采用线上授课的模式推动学生课程学习。经过 2019 ~2020 学年春季学期的尝试与探索，线上教育模式凸显了现有制度、平台运营者、高校管理者、师生双方等方面存在的问题。本文结合疫情中的线上教育体验，从学生的视角对这一问题进行分析，提出政策性建议，为线上教育的进一步发展明确方向。

关键词： 线上教学　线下教学　高校　教学问题与反思

一、引言

近年来，随着电子产品的普及和全民学习高潮的到来，线上教学平台不断推出，教与学跨越了时间和空间的限制，线上教学作为新兴事物在中国蓬勃发展。

线上教学起始于 2004 年美国人萨尔曼·可汗创建的可汗学院。首次开创的线上教学模式，目的是增加学生与老师之间的互动性，增强学习的自主性和自由性，甚至能够针对不同同学的特点开展个性化的教学活动。随后，由于可汗学院在某种程度上提高了学生个人的学习兴趣和效率，线上教学的模式不断进行推广，美国众多公立学校广泛采用。近年来，随着我国网络互动技术以及教育市场的不断发展，线上教学模式深入中国高校。

2020 年，由于新型冠状肺炎的暴发，许多高校无法正常进行线下教学，学生也无法返校。继教育部下达"停课不停教，停课不停学"的指示后，大多数高校都采取了线上教学的方式。但是，由于线上教学的自主性与灵活性较强，高校

---

* 作者简介：中央财经大学财政税务学院，资产评估专业本科生。

对于线上教学的评价褒贬不一，这也集中反映出长期存在的线上模式的不足。各校老师同学在逐渐了解线上教学模式的基础上，对线上平台及互动模式提出反思。

二、学生视角下的线上教学体验

2019～2020 学年春季学期，包括我在内的许多大学生是通过线上教学的方式继续学习的。总体来看，线上教学成果超过预期，甚至收获了一系列优质评价。

以我所在专业为例，本学期共 13 门课程，其中 12 门课程采用线上教学模式，仅 1 门课程选择延迟开课。12 门课程的线上教学模式均以学习通等平台为载体积极开展师生互动。如表 1 所示。

表 1　　　　　　　　　　　　线上教学情况说明

课程名称	线上教学平台	互动方式
高等数学	学习通	线上直播
	哔哩哔哩	QQ 群答疑
		学习通任务布置及课后作业
财政学	学习通	线上录播
会计学	学习通	线上直播
	腾讯会议	学习通任务布置与答疑
微观经济学	学习通	慕课视频任务点
		学习通聊天区授课
线性代数	学习通	线上录播
	腾讯会议	线上直播
		学习通答疑及课后作业
中国近现代史纲要	学习通	慕课视频任务点
		学习通讨论区布置讨论问题
财经学术英语	学习通	线上直播
	腾讯会议	学习通课后作业
		微信群答疑

课程名称	线上教学平台	互动方式
大学英语交流	学习通	线上录播
	U 校园	App 作业布置
	Fif 口语训练	QQ 群答疑
数据库原理与应用	学习通	线上录播
		答疑与作业布置
政府预算管理	学习通	线上直播
	腾讯会议	学习通任务布置
		微信群答疑
经济心理学	腾讯课堂	线上直播
体育	学习通	微信群任务布置
	微信	学习通作业提交

总体而言，线上教学以教学 App 为核心，开展线上直播或线上录播，布置课程任务及课后作业，以微信等社交软件为核心集中答疑。就个人体验来说，线上教学在一定程度上完成了教学任务，并提供了慕课等丰富的学习资源。通过一对多、一对一的答疑模式，解决同学们的具体问题。同时培育学生的自律性和自我学习能力，成果颇丰。

在我看来，较为成功的案例有两个。

首先，语言类课程的线上直播方式。本学期我所在班级的财经学术英语采用线上直播授课的方式。在上课前的一周，老师会通过微信群聊的方式发布下一周的上课内容以及学习任务。如图 1 所示。按照学校安排的固定时间，在上课时间通过腾讯会议进行屏幕共享，直播授课。在授课过程中，教师要求与学生之间互动，进行视频演讲以及对于有关话题进行实时分析和讨论。教师将会在互动进行中，对同学所持观点进行提问并不断深化至问题的核心。在课堂以外，教师规定了每周的教学目标，包括背诵固定数量的单词，阅读新闻并进行有效复述，听新闻并获取新闻主要内容，在必要的时间进行平时作业的考核。在这种线上与线下混合教学的模式下，我感到受益非凡。学习的效率明显提高，同时较之线下教学时间分配也更加灵活，可以说这是一次非常成功的线上教学尝试。

@所有人
第13次上课安排（以12节班级为例，其他班级按照上课时间顺推）：
注意：本次课没有新闻分享
1. 8:00-8:20 讨论 inequality 和 economic growth 以及你如何看待不平等问题；
2. 8:20-8:45：分享本学期所阅读的英文财经管理类专著：选的那本书？为什么选那本书？书的主要内容是什么？你对这本书的评价或者印象？
3. 8:55-9:40：1）book review；2）阅读一本关于 free trade 书的书评：见讲义。

此外，我们会先简要介绍一下期末考试题型。因为疫情，我们需要按照学校要求调整考试题型和内容。

图1 课前线上课程安排

其次，计算机系列课程的线上录播方式。以数据库管理及应用为例，老师在上课中提前发布下一周的学习任务，以及上课时所需要使用的 PPT 演示文稿，需要同学们提前学习。在上课时间内，老师花费极少的时间点明 PPT 演示文稿当中的重点，留一大部分的时间给学生自己动手操作并且答疑解惑。由于上课时间内的授课时间很少，这就反向督促学生要在课前对于课上内容进行一定的预习。而作为一门操作性较强的课程，老师将上课时间的重点放在学生个人的动手操作上是很有必要的。

还有一点必须强调的是，无论是直播还是录播，好的线上授课模式必须要保证学生和老师之间课上以及课下的互动，老师能够及时准确地捕捉到同学的疑惑点，才能更好地答疑解惑，给予指导。

三、线上教学面临的关键问题

（一）制度层面，体系制度缺失，线上教学模式尚未形成常态化

我国采用线上教学的时间尚不长，在法律层面，对于线上教学平台，教学

模式和教学团队的约束性规定不多（湛新星，2020）。而高校内部原先也大多采用线下教学为主的方式，对于本学期以线上教学为主的教学方式还没有形成体系化的制度，在工作安排方面存在一定的不合理的情况，比如在线上教学模式下考核方式的不合理，监管的不到位，高校领导层与教师团队之间沟通不及时等。

（二）在平台运作层面，线上教学的规范化不足，系统没有得到及时完善

由于缺乏法律强制性的监管以及平台的盈利属性，平台内部的页面极易存在漏洞。而在线上直播授课的过程当中，电脑会弹出某些与学习无关的界面，分散学习的注意力。同时，由于上述的沟通不及时，系统修复的方向无法确定，部分技术难题也无法攻克，对于教学平台的进一步完善起到了限制作用。

在全国范围内的网课开始初期，由于涉及人员之多，各种线上平台最先暴露出来的问题就是硬件、软件设施的不健全。许多学校开课的第一天就面临了平台全面崩溃，不堪重负的情况。随后又出现了更新不及时，允许上传文件太小等问题。

（三）授课开始前，许多平台使用者对于线上模式了解不足

线上教学模式所要求的高度互动性以及技术性对于各方来说都是难题。加之本次疫情的突然暴发，教师以及学生没有进行过统一的培训，许多操作并不了解。以超星学习通为例，超星平台在考试之前推出了监考模式。但是，许多老师并没有采用这一模式，而是依旧采用学生依靠自觉性答题的方法，这样一来，老师对于学生考试时的状态便无法监管。同时，还有一部分参与者由于对线下教学的熟识和对线上教学的偏见，对于线上授课采取消极的态度，或者在短时间内无法适应授课方式的转变，造成了教学进度过慢，学习成果低下的情况。

（四）授课过程中，线上教学更多地依靠老师和学生的自觉性以及自控能力

尽管极大多数的老师能够完成教学目标，但课后答疑难免存在一些不及时的状况。而对于同学来说，自觉性和自控能力似乎更难。许多同学都采取躺在床上听课的方式，或者一边听课一边玩手机的方式，学习效率和收获大打折扣。如何提高自控能力和自觉性，如何让线上的教学平台多一些强制性的教学和学习要求

以巩固提高学习成果，是我们要思考的问题。

（五）课后，各方之间沟通不及时，问题无法得到及时解决

在线上教育平台和学校之间缺乏有效的连接，线上教育平台不清楚目前高校的具体需求，而高校本身对于线上教育平台的运作模式和实际操作也存在一定的模糊范畴。在教师团队之间也存在着消息回复不及时等现象，这对于进一步提高线上教学的效率和成果存在一定的限制。在教师和学生之间，存在一部分教师回复学生问题不及时的现象，也有部分同学因为担心自己所提的建议会被老师忽视或不认可，而选择隐藏自己的真实想法。

（六）高校考核流程中，线上成绩的考核机制有待健全

考核机制是包括多方面的，无论是老师还是学生。首先，对于老师而言，考核的方式大多是成绩以及问卷调查中学生对于老师的评价，真实性和有效性存疑。其次，对于学生而言，由于网络上多种脚本的存在，平时作业的答题效果以及上课听课情况无法得到保证，可能会存在空放或者用脚本答题的情况。由于考试缺乏摄像头的监管，许多平台仅能够测试出切出考试界面的数量，这一数据也并不能够完全验证考试成绩的真实性。仅仅依靠成绩的判定可能并不能够代表学生的学习状况。

四、提升高校线上教学效果的对策建议

（一）完善线上教学平台约束条例和线上教育平台监管机制

在法律法规和制度层面的完善，需要政府以及有关部门重视对于线上平台进行及时的考核以及社会调研的反馈，基于社会公众的评价和各方的具体需求制定有关的条例。

对线上教学平台的监管，不仅需要政府及有关部门的定期审查和持续关注，更需要平台的实际体验者提供有效的监管和建议。在这种情况下，政府需要做的就是畅通沟通渠道，倾听民众声音，以保证平台的体验者能够及时反映平台的不合规现象。

（二）加强线上教学平台技术支持

集中资源解决线上教学平台承载力不足，避免全面崩溃情况的出现进一步影

响师生体验。同时，在各平台之间形成竞争，促进线上教学平台深入挖掘平台功能的完善，提出创新性解决措施，提高整体线上教学质量。

（三）完善混合式教学整体体制机制，增强师生对线上教学了解

许多高校在本学期线上教学结束后，推出了调查问卷，征求学生以及教师关于下一步教学所采用的方式的意见。选项包括，单纯采用线上教学的方法；单纯采用线下教学的方法；以线上教学为主线下教学为辅的方法；以线下教学为主线上教学为辅的方法。大多数同学选择后两个选项。可见，高校已经开始寻求混合式教学的方法，而在实际实施之前，需要进一步展开师生培训，增强师生对线上教学的了解，同时完善整体的体制机制，包括沟通机制、考核机制、授课模式等。

（四）增强高校师生的自觉性和自我学习能力

一方面，高校可以开设提高自控能力和自我学习能力的讲座，传授基本理念与方法，激发内在动力；另一方面，从外部监管层面对师生提出要求，提高师生自觉性。需要注意的是，对于高校来说，由于线上教学所依赖的技术性较强，也需要参与者的自控能力较强，因此，其适用人群是有针对性的。高校可以量力而行，并不需要强行创新授课方式。采取线下授课，线上授课或者混合式教学的判断标准在于哪一种教学方式能够更有利于学生的学习收获以及长远发展。

（五）增强师生之间的沟通与互动性

线上教学最大的困难就在于距离过远，无法面对面传授知识，在这种情况下，互动性就显得尤为重要。互动性的意义在于集中远程上课的学生的注意力，并调动学生学习的积极性，是一种反向激励的模式。因此，线上平台的发展不能是孤立无援的，需要采取线上线下融合的模式进行沟通。大多数线上的沟通会存在回复不及时或者参与者不会使用的问题。而线下的沟通方式又太过烦琐。要探索线上线下融合的沟通模式，但重点在于沟通的及时性、准确性、有效性。探索线上互动与线下互动的结合点，上课前签到、课上提问、课后答疑解惑或批改作业等是最基本的有效互动途径。但是互动过程中一定要注意有效性，比如在课后老师批改作业的过程中，不能够仅仅给学生一个分数，而应该通过文字的方式告知学生的作业完成情况、正确率及答案解析等。

（六）严格考量并制定教师以及学生的考核标准

对于教师的考核标准并不能仅限于对于学生的问卷调查，最好能够通过实地调研、考核者实际参与课堂听讲或抽查教学成果的方式。而对于学生的考核也不能仅限于期末成绩。我发现在本学期线上教学的模式下，许多学校改变了平时成绩与期末考试占比的分配，目的就是更好地检测学生的学习效果。

五、结论

今后的一段时间，线上教育仍然会占据非常重要的地位。归根结底，线上教学首先需要解决规范化的问题，在规范的基础上，实现常态与优化。通过完善互动体系、优化相关平台，加强全民的参与感和熟悉度，进而依靠内在动力提高自律性与自我学习能力，推动线上教学平台可持续发展。

参考文献：

湛新星. 浅析后疫情时期高校线上教育的发展［J］. 科技视界，2020（23）.

"线上教学"的现状、对策和展望

——基于中央财经大学学生的视角

王跃霖　李泳禧　杨　凡[*]

内容摘要： 随着现代网络技术的快速发展，信息化和互联网技术的日趋成熟为线上教学提供了技术保障。党的十九大报告首次将网络教育单列其中，并指出网络教育应超越基于互联网的在线学习，在教育全域都需运用广义网络教育方式，力求做到传统技术与高新技术相结合，虚拟网络与实体平台相协调，开拓教育网络化或网格化新境界。此举具有长远的战略意图。本文基于中央财经大学学生视角，对线上教学的现状予以阐述，指出线上教学的优势与不足，提出相应的完善措施，并对线上教学的未来发展加以展望。

关键词： 疫情防控　线上教学　模式创新　高效课堂

一、线上教学的现状

（一）积极响应国家号召，科学开展线上教学

2020 年初，新冠肺炎疫情为全社会带来了巨大冲击，为全面贯彻落实习近平总书记关于坚决打赢疫情防控阻击战的重要指示精神，阻止疫情向校园蔓延，确保师生的生命安全与身体健康，各高校纷纷响应教育部发起的"停课不停教，停课不停学"的号召，积极开展线上教学工作。

中央财经大学各部门积极开展疫情防控工作，科学部署在线教学相关事宜，根据教务处通知安排，于 2020 年 2 月 17 日起采用线上教学模式，并在此前开展了一系列前期保障工作，以确保线上教学能够有效、有序、保质、保量地进行。

---

[*] 作者简介：王跃霖、李泳禧、杨凡：中央财经大学财政税务学院，税收学专业本科生。

（二）班委积极联系教师，做好课前准备工作

在前期的线上授课准备过程中，各班学习负责人积极与教师进行联系与沟通，与教师商讨授课方式，向教师介绍各备选授课软件的功能及使用效果，同时协助教师选择、调试软件，在上课之前充分传达教师要求，组织学生及时准备上课所需材料，为在材料准备与材料使用方面有问题的同学提出解决方案。

（三）授课形式丰富多样，提供线上教学支撑

目前线上授课的形式十分丰富，中央财经大学所采用的授课形式大致可分为以下三类：一是直播形式，二是录播形式，三是录播＋答疑形式。其中，直播形式为教师依托钉钉、腾讯会议等直播平台在上课时间段进行直播授课；录播形式为教师提前录制授课视频并上传至超星学习通等授课平台，由同学在上课期间观看视频来学习的授课形式；录播＋答疑形式为先由教师在上课之前录制一部分视频上传至平台并在讨论区布置问题，同学们在观看视频后参与问题的讨论，一段时间后，教师对问题进行讲解并对同学们的疑惑进行解答。课后同学还可通过课程微信群、电子邮件、通过班委反映等渠道实现与教师的交流反馈。

（四）课后布置相关任务，督促同学巩固复习

为使线上教学的授课效果得以保证，教师在授课结束以后，会按需为学生布置课后作业任务，通过学生做作业的情况来查验学生的听课效果，督促学生巩固课堂所学内容。

（五）全面总结同学反馈，携手共建高效课堂

在线上教学过程中，学生可以将自己对于课程的感受、建议等向班委反馈，由班委统一将同学的反馈加以汇总，并及时向教师转达，以便教师能够更加充分地了解学生的听课情况，同时根据学生的学习反馈，与班委共同对于教学方式的完善方面进行交流，以使线上课堂更加高效，教学质量进一步提高。

二、线上教学的优势

（一）学习时间空间灵活，便于学生统筹调整

线下授课情况下，学生难免会出现注意力难以集中、看不清投影与黑板等现

象。而线上教学恰好能够解决上述问题，学生可以根据自己的精神状态自行选择学习时间，即使课程采用直播的形式，也可通过屏幕录制等方式将课程录制下来，在自己精神状态较好的时候进行学习。同时，线上授课的学习空间十分灵活，学生可以根据自身所需选择学习地点，同时线上教学也不会出现因座位靠后而无法看清教师的投影与黑板的现象。

（二）视频进度支持调节，助力同学强化巩固

线下授课过程中，时常会出现部分学生难以跟上教师的授课进度，进而影响其对整节课内容体系的构建与掌握，以及对此前所学的课程产生遗忘等现象。而在线上授课的录播课中，学生可通过拖拽进度条的方式多次重复听讲，还可在一定时间后对此前所学课程重新听讲，直播课也可通过录屏等方式将课程内容保存以备日后强化巩固。

（三）课程资源分享方便，利于学生拓展学习

在大学校园中，很多同学出于对更多的知识的渴望，希望能够旁听一些本专业之外的课程，以拓宽自己的知识面，而在线下授课的情况下，旁听课程会受到教室容量的限制。然而在线上授课的情况下，旁听变得十分简便，想要旁听的同学只需扫描课程的邀请码或点击链接，便可以将此课程加入自己的课程中，聆听教师对此课程的讲授，接收教师所提供的学习资料。

（四）师生互动形式多样，交流学习外部性强

线下教学期间，教师与同学之间的互动仅局限于课上问答及课后讨论的方式，互动形式未免显得单一。而在线上教学期间，教师可通过超星讨论区、微信群等方式与学生互动，同时由于线上讨论不受发言时间与发言顺序的制约，学生可同时打字与发表看法，使得线上讨论的参与度远高于线下授课。较高的参与度又能够进一步激励更多的同学参与其中，如此而来会产生较强的外部性，使越来越多的同学加入学习交流之中，使课堂的活跃度大幅提高。

（五）实操课程重复播放，方便学生复习回味

在 Excel 高级应用、统计学等实操课程中，通过线上教学，教师将课程中软件实操的部分以录制视频的形式讲授，学生可将自己尚未熟练掌握的部分重复观看直至掌握，还能有效避免线下教学中因未跟上教师的操作步骤而出现的操作中

断，进而导致整个操作过程难以学习完整的现象的出现。

（六）教学资源积累便捷，便于日后使用改进

线上教学开展以来，各高校都已积累较为丰富的线上课程资源，由于以视频为主的线上授课资源具有易于长期保存的特征，教师可在"后疫情时代"采用线下教学与线上库存视频相结合的方式来进行教学，这种方式能够为教师授课提供极大的便捷，为同学强化课堂内容提供极好的机会。

三、线上教学的局限

（一）平台较多且难操作，成熟平台亟待构建

以中央财经大学为例，中央财经大学的网络授课以超星学习通平台为基础核心，腾讯会议、钉钉、慕课等多种方式协调使用进行授课。但目前而言大部分的线上教学平台难以满足"易上手""流畅稳定"的要求，曾出现老师视频上传数次无法成功；学生完成课程视频的播放却无法留下学习记录的情况。一方面使得教师和学生将更多的精力花费于教学平台的网络操作，另一方面消磨师生的学业热情，不能有效发挥线上教学辅助学习的功能。对于不擅长网络操作的老师，尤其是部分年纪较大的老师来说，操作有一定技术要求的网络教学平台，会遇到不小的困难。

（二）监督工作难以到位，管理方式尚需多样

高等院校除了授课的角色之外，同样需要起到一定的教学监督的作用，线上教学虽有学习灵活，作业任务便于管理等优势，但由于远程授课的限制，网络教学的监督作用难以达到线下教学的水平，目前在教学的监督上仍然存在一定的问题，"刷课""刷访问次数"等事件层出不穷，更有签到后继续睡"回笼觉"的问题出现，道德风险行为增加。

除此之外，学生之间的监督也是重要的一种行为约束方式。在线下授课的情况下，"约图书馆""约自习"是实现学生间相互监督的主流方法之一，但线上授课使得学生之间的相互监督成本提高，同时监督的效果也变差了。纯线上授课的方式使得学生的自觉程度成为影响学习效果的更重要的因素，相对更不利于有学生间相互监督需求的群体。

（三）课堂师生互动不足，交流方式有待完善

线上授课的方式有多种，以中央财经大学为例，主要以录播、直播和录播＋直播三种方式为主；而互动分为师生互动和生生互动。整体而言，录播方式的学习时间可以灵活安排，但在师生互动方面难度最大；直播方式能够一定程度弥补线上教学缺少互动的缺陷，但依然很难达到线下授课的互动程度。以腾讯会议为例，为了保持课程教学无杂音，大多数老师会选择让学生在讲课过程中保持静音模式，学生在讲课过程中遇到问题及时提出的成本提高，一定程度抑制了互动，但互动程度已相对录播课较好。直播课相对录播课学习时间更不灵活，因此录播＋直播的方式成为一部分老师的选择，学生观看录播视频，老师通过直播强调细节并进行答疑，但这种方式仍然不能完全实现无障碍互动。

除了师生间的互动之外，学生之间的互动同样受到限制。学生之间的互动交流是解决课堂问题，交流学习经验的重要方式，相比于线下授课中几乎零成本的交流方式，网络教学中同学之间的互动也受到了一定程度的抑制，信息交流效率下降，互动的倾向也有所降低。

四、线上教学局限的对策

（一）整合各式教学平台，提升授课便捷程度

疫情期间临时搭建的网络教学平台自然有诸多不足，网速慢，容易卡顿，视频上传困难等问题困扰了众多师生，但在如此短的时间里能够基本实现教学任务已属不易。未来建议诸多教学平台能够实现一定程度的整合，曾有项目统计，在学期中学生需要两个甚至三个教学平台的账号，切换使用。对教学平台进行一定程度的整合可以发挥各个平台的优势，对学生与教师来说可以实现更快捷方便的操作，课程功能得到更大程度的完善，降低切换账号的成本，对于平台而言可以扩大自身的用户群体，扬长避短。同时高校方面可以以现有平台为基础，适应于高校个性化教学考核的要求，搭建具有高校自身特色的平台，以长远的眼光，使平台能够适应于新时代高等教育教学的需求，长期配合线下教学的进行。

（二）课内课外多维监督，推动改善学习习惯

在无法实现线下授课的情况下，提高学生的自觉是最合适的解决方法之一。此外，可以通过多种方式相结合共同监督的方式，提高道德风险行为的成本，例

如签到兼课堂抽查提问等。除课堂中监督外，高校教师也可以通过布置一定的作业或任务，达到一定程度课后监督的效果，此类作业或任务可以计入平时成绩考核，使学生更重视日常的学习。

（三）拓宽师生互动渠道，提高师生交流频次

线上教学要更加重视提高互动的程度。对教师来说，在课堂中保持一定程度的互动有助于改进教学方式，提高授课的热情；对学生而言，有助于其巩固记忆，增加认知，及时查缺补漏。在此基础上建议教师在教学过程中根据自身教学习惯，有意地提供互动的机会，例如课堂提问，大作业展示等。同时开放线上学生答疑通道，使得学生能够在课后保持和老师的交流，以超星学习通为例，许多老师会选择让同学们将问题发布在评论区，而老师会定时查看评论区，对问题进行解答。

五、我校在线教学工作的展望

（一）充分利用网络资源，发展线上练习系统

本学期的教学中，教师可以通过学习通的练习系统，向所有参与课程的学生布置作业。教师可以设置作业有效时间，要求学生在规定时间内完成，并且系统会自动统计学生的完成情况。对于像选择题、判断题、填空题之类的客观题，系统还可以自动批改，老师可以进行注释解答。于教师而言，减轻教师教学负担，方便作业的布置与完成情况的统计。于学生而言，方便了作业的提交与备份，及时掌握作业题的知识，便于课后温故知新以及适应考试试题。恢复常态化教学后，可以保留并进一步发展线上练习系统：一是加强练习库的建设，例如像《税法》《中级财务会计》之类的有相关执业证明的课程，可以将历年真题搜集建设成库，并搜集教师对习题的解答，供授课教师改编参考或作业考试出题使用。二是扩展功能，例如加入自主练习与凭题提问功能，课程学生可以进行自主练习，并且根据练习的习题请教任课老师，给予愿意自我提升的同学便捷的途径。

（二）借助线上课堂性质，完善通识教学模式

由于技术及授课环境的限制，线上授课天然带有难以监管、督促的属性，需要学生进行自我约束、自我激励，发挥学生的主动性。而通识课具有几个特点使其十分适合线上授课。一是规模大、教师约束力差。学校开办的通识课程通常规

模较大，并且由于场地受限，部分十分受欢迎的通识课（例如国际政治经济与时事热点分析等）有许多同学无法参加，动辄 100 人以上的规模，授课教师无法每节课每个人点名签到，作业布置批改耗时耗力，教室管理困难，后排学生难以看清等问题突出。二是兴趣导向、专业性较低。通识课顾名思义就是对大学生的通识教育，属于自我提升课程类型，学校开设了多种板块、多种类型的课程也是希望能培养跨专业型学生，学生根据兴趣选择自己喜欢的课程，自我驱动力较强。根据以上两个特点，通识课非常适合采用线上模式授课，我校常态化教学后，可以将通识课程变为线上课程，一是方便教师授课与学生管理；二是减少对有效教学设施的占用，为专业课让出空间；三是给予教师探索创新教学模式的机会；四是方便学生根据自己的情况调整上课时间与上课地点。

（三）运用平台讨论功能，打造"龙马学术社区"

本学期教学中，超星学习通的讨论板块起到重要作用：一是授课教师开设话题，同学们根据话题各抒己见，热烈讨论；二是同学们在其上发布自己的疑问，老师和同学们讨论解答。事实上这就是一种封闭式学习虚拟社区，社区内居民均可看到讨论的内容及参与讨论。一方面，由于对于课程内部同学不存在信息壁垒，因此具有较强的正外部性，同学们可以根据自己的需要，了解相关的操作与知识。另一方面，老师在讨论中激发同学们自主研究、自主探索的热情，创新教学模式；并且一次性能解答多个同学的相似疑问，减轻工作负担。学术虚拟社区在国外大学十分流行，而国内经管类学术虚拟社区中规模较大的有人大经济论坛，这对于学生课后自学是十分重要的。常态化教学后，学校可以保留学习通的课程讨论模组，并将浏览权限开放给所有的本校学生，让同学们自学时可以搜索浏览正式上课同学和老师的讨论，获得自己所需要的方法。

（四）授课实践并驾齐驱，创新操作课程形式

在本学期接受线上教学过程中，让学生感受最深的是含有实践教学内容的课程教学。以往是老师控屏演示一次后，学生自主操作一次。采取这种方法，实操与教学割裂严重，学生通常是"顾头不顾尾"，看了后面的内容就忘了前面的，教学效果较差。而在线教学中，学生可以用手机观看老师讲解视频，同时用电脑操作，或者暂停视频做笔记，对知识的掌握更快。因此，在恢复常态化教学后，如 Excel 高级应用、统计学等应用性较强的课程，在讲授使用软件实操部分，或者是方法实际应用阶段，可以更多考虑采用线上授课的模式，或者是线下教学 +

线上教学资料结合的形式。让学生边看边学、边学边做，真正实现眼到、口到、心到，也方便学生课后温习，针对未掌握的内容进行学习。

（五）积累整合教学资源，推进高效课堂建设

当前，人们已经进入一个信息爆炸和时间碎片化的时代，谁能更用好碎片化的时间，整合碎片化的知识，就能更快的进步。而流媒体式的知识传递，对于知识体系的形成作用不大，但是对学生利用碎片时间复习知识点有着重要意义。返校后建议将疫情期间所积累的线上教学资源充分利用，充分发挥线上教学录制的课程视频资源的重复利用边际成本低的优势，方便学生进行课前预习、课后复习等自主学习操作。同时，教师可以采用线上线下相结合的教学方式，将本课程的重点内容进行适当讲解并放到线上，便于同学们对知识点进行巩固。

习近平总书记在 2018 年 9 月 10 日全国教育大会上进一步指出，要加快推进教育现代化、建设教育强国、办好人民满意的教育。"互联网 + 教育"是大势所趋，也是加强教育普惠性，降低教育边际成本的重要手段。合理利用线上教学可以提高学校管理效率，提高教师教学效率，提高学生学习效率，也是推进学校"双一流"建设，加强优势学科建设，塑造学校品牌的重要抓手。

参考文献：

［1］房林．浅谈高校"线上教学"的现状、问题及嵌入路径［J］．市场研究，2018（12）：15 – 17.

［2］高忠虎，吴忠铁，吴云，赵文玉．新冠疫情防控期基于腾讯课堂和超星泛雅平台的高校线上教学实践与探索［J］．中国多媒体与网络教学学报（上旬刊），2020（6）：12 – 13.

［3］刘振天，刘强．在线教学如何助力高校课堂革命？——疫情之下大规模在线教学行动的理性认知［J］．华东师范大学学报（教育科学版），2020，38（7）：31 – 41.

［4］吕淑云，张超．疫情期间高校线上教学质量保障困境与对策研究［J］．中国轻工教育，2020（3）：14 – 18.

浅谈线上教育的现状与发展

徐诗琪[*]

内容摘要： 线上教育在新冠肺炎疫情发生后的迅速发展有目共睹，关于线上教育的讨论也一直在继续。本文结合自身线上学习的经历，对线上教育的现状和问题进行了阐述，并提出了改进建议，展示了相关的教学案例。文末也对未来线上教育的发展方向和其对教学活动的指导意义做出了简要分析。

关键词： 线上教育　课堂形式　教学功能　课堂容量　网络资源

一、引言

新冠肺炎疫情暴发后，全国大中小学全部转至线上教学。特殊的学期为教育新生态提供了崭新的机遇。在"停课不停学"的要求下，全国大中小学师生通过半年的时间逐渐适应和完善了线上课程教育。学校经过全体师生的共同努力，也圆满完成了本学期的教学计划和教学任务。通过这次长期的线上教育教学实践，线上教育的优点和潜力随着相关技术在此期间的快速发展逐渐显露，与此同时，这种新兴教育方式的不足和值得改进的方面也暴露出来。这有利于多方面总结经验，从而为之后完善教学体系、拓宽教学方法、提高教学效率提供新的思路。本文从学生角度，通过参与线上教育的真实感受和一些经典教学案例，对现阶段线上教育的问题以及可能的改进方法进行了论述，并简要探讨了线上教育对于现阶段和未来的重要意义。

---

[*] 作者简介：徐诗琪：中央财经大学金融学院，金融工程专业本科生。

二、学校线上教育现状及改进建议

（一）课堂形式

学校课堂采取了以录播方式为主，直播方式为辅的形式。

录播课程教学效果的优缺点都很明显。视频形式被人广为称赞的优点是可以任意选择合适的播放速度，也可以对于某些片段反复收听，从而加快学习效率或者增强学习效果。但随之而来的缺陷是课堂效果的相关问题。录播形式限制教师的发挥，教师在视频中可以输出知识点，但很难体现教师真正的课堂水平和课堂魅力；严重缺乏教师和学生之间的互动，学生和教师之间没有即时交流，课堂节奏不能做出及时的调整；缺乏课堂氛围，学生无法从视频中感受到平日的学习感受，难以与教师和同学相融，缺乏集体融入感；缺乏监督性，倍速播放、可拖动的特点很难保证大多数学生能够认真观看。

对于教育者，直播和录播相互的优势和缺点也很明显。相对于直播，录播没有像钉钉那样较为直接、整个操作过程直观化的平台，不能打开摄像头和话筒直接开始，而是需要相应的硬件和软件以及熟练的运用技巧，难度要比直播大得多。对于年龄较大的教师或者研究领域与计算机联系较少的教师来说，这尤其是一种严峻的考验。无论是 PPT 的制作，声音的录制，声音和画面的配合，还是电子设备的使用和调试，平台的使用和上传，对于年龄较大的教师或者对于计算机和电子设备不太熟悉的教师来说，录播造成的困难比直播更大。由于视频剪辑的不熟练、录制的失误等因素，一些教师可能会反复录制视频，从而造成重复工作，导致巨大的工作量；也可能降低视频质量，导致课堂体验下降；还有可能录制声音不清晰、声音画面不匹配，严重影响学生的听课效率和听课质量，拉低对教师的课堂评价。对于直播形式，操作相对简单，但是对于网络状况和网络平台的要求很高，学生较多时不一定能保证课堂的连续性和完整性；另外，直播更有课堂的氛围，但是对于教师应变能力和课堂节奏把控的要求也很高，教师需要对着电脑寻找课堂教学的感觉。

对于教师面临的问题，解决方式可以从学校处落脚。学校可以对教师进行必要的培训，以提高教师信息化教学的能力。线上教育不仅应该是对于学生学习方式的变革，也应该为教师提供在线学习的空间。学校可以组织全体教师学习使用电子设备和各种必备软件，掌握基本的操作流程，统一配备电子设备。

至于选择直播还是录播课，这需要教师根据自己多年的教学经验进行尝试。比如对于学习过程中不同的课程难度，可以选择不同的授课方式。难度较低的课程，选择视频录播的形式，从而充分利用视频可以倍速观看的特点，增大这一段学习的灵活性；而对于难度较高的课程，用直播的形式其实更能调动学生学习的积极性，体现教师的课堂教学水平，突出这一段内容的重要性，增强监督性，最大化确保学生能听懂听会听好该段内容，跟上课程节奏。教师还可以通过聊天室讨论，发布课堂任务，增加课堂游戏，分组线上讨论等方式增加课堂的趣味度。

（二）签到过程

关于签到，各大平台都推出了各式各样的签到功能，学校主要使用学习通签到功能，并将其作为一种计分手段。

签到手段大同小异，但本质上很难起到真正的签到作用。因为缺少一定的监督机制，签到没有办法让一个学生从床上坐起，更没有办法监督一个人签完到后是不是在听课，甚至会对那些忘记签到而直接进入课堂的学生产生误判。但好处在于这种方式简单且易于操作。

可能的建议是，少许拉低签到在期末成绩中所占据的比例，采取更为客观或者更能反映学生听课情况的判断标准确认签到，如从后台量化视频和直播的观看时间和观看时长进行判断，或者根据限时发布的课堂习题和课堂讨论的参与程度确认签到。

（三）作业批改

线上教育开始前，普遍的观点是线上作业难以批改，批改作业的冗杂程度大于线下的纸质作业。线上教育开始后，通过超星学习通的作业提交平台，配合微信群通知和邮件，收交作业变得非常容易。教师可以设定提交的终止日期，从而给所有学生以自由安排时间和任务的机会；因为有相应的数据库管理，学生是否按时交作业，是否按时完成学习任务，都变得一目了然。而线上教育兴起之前，提交纸质作业或者各种电子文档、压缩包，需要课代表分班监督，分班收起再进行汇总。线上教育开始施行后，通过教育平台就可以实现教师和学生的单线联系，简单易控，不易丢失，这无疑为线下教育时收交作业的难题提供了可行的解决方案。

（四）教学资料

线上教育相比线下教育更注重自主学习，这一点也体现在教学相关资料上。学生学习的书籍和资料对比线下教育来说，内容更加丰富、形式更加多样、方式更加便捷、选择更加自由。线下教育时大多数学生上课还是选择携带书和纸笔，部分学生会使用平板电脑等电子设备辅助学习，其主要用途是在 PPT 上做出一些批注。线上教育开始后，因为物流受到疫情影响等原因，很多学生并没有购买相应的书籍，而是开始使用各种各样的电子书，教师也加大力度为学生推荐阅读书目，并开始大量使用电子书和电子文档。由于线上教育平台频繁使用电脑，教学资料全是电子文档反而更加方便学生使用，极大地增强了教学资料的多样性。

线上教育也完善了课堂内和课堂外的资料体系。通过线上的学习平台，各种拓展阅读的文档和文献、教师使用的 PPT、优秀作业的集锦、计算机相关基础课程（如 Python，C＋＋语言，数据库）的案例和软件资源，甚至是教师录制的一些总括性的或是补充性的短视频，都可以上传到课堂资料中，或者发在微信群里。教师会分享一些网上优质的学习资源的链接，或是展示一些资源的来源。提前上传的这些资料非常适合课前预习，期末周还可以顺着这些资料的时间线进行系统的复习。对比先前线下教育时，只有少数学生会使用 U 盘拷走教师所有上课的 PPT 和资料，线上平台的出现，使得所有学生都能及时找到复习的门路，找到复习的资料，还可以看到其他优秀作业是如何完成的，是什么人完成的，从而形成学习成果的交流。教师也可以在微信群里发布一些重要的公告，既能防止学生没有接收到重要通知，还能减少在课堂上反复重复的时间。学生也可以在线上平台建立自己的课程班级，将自己的学习资源、网课链接、学习经验分享在这个课程中，为学生建立了一个积极的互帮互助圈。这些积极的成果对于线下教育工作都具有重大的借鉴意义，并且完全可以考虑应用在之后的教学过程中。

三、教学案例

（一）大学英语交流课——结合不同软件设计课堂流程

这门课程通过丰富充实的活动使全体学生充分参与到英语交流的过程中来。教师通过各种各样的方法推进了这门课程的课堂内容多样性。利用腾讯课堂和屏幕共享进行线上英语配音，利用微信小打卡进行录音口语练习，利用 Zoom 分房间实现小组内部交流和全班分享成果，利用荔枝平台实现英语听写，利用腾讯会议进行话题辩论……这些都是老师对于英语交流课形式创新的体现。对比按部就班进行的课程，这样的案例具有一定的启迪意义：设计多种活动达到课程目的，充分利用线上教学不同软件和平台的功能特点，合理设计课堂流程。

（二）大学生性与生殖健康课

《大学生性与生殖健康》课程一直受到学生们广泛的欢迎，但多数学生因为课容量的原因掉课。本学期利用线上教育，课程二维码可以分享给没有选上课的学生从而实现"借读"，直播课程也因为平台的超大容量同时接纳了 400 多人前来听课，甚至有其他学校的学生慕名而来，进入课堂进行学习。这突破了线下课程的空间限制，不仅为更多学生提供了收听这门优质课程的机会，也契合了教师想要将大学生性教育更大化推广的初衷，还发扬了线上教育本身所具备的"使得教育低门槛"的精神。

四、线上教育对于现阶段和未来的意义

（一）线上教育的发展契机

小学关于畅想未来的作文中经常提及未来的学校："孩子们都坐在家中就可以通过电脑上课"，说明很多人都认为：教育由线下转到线上可能是未来的一种趋势。这次疫情其实就是线上教育的一次巨大契机。有观点认为 SARS 疫情期间居民不能外出购物给了电商兴起的灵感和机遇，虽然这种观点是否经得起推敲还有待考证，但大型的变故一定会使人们面临新的问题，从而催生新生的事物，这是必然的。各种平台为了承担暴增的用户人数和流量，满足客户对于平台功能的多方面要求，都投入了大量资金和精力对平台进行不断的改进；学校和教师也尽力在最短的时间内完成了线下教学到线上教学的过渡，设计了相应的教学计划和教学方法。经过半年的线上教育，无论是各种线上教育平台还是各个学校的教学体系相对于半年前都已经变得成熟了起来。包括中国大学 Mooc 和学堂在线在内的线上教育。Mooc 平台也完全步入大众视野，发挥了巨大的作用，并且由于疫情原因基本向大众免费开放。这些平台上可以看到很多大师级人物所拍摄的Mooc 课程，甚至还有一些已故的学科巨人生前拍摄的课程，是非常珍贵的教学资料，更是面向大众的一次知识分享的狂欢。

（二）线上教育的优势

线上教育相比线下教育有几个非常显著的优势。

一是提高教学资源的利用效率，录播的课程一旦录制好就不用因为学生换届而再次重复。目前学校已经开始开发自己的 Mooc 课程，学校还可以充分利用这

点录制一些可以反复使用的视频，如对于校园、院系的介绍视频，专业分流的指导视频，教师选课的宣传视频等。

二是课堂教学进度更具灵活性。倍速播放本身就可以使一节课的容量增大，视频的任意切割性也可以使课堂内容的讲授不受每节课课时的限制。假如课程时间限制下课程目标无法完成老师的预期，教师还可以补充相应的视频、资料、链接作为课堂内容的补充，供学有余力的学生继续学习，从而最大化学习的内容。

三是扩大了课堂人数的容量，推动了教育资源受益人群的最大化。无论是录播还是直播，一门优质的课程都可以为更多渴望获得知识的人提供机会。这种扩大不仅是瞬时的流量增大，更是长时间线上的课程资源反复利用。未来学校可以在一些教师上课时录制他们上课的视频，或者对一些讲座和发言进行直播，从而利用这一特性，将优质的学习资源的功用最大化。

四是更充分地利用网络资源。线下教育受到过去传统课程的习惯限制，对网络资源的利用还是非常有限的。线上教育给了线下教育一个打破桎梏的机会——线下教育也可以结合微信群，作业收发平台，各种网络资源和电子书等进行。

（三）线上教育的未来方向

目前的线上教育停留在传授"是什么"的阶段，还没能将课程的灵魂演绎在线上，对于课堂间隙的一些设计也还缺乏科学合理的设计和关照。

1. 课堂交流感。

线上课程很少能体现出应有的课堂气氛和课堂的交流感。对于课堂来说，交流感是十分重要的，交流感是促成知识"有温度"地完成传递的关键。不只是尽量使老师的脸和表情出现在视频或者直播里，还可以通过互动评论区的实时评论让学生和老师更加亲近。也可以展开线上的作业汇报会、学习方法交流课、习题课、集中解决问题的答疑课等，使线上课程形成闭环，更有"老师和同学在身边"的人情味。

2. 教师教书育人的体现。

我们很难从一个视频中感受到一个教师的风骨和人格魅力。而教师的人格传承是教育之所以有魅力的重大原因之一。或许这应该是未来教育学家，心理学家，各种线上平台开发者应该着重考虑的问题——如何实现最大化展示一个教师的个人魅力和教学方法，而不是死板地对着镜头进行表演。

3. 课堂间隙的设计。

线上教育由于全数依赖于电子设备,其实会对青少年的身体健康造成危害。长时间紧盯电子设备屏幕或坐于电脑前工作对身体机能和双眼视力的影响是可以感知到的。长期线上教育可以辅助一些全体师生共同做眼保健操、健身操的休息环节,或者实时监督的锻炼打卡,推进青少年身体机能的增强。也可以增加一些教师和学生的轻松互动时间,帮助教师和学生放松精神,增大感情联系。

五、结语

在线教育为原有的教育过程带来了巨大的变化。通过线上教学的学习体验,在线网络教育为学习带来了巨大的便利和可能性,也存在一定的问题和弊端亟待解决,未来仍应有巨大的发展潜力,可以同线下教育融合形成混合式的教育体系。希望线上教育的东风不因疫情减去而消散。互联网时代是孕育和培养线上教育的沃土,线上教育应当在经历了半年的高速发展期后仍为之后的教学生活开发出无限的可能。

参考文献:

[1] 朱旭东. 构建国家在线教师教育体系刻不容缓 [J]. 教育发展研究,2020 (2).

[2] 何杰文. 试论在线网络教育的利与弊 [J]. 改革与开放,2020,23 (5): 51 – 54.

[3] 胡超,陈妍,胡卫锋,等. 在线高等教育的可持续发展:现状、问题及对策 [J]. 中国教育信息化,2014,7 (4): 9 – 13.

浅谈疫情线上教育与我校线上学习的问题与发展

夏一丹*

内容摘要：线上教育，指有别于传统面对面授课形式的互联网媒体教学模式，是网络技术发展并作用于教育活动中的新事物。疫情对这样一种稳步发展的新事物产生了巨大的推动作用，作者希望协助学校积极总结从学生角度观察到的、已出现的境况与问题，促进师生对线上学习的适应与进步。

关键词：线上教育　疫情　存在问题

一、引言

肆虐的新冠肺炎疫情对人们的衣食住行都产生了许多改变，课堂尤其如此——传统的课堂一直都是一种聚集的、面对面的互动性较强的教与授的行为，格外易于成为病毒传播的温床。像"线下的传统交流方式线上化"这样的大势，一直被大家公认为全球化进程中必不可少的一步、也是必经的道路，它能够极大减少人们之间的接触成本、轻松在多设备之间同步，但在课堂授课这一方面却近似等于一种被迫行为，疫情迫使课堂的线上化立刻进行，所以其基本没有任何拖延余地。作为一名学生，我将在文中阐述我的所见所闻所思所想，愿景线上教育的光明未来。

二、"大势所趋"与"形势所迫"

（一）数字化与线上化——一种世界趋势

"全球化"——全世界各国之间、经济体之间和市场之间的联系越来越密切；

---

* 作者简介：夏一丹：中央财经大学保险学院，双培保险专业本科生。

"城市化"——人口和经济增长越来越集中于城市;"数字化"——大大小小的技术创新释放出革命性力量,并一直在以难以估量的程度提升效率。这些趋势之间一定是互相联系的,人们走出家门、与空间上更遥远的人和事产生联系,人们涌向城市、推动科技发展与社会生活的进步,数字化正为人们的交流提高了效率、节省了资本,这是一种从世界观到方法论、从经济基础到上层建筑的纵深式循环向上。我们说的线上化正是数字化的表现,将只能面对面的或者纸质的思考上传至云端,突破时间与空间的隔阂,是世界发展的一种必然。

数字化与线上化不是一种受领域限制的趋势,在课堂中的趋势体现也早就慢慢显现出来了,20世纪90年代作为新事物我们说"学习电脑",现今作为必要技能我们说"用电脑学习",从城市辐射至乡村的电路与网络接线为其提供了必不可缺的硬件支持。

即使没有出现"新冠肺炎疫情"这样一种全球性的紧迫局面,作为学生,我也经历了很多不同类型的线上课堂。对于我来说,线上课堂最大的吸引力在于节省路程中奔波的时间,可以录像并在课后进行反复回顾反刍——进行课后反刍对我是很重要的,这关乎个人习惯。也会依据在云端广泛存储更多学习信息来吸引更多课堂成员,在任何时间、任何地点、从任何章节开始学习任何课程,更适合积极主动学习的自律学生,也能为教师们提供许多成本上的便利。线上教育作为一种趋势,同时结合了电脑线上的计量行为、在人数次数与问答测验的统计上提供更多便利,帮助教师了解课堂中的学习理解状况、甚至帮助制订更个性化的教学活动,很大程度上帮助效率的提高。

(二)当"大势所趋"变为"形势所迫"

形势对趋势的促进作用何其之大,不仅有先前已经开启网课的辅导班、课外班,新冠肺炎疫情使全国大中小学都不得不开启线上学习,用所有人居家隔离、不进行线下课堂的面对面聚集来避免病毒传播。这是形势所迫,是预防疫情的必然方式,迫使教师、学生和所有相关的工作者在几乎一夜之间完成线上教学体系的跃进。

虽然无法排除许多大学已经拥有线上学习系统,但很多学校是初次被迫面对这样的境况,需要从头构建系统和教授模式;中央财经大学之前已经有了线上学习的系统,学生可以在线上进行小学期和一些公开课程的学习,可以说已经有了较为成熟的系统框架。此种情况下,硬件已经完备,更多的问题在于教师端与学生端——系统使用者与系统之间的不熟悉,同时也有师生对于通过电子设备学习不够熟悉的问题，这需要我们有针对性地进行问题解决。

与此同时，初见端倪的线上教学弊端在这种状态之下一口气被放大，这些问题亟需解决，而想要在如此短的时间内克服或者淡化这些问题是很艰难的，需要更多实践来试错。线上教学相比传统线下面对面课堂也有很多劣势，包括并不限于同学们的自制力难控制，教师和学生之间很难像面对面授课一样有"眼神交流"、缺少了很多沟通机会，也很难像在学校一样学习氛围浓厚、适合同学互助提升……等等，以往在课余少许线上补习班中才会显现出来的问题，在平时课堂中被放大，导致更严重的学习缺口，比如工作日的学生很可能只有一个人在家中学习，学习的效率和自我监督的能力令人生疑。

作为一种被形势所迫而上台的教学方式，解决问题的压力和动力是成正比的，更多压力使大家积极采取更多实践来尝试，尝试就会产生新的问题与新的压力，螺旋上升的发展在此时被压缩，上下齐心共同面对、积极而非消极接受，是最佳的方法论。

三、"钻空子"

（一）规则的缺口

规则在任何一种环境中都是必不可少的，进行线上学习的心路历程和许多其他从头接触的事物一样，是一种从生疏到熟练的旅程——从我所熟悉的学生角度来讲，生疏时大家不仅新奇而且惶恐，对不熟悉的课堂方式感到心神不宁。而熟练后大家会放松警惕，因绝大多数老师们对同学的宽松要求而放松，学习效率受到考验。

作为举例，每节课程中老师至少会设置一次签到、多的可至两至三次，大部分分布在课前、后半节课前和课堂结束时，为了节约课堂资源与时间，这些签到大多是课前设置好的，这就导致了签到时间的固定，给学生们"只签到不听课"或者"先签到、课后再回来听课"提供了钻空子的方便。另一个例子，许多线上的视频课程都是无法拖动视频进度条的、也没办法在第一次观看时回播或者倍速播放，并且只有看完全部视频才能解锁"课堂任务点"，这就给同学们提供了另一种"钻空子"的灵感——观看视频的时间并不是那么苛刻，因此许多人事先将视频一口气播放完毕（播放时去做其他事情），待全部播放完毕后再回来进行点播学习，这时"任务点"也解锁完毕，也有更多操作和学习上的自由。钻这些空子毫无疑问是不触犯规则的，但也不是规则和系统所希望的学生行为；进行钻空子的人毫无疑问也不会是学生的大部分，我相信作为中央财经大学的学生，每个人都有选择的自主性，而非盲目"有空就钻"。

（二）好事？ 坏事？

之前已经述及的，线上教育对于教授行为的便利是永远无法忽视的，学生可以任意选择自己的学习地点和学习方式，不必囿于课堂教室就能完成学习目的，这是很具有吸引力的。我对钻空子持一种辩证和理解的态度、不将其一棒子打死，正是因为线上课堂的"不囿于某一空间"的特征，大家在不破坏规则的基础上灵活利用系统来达成更高的学习效率，这应该是很值得欣喜的事情。

不要求全程开放摄像头，同学就可以在上课时间离座、下课时回到课堂进行录播学习；不严格要求在课上时间内做完测试题，学生就有运用更多时间和资源完成题目的权利……严格来讲这些钻空子的行为都是双刃剑，或许会增加拖延与拖沓现象，但也或许会提供给学生更个性化更易于理解的学习环境。比起将系统"完善"，制定更多严格的、大家必须按部就班学习的规定，我认为更让人放松也更改善学习心情的是——让大家自己选择，同时加强师生交流、同学间交流，透过冰冷的屏幕理解各自的愿景并互相帮助。我的"夜猫子"朋友在线上学习，每天白天签到、睡觉，入夜才开始上课、学习，日落而作日出而息，说自己挑选了无法接触家长与朋友的时间段学习，十分认真、心无旁骛，这在某种程度上也是一种"钻空子"带来的成功。当然不排除有一些同学为了多睡觉、不学习而逃避听课，只在签到时间"上线"，但作为心智健全的大学生，应该拥有辨别是非好坏的能力。只要能够一定程度上健康地、积极地选择自己的学习方式，"有空可钻"也可以算是一种幸事了。

四、展望线上教育的明天

我相信线上教育有美好的明天，学校在经历一个学期零一个月的集体线上学习和其他形形色色线上课程的开展后，事实上的境遇与状态也在一天天变好，这也是包括我在内的每一个学生都能深切感受到的，看在眼里喜在心中。通过这篇文章，我想表达对每一个线上课程相关的工作者、使用者、学习人的致敬，大到全球化进程小到跨越新冠危机、力量众志成城；更想表达出一些对未来的建议，描绘我的愿景。疫情是"形势所迫"、是令人无可奈何的魔鬼，我们通过线上教育跨越了艰难险阻，我们已经解决了许多问题但无可避免还会产生更多问题，我已做好了配合校方进行试错调整的准备，我相信大家也是一样。现在的线上课程并不是毫无瑕疵的，但这些瑕疵给了系统使用者更多调整的空间，这样一种积极的自主性是不应该湮灭的。仰望星空、脚踏实地，互相监督，线上教育一定会办大办好。

参考文献：

高沛德．全球化、城市化和数字化时代［J］．当代金融家，2014（6）：36 – 39.

管理学助力"互联网＋教育"

——基于学习通线上教学反思

叶伊玲[*]

内容摘要："互联网＋教育"的发展让优秀的教育资源得以共享，也为疫情期间开展线上教学提供了技术支持和经验积累。目前，线上教学已经逐渐成为一种重要的教学方式。为了提高线上教学的质量和效率，本文基于管理学反思学习通网课实践中出现的优势和问题，并针对问题提出对应的解决办法。

关键词：互联网＋教育　线上教学　管理学

一、引言

依托互联网技术的发展，越来越多优质的线上课程涌现，让更多教育资源在线上共享。在疫情到来之前，"互联网＋教育"已经成为线下课程的重要补充部分，但学校教学仍然以线下授课为主体。出于疫情防控的需要，教育部提出在疫情期间"停课不停学、停课不停教"的要求，学校授课的方式随之转变为以线上教学为主。疫情防控要求线上教学提升教育信息传送等级、进一步共享教学资源、转变教学和学习观念，变革教学成果评价方式。如何在缺乏外部监督的线上学习中提高学习效率，是在疫情防控常态化的形势下对管理学提出的新议题。本文以中央财经大学线上教学实践为例，线上课程主要依托超星系统和腾讯视频等平台，教师通过具体执行安排学习计划、组织和领导同学们学习、控制考核标准和评估的方式，实现班级教学的目的，达到协调每一个同学学习的效果。本文将从计划、组织、领导、控制四大管理职能的角度，聚焦学习通网课实践，具体分析线上教学遇到的问题并提出解决方案。

＊　作者简介：叶伊玲：中央财经大学外国语学院，财经英语本科生。

二、计划：凡事预则立，不预则废

顺利开展大规模线上教学不仅需要学校和教师们统筹安排学习内容，还需要同学们自己合理规划学习任务。管理学的计划指的是同学们基于教师安排的学习任务，在对学习环境及其变化趋势进行科学分析和预测的基础上，确定自己的学习目标，并对将要实现的目标和应采取的行动方案作出选择及具体安排的活动过程。在管理学业上同学们自己是管理者，在上课中获取信息，通过和教师还有同学们在讨论题上互动交流观念，在分配自己的学习任务和时间中决策。管理学涵盖了很多强调计划的理论与思想，比如著名管理学家法约尔将管理学活动划分为计划、组织、指挥、协调、控制五大职能，而计划在五大职能中排在首位，从而为管理学体系的形成打下基础，可见计划在安排中的重要性。尤其在线上教学缺乏外部监督的条件下，制订学习计划可以帮助同学们提高自己的学习效率。笔者根据每周学习任务数量和难度定额分配时间，以超星学习通提供的标准考核方式来衡量自己的学习效果。在学习计划的帮助下，每周课程的安排和作业截止时间一目了然。按照笔者个人经历，有学习计划相较于没有学习计划，学习效率提升约37%（根据手机屏幕使用时间统计）。

但是在实行计划的过程中同样也存在一些问题，不可避免的是会有突发情况或者临时紧急的任务打断计划。在最初制订的计划里，线上学习时间以小时为单位，上课、写作业、完成讨论等步骤一环扣一环。但有时学院布置的临时任务打断计划，例如需要看学习强国的公开课或者马上要交一篇学习感想，这种情况下整个计划会被打乱。由于所有任务安排得很紧密，所以被占用的时间难以补回来。事实上像齿轮一样紧紧黏合的计划有很大的缺陷，临时、紧急的情况不可避免，任务之间必须要留一定的机动时间。留出机动时间意味着在一天时间内能够完成的任务量会相对减少，为了按时按质完成任务，这也在一定程度上督促同学们提高学习效率。笔者改善学习计划后尝试提前两周制订计划，并且在有条件的情况下在这周先完成一部分下周的任务。每天都会留出一点机动时间，这些时间就像"润滑剂"，有任务时应付任务，空闲时将这些时间给自己放松或者消化。

线上教学容易陷入形式主义的陷阱，同学们只是为了完成任务点而上课。管理学的教师曾经提出一道讨论题：在任务量很多的情况下究竟应该更加注重数量还是质量？在线上学习的过程中，同学们缺乏教师的监督和同学之间的相互督促，与线下教学相比线上学习质量难以保证。以学习通为例，学习通的系统上每一节课都会设置成一个任务点，不可避免会出现同学们只是为了完成任务而上课，按照流程签到播放录课完成任务点，但是上课过程不专心的问题。线上教学的最终目的是让同学们能够真正吸收掌握知识，在这个过程中同学们需要尽可能提高学习效率。相较于传统课堂教学，线上授课更加考验同学们的自制力，如果同学们只是热衷于完成任务点按时签到，那么学习成果就会大打折扣。

如图 1 所示，不难看出线上教学期间同学们的学习成绩并不理想。霍桑实验①第一次把工业中的人际关系问题提到首要地位，并且提醒人们在处理管理问题时要注意人的因素，利用人际关系的正向影响提高人们学习和工作的效率。从霍桑实验中我们可以得到解决问题的启示，教师可以通过提高同学们的"满足度"来激励"士气"，通过发布问卷让同学们反馈观后感并且加分的形式建立激励机制。或者在超星学习通上设置时限，录课只有在上课时间才开放，敦促同学们在上课时间内完成任务，而不允许同学们在课程安排之外的时间观看录课。

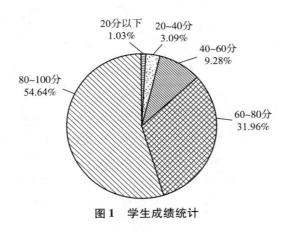

图 1   学生成绩统计

三、组织：众人拾柴火焰高

管理学的组织职能指的是教师根据教学安排的既定目标，合理配置和整合班级内外的各种资源，合理安排同学们之间的相互关系，建立班级的物质结构和社会结构的过程。线上教学中，班级既是授课的单位也是管理的单位。一个班级可以看作组织的整体，而教师是班级组织的管理者。为保证计划的实施和组织目标

① 霍桑实验是管理学中的一个专业名词，实验研究发现工人们受到额外的关注而引起努力或者绩效上升的现象。

的实现，教师须建立合理的课程班级、班干部体系和信息沟通渠道，因此产生组织职能。

而问题也由此产生。电子设备和通信网络对线上教学产生限制，难以保证教学的公平。线上教学的组织首先需要物质支持，具体而言要组织线上教学的开展必须有电脑或者手机等电子设备，还要有良好稳定的通信网络。线上教学需要每个同学自己提供电子设备和寻找稳定的网络，同学分布在全国各地，网络情况也各不相同。尤其对于位于山区的同学，线上学习会受信号网络的限制。与线下教学每个同学坐在教室里平等接受教育不同，线上教学增大了部分同学学习的难度。为了进一步深入了解各高校线上教学情况，全国高等学校质量保障机构联盟秘书处对大学生参与线上授课的情况展开调查。在学生对平台技术服务的评价中，调查将平台技术服务分为"非常好""好""一般""不好""非常不好"五个等级。如图 2 所示。

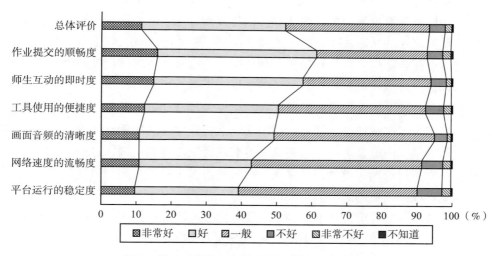

图 2　学生对各类平台技术服务评价的人数比例

从学生总体评价来看，仅有 40% 左右的学生对"网络速度的流畅度"和"平台运行的稳定度"评价为"好"。说明网络状况和线上教学平台对线上授课的限制较大，高校对线上教学的软硬件资源支持还需要进一步加强。

为了尽可能降低网络不稳定对线上教学的影响，教务处可以提前向同学们发放问卷，统计线上教学有困难的同学们的名单，授课教师们尽可能采取录课的方式，酌情延长签到考勤的时间。在激励同学们按照规定时间完成录课的同时，教师们可以根据名单针对网络条件有困难的同学适当延长观看录课的时间。

线上教学实质上一种远程教育培训，这种远程教育增加了师生之间互动的难度。线上教学固有的一大劣势在于缺乏线下上课互动和课后答疑的环节，教师们难以根据课堂反馈了解到同学们真实的学习情况，同学们也没办法找教师答疑解惑或者交流观点。线上教学中教师们仅仅能依靠学习通发布通知传达要求，或者通过讨论题大致评估同学们的掌握情况。为了解决教师们和同学们沟通障碍的问题，可以采用录播课和直播课结合的方法。易于消化的课程直接录播或者让同学们登录慕课自学，重点难点的课程可以采取直播打破交流的障碍。教师们可以在直播课程中强调重点难点，并且通过点名同学回答的方式来掌握同学们的学习情况。

四、领导：教学相长

简而言之领导职能，就是管理者为了实现组织目标而与被管理者互动的过程。教师们通过有效的指挥，调动和协调各方面力量，解决班级内外冲突，最大限度地发挥班级的学习效率，这个过程就是领导职能的体现。线上教学中，领导职能的重点在于师生双方的互动。教师与同学们的互动不应仅仅是教师单方面安排学习任务，还应该包括指挥、指导和激发三个部分。

同学们在家上网课会导致纪律松散，奖惩考核制度效力下降。正如上文提到的，同学们为了完成任务点播放录课但实际上在开小差的问题，线上教学极大降低了教师对学生的监督。没有了课堂上点名或者交作业的反馈，教师和同学们的互动仅仅限于讨论题。教师们可以在课上随机点名，对于表现积极的同学提出表扬，以此形成激励机制。

线上教学一定程度上降低了同学们课程的参与度和积极性。与线下授课师生可以面对面互动相比，同学们上网课的积极性大大降低。

图 3 数据显示线上教学中同学们采用电脑网页版的比例在 39.07%，采用移动客户端学习网课的比例占 60.93%。线上教学必须要依托电脑手机等电子设备，同学们上课的注意力容易被微信、微博、知乎等社交平台分散。根据克雷顿·奥尔德弗提出的"ERG"理论[①]，人需要满足自我的精神需求和成就需求。实际情

---

① "ERG"理论提出人们共存在 3 种核心的需要，即生存的需要、相互关系的需要和成长发展的需要。其中相互关系的需要，指人们对于保持重要的人际关系的要求，这种社会和地位的需要的满足是在与其他需要相互作用中达成的。成长发展的需要即个人自我发展和自我完善的需求，这种需求通过创造性地发展个人的潜力和才能、完成挑战性的工作得到满足。

况表明，在上网课的过程中出现部分同学的精神和成就需求，由平时上课多学点知识考个好成绩扭曲成了追求完成任务点和讨论题拿分。为了解决这个问题，教师们可以根据作业正确率以及讨论题的发言次数酌情对上课积极的同学们进行口头表扬或者加分，从而提高同学们参与线上教学的积极性。

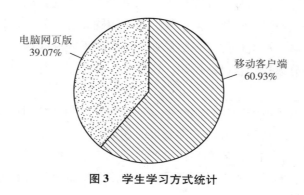

图3　学生学习方式统计

五、控制：考核与纠错

控制职能指的是，管理者运用事先确定的标准，衡量实际工作绩效，寻找偏差及其产生的原因，并采取措施纠正偏差的过程。换而言之在学习通的学习下，教师运用事先确定的标准（考勤、上课情况等），衡量同学们实际学习效果，寻找问题及其产生的原因，并采取措施纠正问题的过程。为确保教学目标的实现，教师还必须根据预先制订的计划和标准对班级成员的各项学习指标进行衡量，并及时纠正偏差，即执行控制职能。对于线上教学而言，制定科学的考核标准衡量实际学习成效很重要。

线上教学缺乏统一和科学合理的考核标准。仅仅将任务点、作业、讨论题三个指标当作衡量教学情况和同学们学习情况的办法，不能客观真实地全面衡量学习质量。任务点、作业、讨论题三个指标更多的是根据学习程序，衡量学生学习态度。只要想拿高分，可以完成任务点和作业，然后参与讨论。但是可能出现任务点是放完的，同学们实际没有认真看；作业上网上搜索答案；讨论题只是随便发表言论，没有认真思考等问题。作业和讨论没有办法覆盖大部分知识点，制定考核方式需要一个合理科学的标准。而期末无论是线上考试还是提交论文的考试方式，教师都难以确定同学们实际学习情况，没有线下考试的压力，同学们也没有复习的动力。进而教师找不到教学的偏差，学生没有查漏补缺，自然也就找不对措施纠正问题。可以参照管理学中的交叉研究法解决线上教学问题，借鉴其他相关学科的考核和研究管理问题，并探讨不同方法之间的密切关联，在交叉研究的基础上，形成具有一般意义的考核管理理论与方法。例如有学科就是采取期末大作业和期末考试结合的方式来衡量成绩，期末大作业和期末考试的占比可以根据不同学科的特点进行调整。教师可以根据每份大作业的完成情况或者考试情况适当给同学们一些简单的评语，两三句话点明问题即可。如果班级人数较多没办法每个人都给评语，那就按照考核结果划分层次，不同层次给不同的评语，让同学们根据对应的分数找到自己的层次，这样就可以获得教师的点评，方便以后学习的改进。

线上教育能够采取的预先控制较少。正常情况下预先控制可以帮助我们预防风险，以更小的成本获得更大的管理效果。如果从线上教学的角度考虑，预先控制就是提前预习，找到自己不会的地方然后记录下来，等到讨论时间或者私下私信教师解决。线上的学习主要是以事后控制为主，也就是作业出现错误才知道究竟哪部分的知识没有掌握。这种情况下学习效率比较低，而且往往需要花更多时间去查漏补缺。所以，我们应该增加预先控制，提前预习。也不能忽略事中控制，在边学习的过程中边查漏补缺，有问题及时请教老师。

虽然我们在推进"互联网＋教育"的过程中遇到了很多困难，但是通过此次线上教学实践，学校重组优化线上教学资源，同学们也拓展了新的学习渠道。对教师们而言，线上授课不是简单地把线下课程搬到线上进行直播或录播授课，而应该是将管理学等学科的智慧融入线上教学当中，探索智慧型网络教育模式。对同学们而言，管理学业实际上是一个各种职能活动周而复始循环进行的动态过程，在此期间常常会出现各种职能的相互交叉。事实上，计划、组织、领导、控制四项管理职能共同构成了一个有机整体，四个职能环环相扣，都是管理学习的重要组成部分，缺一不可。任何一项管理职能出现问题，都会影响到其他职能的执行乃至整个学习目标的实现。通过借鉴管理学中的经验，同学们可以根据组织安排适当调整自己的计划，在通过和教师的互动中反思自己学习上存在的不足，从而提高自己在线上学习中的兴趣和效率。

参考文献：

［1］潘续丹．管理学原理课程线上教学模式的探讨［J］．现代职业教育，2021（6）：108－109.

［2］李艳燕，弭素伟，姚蕾，刘小平．探索线上线下教学的有机融合——以

管理学原理为例 [J]. 河北农机，2019（1）：47.

[3] 侯书华. 基于学习通的高职混合式教学模式的研究 [J]. 黑龙江教师发展学院学报，2021，40（3）：69－71.

[4] 李国转，姚亮. "停课不停学"期间线上教学的问题探讨与对策研究 [J]. 黑龙江教师发展学院学报，2021，40（3）：45－48.

[5] 马聪，曹增志，张飞志. 线上教学平台的选用原则与教学质量评估 [J]. 安阳工学院学报，2021，20（2）：126－128.

[6] 周盈. 基于疫情下的财务管理学教学方式改革探究 [J]. 科学咨询（科技·管理），2021（3）：36－38.

[7] 热沙来提·艾赛提. 如何提高高等学校管理学课程线上教学质量 [J]. 科技风，2020（28）：49－50.

多多和小通的线上学习日记

利圣临[*]

内容摘要：线上教育是我校师生的共同努力成果，"超星学习通"是师生线上学习的好伙伴，本文将其拟人化为"小通"，记叙了大学生"多多"在"大财老师"的培养下与学习伙伴"小通"之间轻松愉快的共同学习经历。记录"多多"对于线上教育从生疏到拥抱的成长经历，与"小通"给大学生们传授知识、培养习惯的教育成果，其间穿插着任课老师们给同学们的提问与启迪。描绘了令人记忆深刻的线上教学与师生教学相长的经历。

关键词：线上教育　超星学习通　教学成果

小通，可以吗

一切，应该从那朵叫"微信"的云说起。

2021年春天，中央财经大学。

我叫多多，是一个坚持用计算器按出"动次打次"的男生，爱跟伙伴抬杠，在某天盯着手机时，发现了屏幕反射出的一片云的畸变。

两朵绿的印着"微信"的气泡云出现在鹅黄色的晚霞中，驾着云的正是大财老师。我在惊讶之际被一股蓝色气浪拎到了课桌前，面前唯一的光景，是一片宁谧的云。

"多多同学，请不要再祈祷了，我已帮你安排好开学的课程。"大财老师慈祥地微笑，在绿云上睥睨正在慌乱端坐的我。

"老师新年好，我会努力的……"我不舍地藏起让他眷恋的手机，正经八百地扯出深明大义的成熟表情。

---

* 作者简介：利圣临：中央财经大学保险学院，精算专业本科生。

对于我这次被拎到书桌前，孤苦伶仃地被动开始学习的事情，昔日好伙伴鼠标、键盘、音响并不以为然，都抱着看好戏的心情期待接下来事情的发展。

"一片云，空空如也的一片云，我的青春可不止这一片云呀！"我百无聊赖。

怅望慨叹时，大财老师又驾着绿云嗖地出现，在那耀眼的光晕中一个跳动的红色精灵格外跳脱。"这是你的老伙伴——超星学习通，"大财老师一挥袖，一道七色长虹出现在窗前，"小通，去和多多做同桌吧。"大财老师语重心长道。

"啊？"我不解，这什么跟什么呀。

小通是个极文静的女孩子，为大家传送线上课程的全科课代表，功课人缘俱佳，小通脸面颊红扑扑的，齐刘海，刘海上别着一颗小星星，端庄稳重。

端庄稳重到，我这个多动第一名在她面前都自感汗颜。

我，多多大王竟需要一个女孩子来管教，不必吧。嘻嘻哈哈的幸灾乐祸声此起彼伏，音响君竟忍不住笑出强劲的低音炮。我做深沉状"老师，我在检讨了！"

"小通，可以吗？"大财老师的语气又缓和下来。

"嗯！"小通答应了，清脆的声音如同凉凉的春风，悦耳无比。

于是故事的画面，从那一片光秃秃的云，悄悄移到小通清秀齐刘海上别着的那颗小星星上。

我的青春，不，我们的青春，就这么开始了。

摇身一变

和小通做同桌是什么感觉？

蛮俗套的，就像奇变偶不变符号看象限的老掉牙。和严谨认真的小通相比，我是个不爱学习的荒唐学生。

我的数学是个谜团，归因于我连伯尔分布和帕累托分布都傻傻分不清，对于如何变换……好端端的变换个大头鬼？毫无意外，截止时间还剩一小时，多多还不清楚作业怎么写。

回到刚刚的问题：和小通做同桌是什么感觉？

我必须苦涩地承认……局促，别扭，如坐针毡。

"多多，你不觉得签到拍照做鬼脸很无聊吗？"小通坐在我右边，轻轻地说道。

"嗯，咳咳，这该怎么说呢……每个人都有自己的签到拍照方式……。"我面孔皱在一起，不知所云道。

"所以，多多选择了最无聊的方式？"小通没有责备我，语气中带着若隐若现的成熟。

"……"我赧然地挠着头，眼神飘到她的齐刘海上。

真是太丢脸了！

小通若是问我，为什么签到做鬼脸，我大可装作云淡风轻仰天大笑，我就是没正行，没正行透啦，但关你什么事呀？

小通也可以对我发火，叫我遵守课堂纪律不要给她惹麻烦，那样我大可回敬，是大财老师安排你做我同桌的，学习好真是了不起呀！

可，她她她……单单用"无聊"两个字。

学习好的同学有很多，但小通身上那种我难以描述的好女孩的气场，那种"在我眼中，你不过是一个百无聊赖魂不守舍的小孩子"的成熟气场，完全震慑住了我。

震慑得死死的，我日后大概率在劫难逃了。

因此我跌入了吊诡的困窘，在耳机、键盘、音响联手引诱我上课开小差时，我却只因眼神出现鬼点子而飘忽了一丝丝，右手边就会传来"真是无聊"的轻声叹息，只好挂着头作罢，我侧头，却发现小通那澄澈如天空的眸子，正对上我的躲闪。

"你计算器按得那么快，说明你很机灵呀，如果用功的话成绩一定能很厉害的。"小通温和地说。

"事实就不用陈述啦，嘻！我可是厉害到自己都害怕的男人！"我无奈摊手。

"那就好好用功呀，大财老师组织老师们准备线上授课花了很多心血呢！"小通开始像一个训导主任。

接着我们就这样谈起来，以"我的态度需要被矫正"为主题。

和小通这样的好学生聊天有一大好处，就是时不时会像被锥子扎一样被激励，于是我们肆无忌惮地聊满了所有的课余和偶尔的课堂，我和小通就这样成为一墨一朱的好朋友。

周三晚上，微笑老师下课后，小通懒懒地靠着椅背，我看着三十厘米以外的小通，一种暖洋洋的感觉涌上心头。

"多多，老师布置了作业，你帮我看看这道题，唔……多多该不会……"小通递给我老师留的连线题。

我接过，是损失分布的章节。

不妙，恐怕要尴尬了。

揩一把汗，我舞动鼠标滚轮翻着教材，而小通就在一旁说起各位老师发布的通知。

过了很久，我终于在百度翻译与电子教材的联袂帮助下拼凑出答案，长舒一口气。

"原来如此……题目好凝练，难怪我看不懂，"小通点点头，恍然大悟般，近乎透明的眼眸透出心底的几点雀跃。

"那以后微笑老师留的数学作业你帮我看看吧，上课我教你，现在你可要报答我哟，你可要负起责任了！"小通目不转睛地看着我。

"一言既出——，"我说，心里暗暗下了决心，"驷马难追！"

果真一语成谶，小通可以震慑我一次，就可以毫不费力地震慑到我一百次。

你问我这么晚看教材做什么？不好意思，从今往后多多摇身一变，朝着认真努力好学生冲冲冲，还兼职辅导同桌美少女。

士别三日

"欧耶，我重新找到人生的意义啦！"我捏紧拳头，在内心振臂高呼。

虽然小通是坐在相隔三十厘米外的同桌，但我没有去打扰安静看书的她，因为我相当明白一个人自习的珍贵，那是与生俱来不被打扰的自由，也是我慢慢培养的自律。

就这样一起静读吧，我想，戴上耳机，点开视频课。

不再马马虎虎，我敏锐地写着笔记，这可是关乎我人生的重要知识点！

还有几分钟就到十点，小通要回到云端帮助老师们准备明天的课程，而她还想抓紧时间多看一会儿讲义，我不舍地看着铺到我窗前的七色长虹，心想："在开学之前，我要让小通成为我的好朋友！"今晚是一个比拟金融之夜的重要时刻，我要制订一个刻不容缓的作战计划！

然而战争胜负的关键不在于别人，而是自己，于是乎我反省了一下自己的内心。

从上网课开始，我在小通面前或多或少，都会有点不自然，直到刚刚给她讲题时，也还是有点放不开，平时马大哈的形象有多半是装出来的，这是怎么了？

害怕什么？我头脑中蹦出一个词来形容现在的自己，就是"相形见绌"。

同桌时，我对小通相形见绌，是因为我对小通颇有好感，不时畏怯，小通抛出问题邀我讨论时，我怕支支吾吾答不出来而被看不起，尽管我猜小通不会。

我可以在屏幕前捧着烤肠拉面大快朵颐，还以听课认真自居，只要小通不在同一屏幕旁。

我可以在被点名回答问题时故作深沉，还自称另类英雄，只要小通不在同一张桌子旁。

我可以做一百件不会被网课系统察觉的荒唐事，还暗自窃喜，只要我不需要做小通的同桌。

而现在，我被这相形见绌的谜团缠住了，我不能用百分之百的目光去望向小通真挚的眼神，我不能展开完整的自己和小通做朋友，想着我的心愿，眼神低垂，很不是滋味。

"所以，还是得从学习抓起呀！"我转着笔，心里布满苦味的问号。

原来我还是要靠努力学习这种"釜底抽薪"之计来作战，真是非常健康、可持续发展的校园故事呀！

"大财老师要来接我了！"小通背好书包。

"好……哦，我再看一会课程。今晚学习状态出奇的好。"我强忍下离开座椅的冲动，那样与我的高冷形象不符。

"这几道讨论题拿去，上面需要计算过程的都有标注，下周在微笑老师的课上我们讨论哦！"小通说，讨论题被她一掷，便出现在了我的屏幕前。

"包在我身上，"我右手握拳锤向左肩，冥冥中出现了莫大的勇气。

小通驾着长虹消失在星夜，留下一句："早点休息！"，若是以往，这正合我意，而如今，士别三日当刮目相待，我自有把握的，小傻瓜。

构化理想

我希望自己是热血漫画男主角，让我的青春热血一点。

为了给小通"多多版"讨论题见解，我沉浸于数学的热海，在解题之余我喜欢在数学作业纸上写一些或许没有营养的问题，然后下次小通将讨论题集交给我时，里面就会有小通版本的回答，来来回回的简单对话，让我每天都神采奕奕，都有一点简单的期待。

通常我会在隔天早晨，来到窗前等七色长虹，将我辛苦思考又认真誊抄的答案交给小通。偶尔会碰见刚刚睡醒的鼠标、键盘、音响等人。

"不是，多多你这么早来做什么？"鼠标的诧异全写在脸上。

"来送作业答案呀。"我小袖一甩，自信就是要用在这种高光时刻。

小通从长虹走来，拿过我的一打数学作业，笑容灿烂地说道"都写完了呀，比上次还快哦！"

"下次请微笑老师留难一点的题嘛，太简单啦，真没劲！"我自我陶醉道。

"也不知道是谁昨晚点灯……唔……"键盘刚想拆穿便被我按住嘴巴，还能让他坏了我一世威名？

我常在清晨小区的人行道上朗诵英语课本，然后将《高等数学》课本念得烂熟，连外星人发明的实变函数我都因为时间富裕太无聊，被迫算了很多题目。

某日大概八点，小通带着新问题来了，管理学概论老师问："学习了需求的五个层次，请同学们谈谈你的理想是什么？"在滴滴答答的春雨与莺啼下，很自然地，大家在讨论区畅谈起了小目标或大梦想。

说是畅谈，其实也暗中较量，大家仿佛把"憧憬"当作这个年纪最好的装饰品，轻易地认为理想越大，魅力就越大。

"我的理想是攻读经济，将来从政。"

"我想大学毕业后，留学念硕士，再回来报效祖国。"

"我的理想是找到真我。"

"我将来想掌握多种语言，做外交官，去世界各地旅游。"

"我要攻读博士做研究，把电商物流带上天宫空间站。"

发言框内有人删除又改动。

大家各行其是地说着理想，越说越要冲出宇宙之外。

但这些用力构化理想的姿态，我不敢嘲笑。

没有人有资格去嘲笑另一个人的梦想，不论梦想的大小，不论说出梦想的契机为何。

在热火朝天的讨论中，我郑重地打出了我的想法："我的理想是用自己的力量给他人带来温暖。"

你或许要吐槽这理想很模糊，但我早已将完整答案放在心底。

我的理想是，"像小通一样"，用自己的力量给他人带来温暖。

……噗嗤，笑声如银铃轻响。

和我们一起吧

返校后，我和兄弟们很喜欢聊起有"超星学习通"陪伴的网课时光。那是疫情期间许多人大学青春的缩影，有平淡，有疯狂；有蜻蜓点水，有刻骨铭心；有割袍断义，有结义金兰；有幼稚，有成熟，有期盼成熟。大家或多或少都成长了，不论是朝着东南西北。

果然小树抽芽的方向是太阳很难控制的，这是教育的魅力之处。

当然，线上教育绝不止东升西落这样简单，每天都有不断的努力填补其中，充满汗水的晶莹与智慧的光芒，所以其产出的成果才会如此动人。

今天是 2021 年 3 月 22 日，我和小通的学习日记还将继续。

我不想和你分享更多了，请相信自己的嗅觉，和你的同桌小通一起写一章酣畅淋漓的青春吧！

线上教学师生云交流利弊评析

马映玮[*]

马映玮[*]

内容摘要： 由于疫情，全国高校在 2020 年的春季学期开展了长达几个月的线上教学，这对学校和学子来说都是一次全新的挑战。线上教学使得师生间传统的面授变为了新型的云交流，这种交流方式的转变有其独特的优势，亦有需要改善的不足。本文将对线上教学师生间的云交流方式相较线下教学时传统的交流方式的利弊进行评析。

关键词： 线上教学　云交流　利弊

一、线上教学云交流概况

（一）云交流概念

交流的本质是一种信息互换，拥有信息的双方相互传递信息，从而获得新的信息资源，实现交流行为。在教学中，交流主要体现为两个环节，其一为教学前期授课，教师对学生的知识传授；其二为教学后期，学生对知识掌握的反馈，如果反馈显示学生对知识并未彻底掌握时，教学中还会出现第三个额外的交流环节，即教师对学生存在的问题进行解答。如图 1 所示。

云交流是一种独特的、新颖的交流模式，广义上可以泛指通过网络平台、电子软件等进行的云端信息传递互换。它的出现与计算机网络的普及以及信息技术领域的发展有密切关系，是互联网时代的重要产物。随着线上教学愈来愈热门，线上教学中的云交流亦被越来越重视，它为当今时代的学校教学提供了新的视角和思路。如图 2 所示。

---

* 作者简介：马映玮：中央财经大学金融学院，金融学专业本科生。

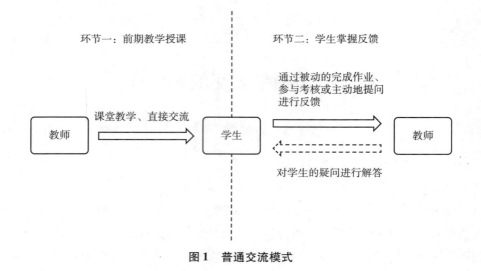

图 1　普通交流模式

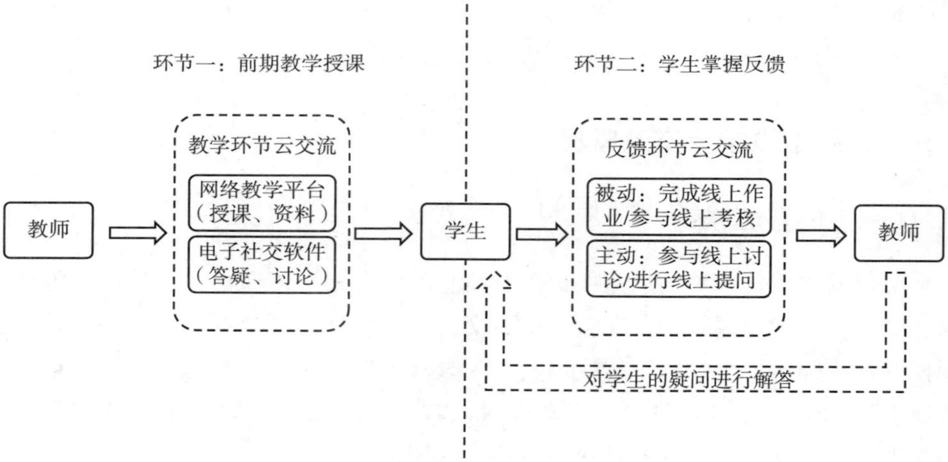

图 2　云交流模式

（二）线上教学云交流形式

目前，线上教学中的云交流主要有两种形式。

一是即时型。即时型云交流指线上教学过程中，教师与学生间类似线下的即时"面对面"的云交流形式。其特点为教师授课、学生反馈等教学环节均无时差，可以在固定的上课或答疑时间内迅速实现，这种形式较为节约时间成本。即时型云交流主要通过腾讯会议、腾讯课堂、钉钉等软件的直播功能实现。

二是半即时型。半即时型与即时型最大的不同体现于师生间的交流有一定概率出现时差。例如，教学环节教师将教学资源传至网络，而学生不一定即时查收；反馈环节学生通过网络向教师发起询问但不一定能即时获得答复。半即时型云交流主要通过学习通等教学软件的聊天功能和 QQ、微信等社交软件实现。

二、云交流优势

（一）教学环节

1. 多样化。

多样化体现为教学电子资源的多样化。虽然目前很多高校的线下教学也会运用 PPT 等电子资源作为课堂的辅助材料，但通常学生能得到的电子资源形式都较为单一，在资源的多样性上不敌依托网络的线上教学。

线上教学时，为了弥补不能当面讲授交流的缺憾，教师授课用的电子课件、课程资料等通常有着更多的展现形式，例如录制视频、录制语音、添加注释的 PPT 或 PDF 文件、网络平台上原有的慕课等。学生获得知识的主体不再是教师的口头讲授，而是承载讲授的各种多样化形式的电子载体。

2. 独一感。

线上教学时，教师与众多学生的交流网结构为中心发散式，即教师发布教学资源、进行直播授课等为交流网的中心点，每个学生自主下载教学资源、参与教师布置的教学活动为与中心点连接的发散点。除小组讨论等线上集体活动外，发散点间通常仅有少量个别联系，而并无大量交集。

例如听课、完成作业并获得批复等一系列行动由学生在各自所处地单独完成，这使得学生能产生一种独一感，即课堂上似乎在接受一对一教学，与教师之间产生的联系不受外部因素干扰。独一感一定程度上可以让学生在课堂上更加专注，对待布置的任务更加认真。

3. 便利性。

便利性体现在学生获得资源和信息更加便利。一方面，教师通常会提供电子版教材，学生不必再专门购买纸质书，电子教材相比纸质教材更便于携带，勾记出现错误时也更便于修改；另一方面，教师授课的视频、PPT 等电子资源可通过线上教学软件或社交软件直接下载，不用再像线下教学时需要专门找教师拷贝，使得学生获取信息更加便利。

4. 可重复。

正如上述优势中所说，各种电子资源成为讲授知识的载体，因此电子资源的可重复使用性使得学生能够多次反复地学习和理解知识，不必担心像线下学习时那样不经意间就错过了老师口述的重要知识点。同时，无论是类似直播这样的即时型云授课，还是例如在学习通上发布课件的半即时型授课，都可以回放，因此学生可以根据自己的日程灵活安排上课和记笔记的时间，实现效果最佳化的同时效率最大化。

（二）反馈环节

1. 反馈时间灵活性更强。

介于线上教学时，网络平台或社交软件等成为师生间信息传递的媒介。因此，学生在学习过程中遇到问题时，通常可以实现随时向教师云询问。尽管不一定能即时地得到教师的答复，但减少了线下教学只能课堂答疑，学生出现问题与向教师询问两者间存在时差，因此学生常常忘记要进行问题反馈的情况。这种反馈时间的灵活性提高了学生的问题解决率，有利于鼓励学生提前预习或自学新知识。

2. 反馈方式信息化程度更高。

为了获得对学生知识掌握情况的反馈，很多课程会穿插作业与考核。线上教学时，作业与考核都呈现信息化，主要通过网络平台实现。与线下教学相比，信息化的作业和考核有三大好处。

其一是降低了收发的成本。客观题可直接在平台上完成，并且不需要教师再逐份批改，只需提前设置好评判标准并附上标准答案，后台便会自动批改学生作业后给出分数、给予答案。主观题学生拍照上传后，教师可以直接利用电子平台打分和给予评语。

其二是减少了计算步骤。对于学生作业的情况或考核获得的分数，平台后台会自动记录，甚至可以辅助计算出与情况相符的综合分数。不必像线下教学时那样逐一录入。

其三是情况反映更为直观。教师可通过教师端后台查看学生的课程完成情况、作业提交情况等，一方面可以更好地监督学生的课程完成度，另一方面也可以针对性地提醒，而不必逐一筛查。

3. 反馈提问意愿增强。

对部分性格内向的学子来说，通过中间媒介进行交流的线上教学减轻了他们直接与老师交流的畏惧情绪，使得这部分学子的提问意愿更强，更愿意参与交流，发表意见。

三、云交流劣势

（一）教学环节

1. 学习质量难以保证。

在线上教学师生间通过媒介交流体现出一定优势的同时，也面临着一些问题。

其中最大的问题就是由于授课时教师与学生间存在位置距离，教师无法亲自看到学生，因此对学生的课堂情况无法进行有效的监督，可能出现学生怠于学习，仅仅为了完成任务点将老师布置的课程草草略过、敷衍了事，而不是认真钻研、仔细思考的情况。就算采用直播的形式授课，也可能出现学生签到后就各行其是，开着直播进行其他与学习无关的活动的情况。这就使得线上教学的学习质量难以保证，对学生的自觉性要求较高。

2. 教师工作量增加。

相较线下教学，线上教学时教师的工作量通常更多。这种工作量的增加主要体现在准备教学资料的环节，寻找电子版材料、录制网课、上传资料和视频等都是比线下教学多出来的步骤。对于一部分不熟悉电子平台操作的教师来说，需要花费的时间成本更是尤多。

3. 互动缺失。

由于信息交流的中心发散式，学生参与线上教学时更多的是与教师发布的资料之间的联系，而缺少一种班级和团队的氛围，与同班同学间的互动较线下教学有一定程度上的减少。就算是与老师的交流，也缺少线下教学时面对面的温情互动之感。

4. 网络情况不稳定。

线上教学对网络要求较高。一方面，例如网课卡顿、作业或考试提交出现乱码等因为网络情况导致的问题在线上教学期间均有发生的可能性；另一方面，部分贫困落后地区或地处信号不好的山区的学子参与线上教学的难度较大，一是没有充足的能参与线上教学的物质资源，如手机、电脑；二是网络信号较差，不能及时与教师进行云交流。

（二）反馈环节

1. 监视难题。

在获得学生学习情况反馈的考试测验环节，线上教学最大的弊端是无法保证学生在考核时上交的答案为本人独立亲自作答。尽管目前针对这个问题已提出一些针对性措施，例如加大考核题量，使学生没有上网查阅的时间；增加主观题比例，减少学生查资料的可能性；视频监控考试，防止学生作弊等。但事实上这些措施都并不能保证测试难度适当的同时，又做到真正杜绝违规行为。

加大考核题量和增加主观题比例常常使测试的难度偏大，在给予的时间与线下测试时间相同的情况下，大部分学生很难完成，反而是一些投机取巧、运用不正当手段的学生完成的可能性更高，取得高分的概率更大，于是类似囚徒困境的局面便产生了。

而采用视频监控也存在实践上的问题，一是对开视频的软件有要求，部分视频软件对人数有限制，无法做到几十个人同时开视频；二是视频监控依然会有漏洞，无法做到全方位的监视；三是部分监控方式对学生的家庭收入情况有一定要求，例如如果在工作日双机位监考，父母的手机无法提供给孩子使用，这时就要求学生家庭除了人手一台手机外还需要有冗余的可联网电子设备；如果像部分高校要求的电脑加双机位模式监控，对家庭拥有电子设备的要求就更高了。这些监控方式对于落后地区的学生来说很难实现，强制要求可能会加重家庭负担，引发家庭矛盾；而如果因为经济问题，对部分同学不采用监控，则公平层面又难以服众。

因此，综合来说，线上教学反馈环节的监视难题，在学生没有足够的自觉性的情况下，目前并没有一个完美的解决方案。

2. 表述困境。

云交流的表述困境体现在两个方面。一方面体现在教学环节，当遇到难以用语言直接表达、需要用图形或复杂公式具象化解释的知识点时，教师不能当面、亲自向学生展示过程，依然只能依托线上媒介，这就可能出现表示不清，学生难以理解的情况，需要教师探索更多能展示解释过程的方法，例如白板投屏、PPT动画制作等。另一方面体现在反馈环节，由于学生向老师的询问同样并不是当面进行，甚至大部分时间会是非即时型的留言询问。此时，可能会出现学生打字表述不明，老师不能全然理解学生的困惑所在，进而无法进行有效答疑解惑或耽搁时间反复确认对方真正表意的情况，这将导致反馈环境的有效性与效率降低。对于反馈环节的表述困境，建议教师可以利用直播平台等形式，多进行即时答疑，减少线上交流的时间成本与误解可能。

四、思考

通过上述对线上教学云交流相较线下交流的利弊评析可知，当前线上教学的两个交流环节存在很多值得深挖的创新点和优势点，亦有部分已凸显出的难以解决的问题。

综合来看，未来最适合的教学交流方式应当是线上与线下结合。不必特意强调两者的主次关系，而应当着重关注不同教学环节与线上、线下方式的配适度。例如，教学环节的资料发放、课件共享可采用线上实现，课堂讲授、小组讨论则采用线下；反馈环节的作业收发采用线上，科目考核采用线下，答疑解惑则可以采用以线上为主，线上线下相结合的方法。

随着互联网的发展，各种云端活动和服务越来越普及，线上教学云交流一定是未来教学发展中的重要方向和重点内容，无论是各个高校还是各科目的老师都应当予以重视并积极了解，这样才能跟上时代的浪潮，努力促进科教的融合，为培养高层次、高素质的人才提供更多的、更丰富的教学内容与方法。

参考文献：

[1] 姚雪慧. 基于设计型学习的 3D 打印与小学数学融合研究 [D]. 南京师范大学，2019.

[2] 周利平，罗大玉，刘纯龙，张景韶，杨永其. 基于远程开放教育的引领式导学模型的设计与实践 [J]. 成人教育，2016，36（7）：45 - 49.

[3] 钟秉林. 互联网教学与高校人才培养 [J]. 中国大学教学，2015（9）：4 - 8.

[4] 王丽丽，杨帆. "互联网＋"时代背景下大学英语教学改革与发展研究 [J]. 黑龙江高教研究，2015（8）：159 - 162.